日本の先史文化

その特質と源流

松浦宥一郎 著

Prehistoric Culture of Japan

雄山閣

まえがき

私は二〇〇五年三月三十一日をもって東京国立博物館を定年退職した。二十年有余、考古の研究員として務めてきた。定年退職を記念して考古学の論文集の刊行のお勧めがあったが、私の論文は数少なく、かつまだ体系的になっていないので辞退した。しかし、雄山閣の宮島了誠氏などの熱心なお勧めもあり、これ以上固辞することはご厚意を無にすると思い、東京国立博物館での仕事の一環として執筆したものに変更させていただくことを条件としたところ了承が得られたのである。

したがって、本書はいわゆる考古学の論文集ではない。基本的に東京国立博物館での業務の一環として執筆したもので、特別展の図録や広報的な雑誌、あるいは考古学のガイドブックなど広く一般向けに書いたものである。内容はごく一般的な概説あるいは入門書程度のものであるが、私なりの考え方を示すものとして概念的な点を重視したためかやや専門的になってしまったようでもある。

本書の内容は、題名とは必ずしも一致していないところもあるが、Ⅰ・Ⅱ・Ⅲのように博物館で担当期間の長かった先史文化に関するものを中心としている。

Ⅰは日本の先史文化をどうみるのか、またその特質について考えている。Ⅱは日本先史文化を特色付けるものの一つとして縄文土器と弥生土器の特徴、その対比、世界の先史土器の中での特色を追究したものである。特に縄文土器や土偶の造形の素晴らしさについて述べている。Ⅰ・Ⅱについては重複して述べている点が多々あるが、実はそのところは私が最も述べたい問題で、強調しているためと理解していただければと思う。

Ⅲは中国の先史文化と日本の先史文化との関連性、交流についてやや論文に近い形で書いたものである。ここでは特に中国・日本双方の玉の問題について述べている。

ⅣとⅤは先史文化というより原史文化に属するものであるが、本来的に私の専門領域とするところであるので掲載することにした。Ⅳは弥生から古墳への過渡期の時代に関する私の考え方の一端を示すものである。かつて、考古学は研究者自ら文化史と限定してしまうことが多く、政治史的な研究は考古学の埒外と考えられてきたのである。Ⅴの埴輪の世界は、二〇〇一年パリで東京国立博物館とパリ日本文化会館との共催で開催した『はにわ』展での図録の原稿と同所で講演した講演録で、パリ市民に日本の古墳文化と埴輪の造形に関して述べたものである。

故国立歴史民俗博物館長佐原真氏の提唱された「考古学ないし博物館をやさしくしよう」に沿うよう私も努力してきた心算であるが、考古学の専門用語等の使用でやや説明の難しいところや、説明不足になっている点もあるかと思われる。ともあれ、先に述べた私の意図したところを参考に一読していただければ幸いである。

なお、「自然に抗する者は自然の復讐を受け　人間性に反する者は自ら滅びる」（『灯露』八幡一郎句集）と書き遺した日本先史考古学の先達、故八幡一郎先生に本書を捧げます。

二〇〇五年五月

松浦　宥一郎

日本の先史文化—その特質と源流— 目次

I　日本の先史文化

一　日本文化のあけぼの

1　先縄文時代（旧石器時代）とは

日本においてまだ土器の出現しない、石製の道具（石器）を中心とした先縄文時代（旧石器時代）の存在が確認されたのは、戦後まもなく発見された群馬県笠懸町岩宿《いわじゅく》遺跡にはじまる。その後、全国的に急激に先縄文時代の遺跡の発見が相次ぎ、その存在は確固たるものとなり、更新世の日本列島に人類の棲息していたことが明らかとなった。

この時代をヨーロッパや中国では旧石器時代とよんでいるが、地質年代の第四紀・更新世、すなわち一万二〇〇〇年前の完新世（最新世）にいたるまで氷河の発達、後退がくり返された「氷河時代」にあたる。氷河の発達は日本列島とアジア大陸とを陸続きにし、その陸橋を通じて動物と人間の移動をうながした。中国北部から日本列島へとナウマンゾウやオオツノジカなど黄土動物群、あるいはマンモス動物群とよばれる大型哺乳動物の移動に

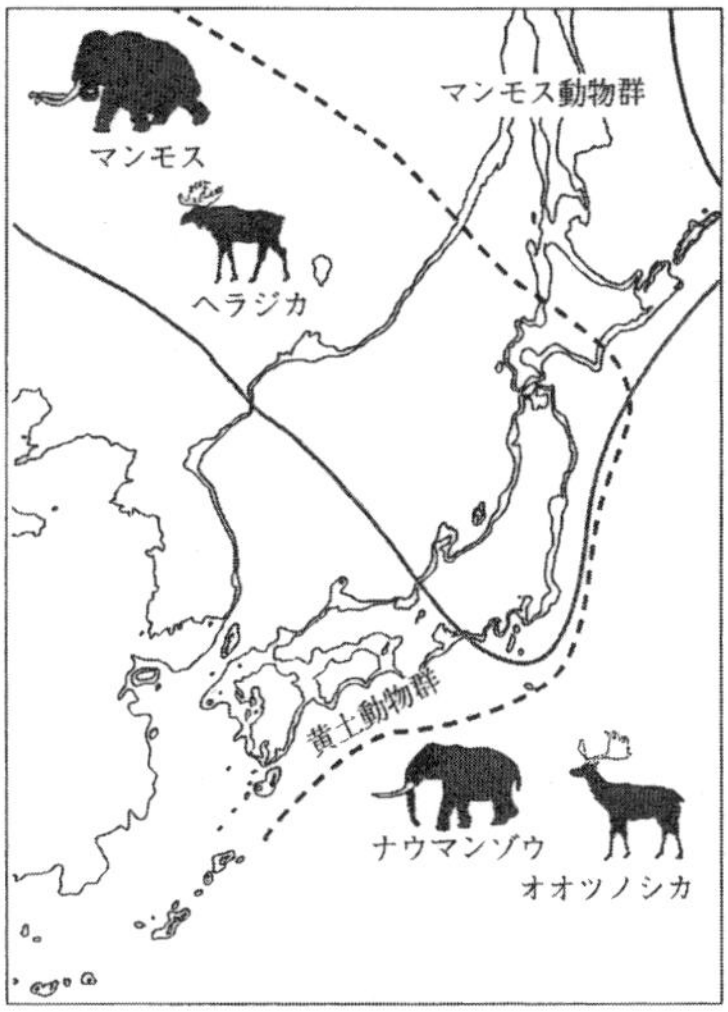

第１図　後期更新世の動物分布
（日本第四紀学会『図解　日本の人類遺跡』東京大学出版会　1992年より）

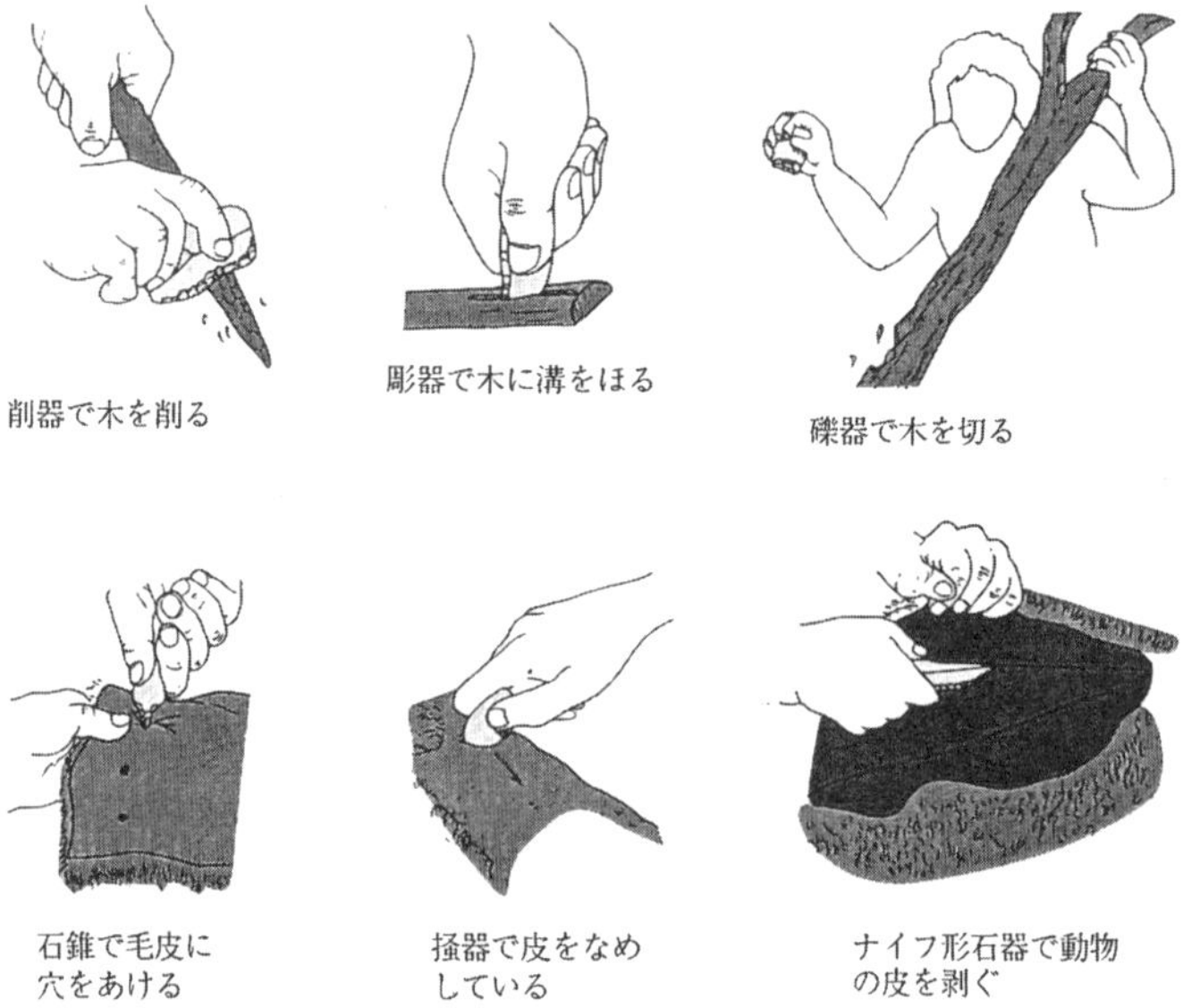

第２図　石器の種類と使い方
（千葉県文化財センター『房総考古学ライブラリーⅠ　先土器時代』1984年より）

ともない、人びともそれらの動物を追って移住してきたと考えられる。こうして日本列島に棲み着いた日本人の祖先たちは、狩猟するための、あるいは捕獲した獲物を解体するための石器、また道具をつくるための石器をつくり、文化を形成、発達させてきた。

この縄文土器の登場する一万二〇〇〇年前までの時代を、次の時代を縄文時代とよぶのに対応させて先縄文時代とよぶ。また、日本では先土器時代、あるいは旧石器時代とよぶことが多い。

2　旧石器

人類の最初の主な道具は石器で、石製の利器（刃物）として登場する。石器は自然の礫、とくに最初の頃は円礫（河原石）を打ち欠いてつくるが、打ち欠いたままの打製石器と、それをさらに磨いて全体を平滑に仕上げた磨製石器とがある。一般に、磨製石器は氷河時代の終わった後の完新世に新しい技術革新として出現するので「新石器」とよび、それ以前の更新世の打製石器を「旧石器」とよぶ。磨製石器は打製石器に比べていちだんと刃部の機能を高め、「切る」「削る」のに適したものになる。

旧石器は、最初は円礫の周囲を打ち欠いて刃部をつくり出した礫石器（チョッパー、チョッピングツール）から出発するが、さらに加工技術が発達すると握斧（ハンドアックス）のように元の表面がみられなくなるほど礫全体を打ち欠いたものとなる。これらを「石核石器」という。石核石器をつくる際、打ち欠いた時にできた薄い剥片が「切る」「削る」のに適していることを発見すると、この剥片を道具として利用していき、さらには剥片をよりその機能に適したものに加工し、道具として発展させていく。これを石核石器に対して「剥片石器」という。この段階になると、いろいろな種類の定形の剥片石器がつくられていく。剥片石器

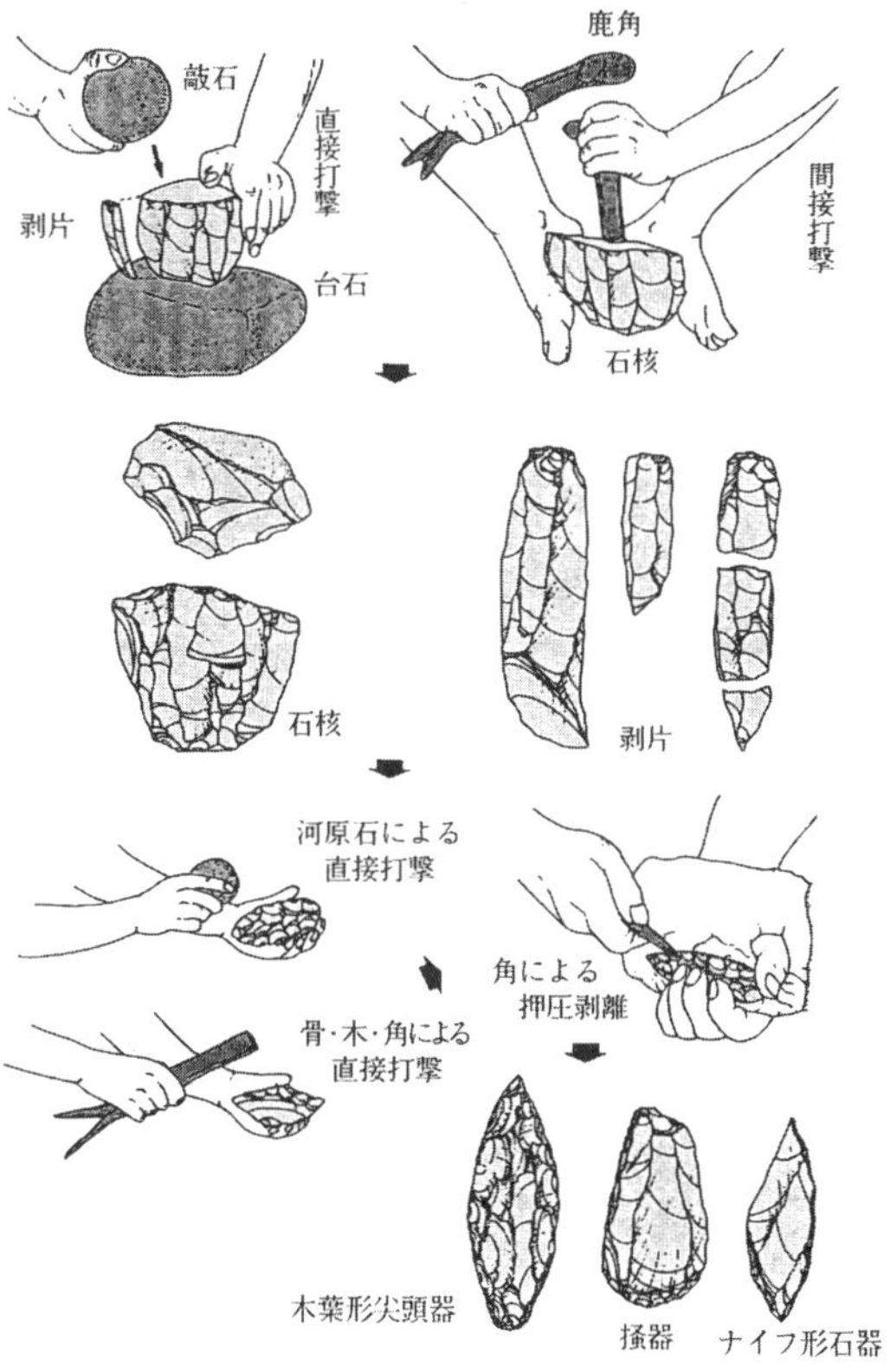

第３図　石器のつくり方（第２図に同じ）

では、さらに目的の形に加工しやすい剥片を得るための、しかも量産するための剥片の剥離技術が発達していく。この技術の頂点に立つものが、各種の剥片石器の材料となる同じような縦長の剥片（石刃）を量産する「石刃技法」とよばれるものである。石刃技法では、まず素材となる母岩を円筒形ないし円錐形の石核に加工し、直接打法ないし間接打法により縦長の剥片すなわち石刃を多数剥離していく。この方法によって剥離された石刃を加工しナイフ形石器や掻器などの定形の石器とする。

旧石器の最終段階では、小さな円錐形・円筒形・舟底形にした「細石核」（あるいは「細石刃核」ともいう）をつくり、その「細石核」から最小の縦長剥片（「細石刃」）を剥離するという技法によって「細石器」がつくられるようになる。いわば、石刃技法の発展したものといえるが、後述するように細石刃を加工して石器をつくることはせず、細石刃を複数組み合わせたもので石器とする、石刃技法とは異なったものである。

3　旧石器文化の時期区分

旧石器は、前述のように製作技術の発展により、石核石器から剥片石器へと変遷し、より機能に適した定形の石器がつくられていった。こうした石器および石器製作技術の発達・変遷と地質年代の区分から、ヨーロッパや中国では旧石器時代および旧石器文化を前期・中期・後期の三時期に分けている。この三時期区分は理化学的年代測定方法によって次のような年代となっている。

前期　現在、東アフリカでラミダス猿人（アルディピテクス・ラミダス）、アナム猿人（アウストラロピテクス・アナメンシス）、アファール猿人（アウストラロピテクス・アファーレンシス）など「猿人」とよばれる最古のヒト科の化石骨が発見され、人類の起源は四〇〇万～五〇〇万年前の第三紀鮮新世にさかのぼると考えられている。第四紀更新世に入った頃の一八〇万年前、最初のヒト科ホモ属のホモ・エレクトス（原人）が出現し、東アフリカ・タンザニアのオルドヴァイ渓谷の遺跡ではチョッパーやチョッピングツールなどの礫石器や小形剥片石器が発見されている。その後、更新世中期の「原人」の時代まで石核石器がつくられていく。いわゆる「アウト・オブ・アフリカ」によってアジアでも約一〇〇万年前のジャワ原人、約五〇万年前の北京原人などの原人が登場し、北京原人の発見された中国・北京周口店遺跡では多くの石核石器、剥片石器などが発見されている。

中期　更新世後期に入る約一五万年前に登場したネアンデルタール人（ホモ・サピエンス・ネアンデルターレンシス）など「旧人」や古代型ホモ・サピエンスの時代で、これまでの石核石器を中心とした石器文化から剥片石器を主体とする石器文化へと交替する。ヨーロッパではルヴァロワ・ムスティエ文化が典型で、ルヴァロワ型石核や円盤形石核から幅の広い剥片を横剥ぎにし、その剥片から多数の三角形尖頭器や各種尖頭器、削器をつくるという特色ある石器文化である。その後の定形の剥片石器をつくる技術のはじまりとなった。

後期　更新世後期の最終氷河期（ヴュルム氷期）の時代で、氷河期が終わり温暖化のはじまる完新世にいたる約三万五〇〇〇年前から一万二〇〇〇年前までの間の石器文化である。現生人類（ホモ・サピエンス・サピエンス）である ヨーロッパのクロマニヨン人など「新人」（現代型ホモ・サピエンス）の活躍した時代で、世界各地に拡散して現代人の直接の祖先となった。中期の剥片石器の製作技術を質・量ともに発展させ、「石刃技法」などにより槍先形の尖頭器・各種掻器・各種刃器・削器・錐など目的・用途別に定形の各種の剥片石器がつくられた。磨製技術の出現以前の道具・工具としてはその頂点に立つものといえる。なお、この時代には石器のほかに、骨・角・牙などによる道具や装身具の製作がさかんとなり、またユーラシア大陸では石・骨・象牙製のヴィーナス像の彫刻品、土製の焼き物である動物や女性像もつくられるなど、次の時代につながる豊かな文化が形成された。

4　日本の先縄文文化（旧石器文化）

日本においても前述のように、昭和二十一年（一九四九）の岩宿遺跡の発見とその三年後の調査により、日本列島に縄文時代以前の文化の存在と人類の棲息したことが確認された。しかも、岩宿遺跡は先縄文時代（旧石器時代）の後期の遺跡であることがわかった。その後、急速に北海道から九州まで日本列島各地のいたるところから後期の遺跡が発見された。現在、遺跡は少なくとも一万ヶ所以上発見されており、全市町村におよぶ可能性がある。とくに関東地方では、中・小河川をのぞむ台地上の縁辺には必ずといってよいほど後期の遺跡が存在している。したがって、先縄文時代（旧石器時代）後期には日本人の直接の祖先となる新人が確実に日本列島に住んでいたことになる。後期の石器では、突く、刺す、切る、削るなどの目的に適した形をした、いろいろな用途をもった定形の剥片石器に特徴づけられるようになる。食料対象とする動物を狩猟・捕獲するために突く尖頭器（ポイント）、物を切りさくための刃器（ブレード）、皮をなめすための掻器（スクレーパー）、材料を削るための削器（サイドスクレーパー）、木・角・骨に溝を掘るための彫器（グレーヴァーまたはビュラン）、孔をあけるための錐（ドリル）などの工具がある。なお、刃器はナイフ形石器、彫器は彫刻刀ともよばれ、また尖頭器には木葉形尖頭器・柳葉形の槍先形尖頭器・有茎ないし有舌尖頭器・剥片尖頭器、掻器には円形掻器（ラウンドスクレーパー）・拇指形掻器（エンドスクレーパー）・先刃形掻器などの種類がある。これらの剥片石器はそれぞれ特有かつ一定の形をもつ、すなわち定形の石器につくられる。ナイフ形石器や削器・彫器・拇指形掻器・剥片尖頭器・有茎ないし有舌尖頭器などは、円錐形ないし円筒形の形に整えた石核から剥離した縦長の剥片（石刃）を加工したもので、量産されたものと考えられる。同一の形をした石器が量産できるようになったことは、石器製作技術が頂点に達したものということができる。

このほか、木を切り倒すための石斧が著しく発達した。約三万年前の後期初頭の長野県信濃町日向林B遺跡をはじめそのほかの遺跡で、すでに刃部を中心に磨いた磨製の石斧が多数発見されている。このことは、世界の考古学の常識では考えられない。なぜなら、磨製石器は旧石器ではなく新石器そのものだからである。

5　細石器文化

日本列島における旧石器時代の終末には、細石核から細石刃をつくり出すという細石器を中心とした細石器文化が登場する。ヨーロッパでは氷河期時代が終わった直後の完新世後氷河期の文化で、土器出現以前の中石器時代としているが、日本では細石器は氷河時代・更新世に出現していることが確認されている。ヨーロッパや西アジア・中央アジアでは幾何学的細石器が中心であり、北アジア・シベリアや中国東北部、および日本では細石核から剥離された細石刃が主体となる。日本ではこの細石器文化の時期にヨーロッパで新石器時代の特徴とされる土器が出現し、この段階から縄文時代草創期となる。つまり、土器をともなわない細石器文化と、ともなう細石器文化の二段階があるということになる。

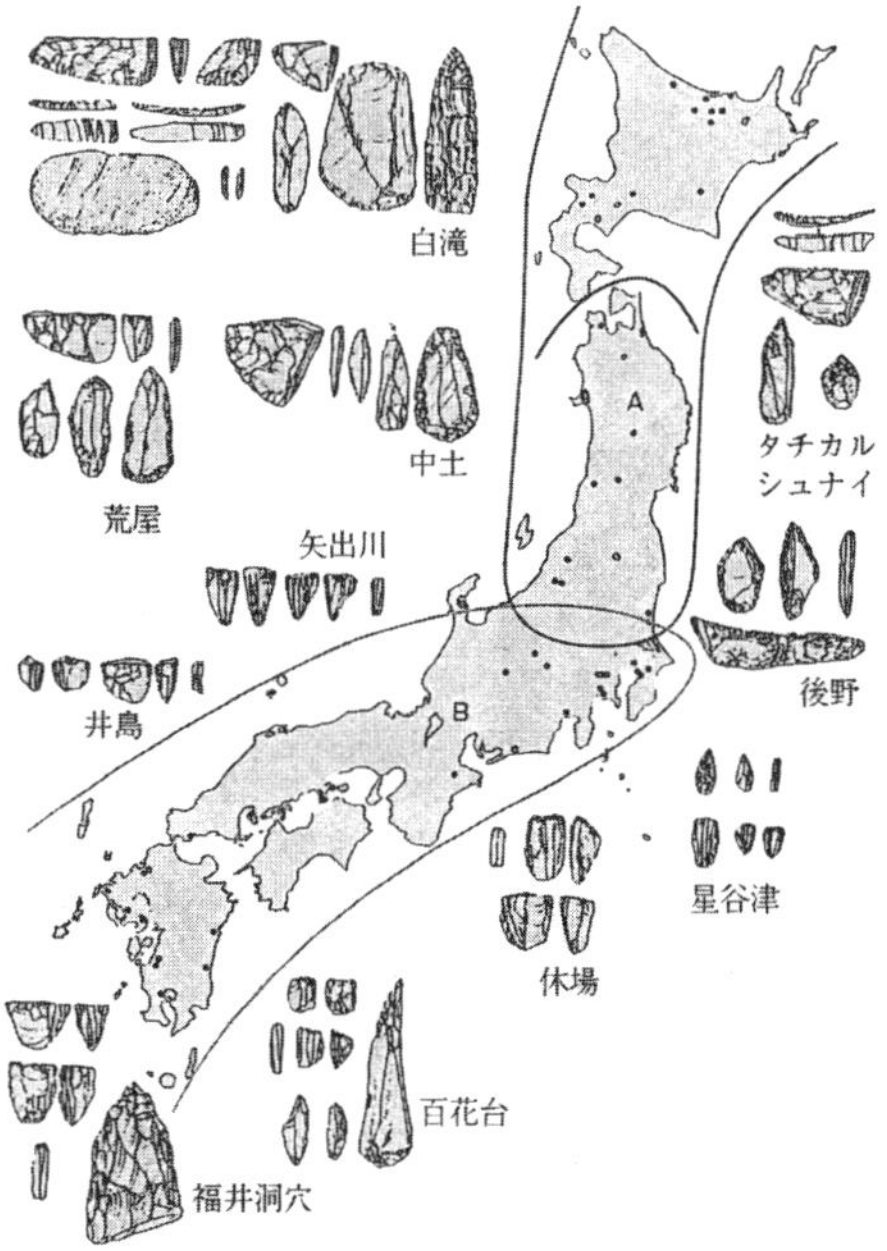

第4図　細石器文化の東と西
（小林達雄編『図説　発掘が語る日本史』第2巻関東・甲信越編　新人物往来社　1986年より）

第5図　荒屋型彫器
新潟県川口町荒屋遺跡　長約5.0cm
(明治大学博物館)

日本列島の細石器文化は、茨城県から新潟県を結ぶラインの東と西では石器の様相が異なっている。東では「湧別《ゆうべつ》技法」という技術で、楔形あるいは舟底形の細石核をつくり、それから細石刃を剥離していく。また、それに新潟県川口町荒屋遺跡を標式とする荒屋型彫器を必ずともなうことが特徴となっている。西では九州まで細石核は円錐形ないし半円錐形で、荒屋型彫器は存在しない。すでにこの時点で日本列島の文化に東西の相違があわられている。

さて、細石器は細石刃を量産できることにその特徴があるが、細石刃単独では道具にならない。細石刃を複数用いて、角や木の棒の両側に溝をあけ、そこに細石刃をはめ込んで槍、銛、短剣、刀子などにして使ったのである。

6　後期以前の石器文化

日本においても後期以前にさかのぼる前期あるいは中期旧石器の文化の存在について追究がなされるようになった。主として東北地方において相次いで遺跡が発見されたということであったが、残念ながらすべての遺跡が捏造されたことが判明し、考古学界の一大事件となった。しかし、日本的特色をもつ発達した後期の石器文化をみると、今後少なくともその前段階の中期の遺跡の発見される可能性はあると考えられる。

二　日本の先史時代研究―その歩みと成果―

1　先縄文時代

戦後間もなく相沢忠洋氏によって群馬県笠懸村岩宿の切通し断面の赤土の中から石器が発見された。その後昭和二十四年（一九四九）、明治大学の杉原荘介・芹沢長介氏らによって岩宿遺跡の発掘調査が実施され、赤土すなわち関東ローム層の中に石器の遺存する文化層が確認された。この関東ローム層は更新世すなわち今から約一万二〇〇〇年以前の氷河時代に火山灰の堆積によって形成されたものである。この発見・発掘によって、更新世における日本列島最古の人類文化の存在がクローズアップされ、ヨーロッパや中国における旧石器文化は日本列島には存在しないという学界の定説を大きく揺るがしたのであり、日本の歴史を書き換えなければならないほどの画期的な発見であった。

この発見の後、関東・中部地方を中心として日本各地で当該期遺跡の発見、発掘調査が相次ぎ、更新世の地層中に土器はまだ認められないが、石器の存在することが広く認められるにいたり、更新世における縄文文化以前の文化の存在が確実となった。この日本最古の石器文化を「先縄文文化」「無土器文化」「先土器文化」等々とよぶようになり、日本独自の先史時代概念として各々「先縄文時代」「無土器時代」「先土器時代」の呼称で定着していった。これに対しヨーロッパや中国では「旧石器文化・旧石器時代」とよんでいる。これはこの時代に石、木、角、骨などを用いて道具がつくられたのであるが、打製石器すなわち「旧石器」を中心としているところからこうよばれたのである。しかし、日本で「旧石器文化・旧石器時代」とよばないのは、当該期遺跡として調査された長野県神子柴遺跡や青森県長者久保遺跡の出土資料に局部磨製円鑿が認められるところから、シベリア・バイカル地方の新石器文化との系統的関係があるとして、山内清男・佐藤達夫氏によって、旧石器文化否定説、すなわち岩宿以降縄文時代以前の石器文化を旧石器文化に続く新石器文化とする（具体的には「無土器新石器文化」と規定する）説に大きく影響されたのだろう。事実、昭和四十四年（一九六九）、東京国立博物館において開催された『日本考古展―考古学・この二五年の歩み―』の図録においては縄文時代以前を「無（先）土器時代」と「旧石器時代」の二時代としており、無土器文化＝旧石器文化を否定している。しかし、最近ではヨーロッパ同様「旧石器時代」・「旧石器文化」とし、その「後期」と考える傾向が一般化している。地質学の分野で更新世の地層とする関東ローム層をはじめとする各地ローム層の研究が著しく進展してきたからである。なお、ここであえて「旧石器時代」とせず「先縄文時代」としたのは、「石器時代」を「旧石器時代」と「新石器時代」とに分け、さらにその中間に「中石器時代」をもうけた経緯があり、それらが一体の概念であるとともにヨーロッパ自体でもこれらの時代概念に問題があること、また山内・佐藤氏らの所説はまだ明確に否定されていないこともあり、現在は「縄文文化に先行する石器時代」としておきたいからである。

先縄文時代の調査・研究は戦後の昭和二十四年（一九四九）の岩宿以降に始まったわけであるから、他の時代の研究に比してきわめて日が浅いが、関東地方の、とりわけ武蔵野台地と相模野台地の両台地における急速かつ数多くの発掘調査によって研究が著しく進展し、また多くのことが解明されつつある。遺跡から発見される出土遺物は人工遺物としての石器が大部分であり、ヨーロッパのように骨角器などはまったくといってよいほど発見されていない。したがって、この石器の研究が中心をなしてきた。

まず、この石器を資料として杉原荘介氏や芹沢長介氏らによって年代の組立て（編年）が行われ、岩宿1文化（握斧）＝敲打器文化―茂呂文化（ナイフ形石器）および岩宿2文化（切出形石器）＝刃器文化―尖頭器文化―細石器文化という階梯・変遷が考えられた。今日でもこの大綱はほとんど変わっていないが、尖頭器文化に関してはこれを一階梯とするには問題があり、実態は刃器文化のある段階に登場し、それと共存しながら発展したものであることが判明してきた。このような石器群の編年研究は、石器群の型式的・層位的研究をもとに進められてきた。とくに昭和四十三年（一九六八）頃より関東地方におけるローム層に着目し、深く重層的に文化層の存在する東京都野川遺跡・同高井戸東遺跡・同西之台B遺跡等の発掘調査が続々と開始され、これによって編年研究は飛躍的に発展した。さらに、立川ローム層における姶良丹沢（AT）パミス（今から約二万二〇〇〇年前）の発見は絶対年代を知る上で、また各地の異なるローム層の比較研究の上で、大きな成果をもたらしたのである。

編年研究と併行して、資料の増加にともない、石器群の型式学的特色と組合せの問題、石器の製作技術の解明と技術体系の分析研究の進展がみられた。とくに一定の剥片を素材とするナイフ形石器の製作技術の研究が中心となり、東京都茂呂遺跡、長野県杉久保遺跡、大阪府国府遺跡で発見されたナイフ形石器の研究は先駆的なものであり、茂呂型ナイフ（東日本）・国府型ナイフ（西日本）の二大ナイフ形石器圏に分けられることが明らかとなった。また、昭和四十一年（一九六六）に行われた埼玉県砂川遺跡の発掘調査では、残核（石核）およびそれから剥離された剥片の接合関係を追究し、石核から剥片が剥離されていく過程の復原とその技術体系に関する研究が行われ、石器製作技術研究上一大画期となったのである。

一九六〇年代後半に行われた神奈川県月見野遺跡の発掘調査では礫群および石器群の面的広がりが追究され、これを生活の展開された軌跡（遺構）と把握することができ、これまでの石器を中心とした研究以外に、「遺跡」の構造および動態の把握を目指した研究の端緒となり、「先縄文時代」の研究に大きな展開をもたらした。

かつて、昭和二十五年（一九五〇）相沢忠洋氏によって発見された群馬県権現山遺跡の「旧石器」を契機として、昭和二十年代よりヨーロッパの前期旧石器時代に匹敵する遺跡の追究が行われ、大分県丹生・早水台、栃木県星野などで発掘調査が行われた。しかし、そこから出土する石器を「旧石器」として認めるか否か、賛否両論のまま今日に至っている。近年、こうした状況のもとで、東北地方の宮城県座散乱木遺跡や同馬場壇A遺跡・同中峰C遺跡等で昭和五十三年（一九七八）より継続的に発掘、発見された石器は今から約三万年～一四万年以前という年代が与えられ、「前期旧石器」と位置づけられた。再び旧石器文化探究にむけて活気を呈しはじめたのである。しかし、これらに対して否定論もあり、今後の課題として調査の成果を待ちたい。

次に岩宿遺跡発見、発掘調査後の学史的に意義ある遺跡と問題点について概述しておきたい。

(1)　群馬県笠懸町岩宿遺跡出土の石器

相沢忠洋氏による岩宿遺跡をはじめとする周辺地域における縄文時代以前の遺跡の発見は、その後の急激な先縄文時代研究の端緒となった。相沢氏が岩宿の切通し断面のローム層中より採集した石器は槍先形尖頭器、掻器、削器、剥片、楕円形の石斧等である。

昭和二十四年（一九四九）、明治大学の杉原荘介、芹沢長介氏らによる岩宿遺跡切通しの発掘調査が行われ、関東ローム層中に石器の遺存する上下二層の文化層を発見し、同時に相沢氏発見の石器の出土した位置を確認した。この時出土した石器は上層（岩宿2）ではナイフ形石器の一形態である切出形石器、その他の打製石器、下層（岩宿1）では局部磨製石斧、粗雑な石刃等である。近年、さらに下層の「岩宿0文化」の発見が報じられた。現在国史跡となっている。

(2)　東京都板橋区茂呂遺跡出土の石器

岩宿遺跡発掘から二年後の昭和二十六年（一九五一）、吉田格、芹沢長介氏らによって都内においてはじめて茂呂遺跡が発掘調査され、ナイフ形をした定形の石器が発見された。このナイフ形石器は、剥片の鋭い縁辺を刃として残し、その他の側縁に刃潰し加工を施して尖った先端部をつくり出している。このナイフ形石器は発見地にちなみ、「茂呂型ナイフ」と命名され、ナイフ形石器研究の先駆けとなった。この茂呂型ナイフは石核から縦剥ぎされてで

第6図　岩宿切通し採取の楕円形石斧・削器他
1946～48年相沢忠洋氏採取　群馬県笠懸町岩宿遺跡
（明治大学博物館）

第7図　岩宿遺跡出土の尖頭器・剥片他
1949年明治大学調査　群馬県笠懸町岩宿遺跡
剥片長7.9-11.3cm（相澤忠洋記念館）

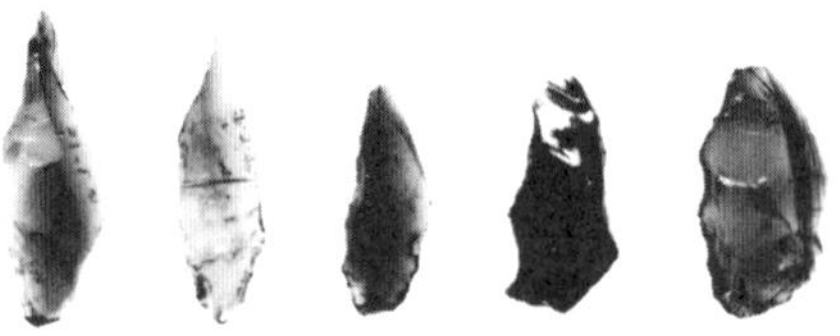

第8図　茂呂型ナイフ
東京都板橋区茂呂遺跡（明治大学博物館）

第9図　ナイフ形石器・尖頭器他
神奈川県大和市月見野遺跡（明治大学博物館）

きた縦長剥片よりつくられ、ナイフ形石器のうちでも古い時期のものと考えられた。関東地方を中心に発見されている。

(3)　神奈川県大和市月見野遺跡出土の石器

関東地方における先縄文時代の遺跡は、小河川の流域に群集して発見される場合が多い。相模野台地における月見野遺跡群は、その代表例である。月見野遺跡群は大和市内を流れ、境川に合流する目黒川の両岸に点々と数百ヶ所におよび、一〇ヶ所ほど発掘調査されている。その結果、大部分がナイフ形石器文化の後半に位置し、新しく槍先形尖頭器がともなってくる段階の遺跡群であることがわかった。また、当時予想をはるかに超える多数の遺跡の

第10図　ナイフ形石器（上）**と接合資料**（下）
埼玉県所沢市砂川遺跡　長4.6-8.2cm（明治大学博物館）

群集について、その相互の関係を追究するなかで、移動をくり返すムラの復原研究がなされた。

(4)　埼玉県所沢市砂川遺跡出土の石器

昭和四十一年（一九六六）、明治大学によってA地点とF地点の二ヶ所が発掘され、それぞれ石器の集中する三ヶ所のブロックが確認された。これらのブロックは石器製作が行われた場所であることがわかった。そして、各ブロックより発見された石器・剥片・石核（残核）を丹念に接合する作業が進められ、同一の石核からどのように剥片が剥離され、石器が製作されたのかが解明され、その作業工程が具体的に復原された。この方法は、その後の石器製作技術研究の基本となった。

(5)　東京都調布市野川遺跡出土の石器

関東地方の武蔵野台地においては立川ローム層の堆積が厚いため、深くまで発掘調査が行われ、より下層の文化層の追究がなされた。国際基督教大学のキダー教授らによって行われた大学構内の野川遺跡発掘はその先駆けとな

第11図　野川遺跡出土の石器
東京都調布市野川遺跡　上：野川Ⅲ期〔尖頭器・礫器〕、中：野川Ⅱ期〔ナイフ形石器・掻器他〕、下：野川Ⅰ期〔ナイフ形石器他〕（国際基督教大学考古学研究センター）

った。この調査によって立川ローム層内に文化層が重層的に存在することが確認され、石器群、およびその組合せの変遷がわかるようになった。また、あわせて理化学的な調査も実施された。

(6)　編年研究におけるAT層の発見

野川遺跡や東京都杉並区高井戸東遺跡では、これまで「丹沢パミス」とよばれた火山ガラスの層が、鹿児島湾奥の始良カルデラから約二万一〇〇〇～二万二〇〇〇年前頃に大噴出した火山ガラスであることが確かめられ、「始

第12図　西之台B遺跡出土の礫器
東京都小金井市西之台B遺跡（国際基督教大学考古学研究センター）

良Tn火山灰（AT）と改め、命名された。これによって各地ロームの層準を対比させ、火山灰を利用して各地の石器の比較研究と年代を組立てることができるようになったことは画期的な成果である。

(7)　立川ローム X 層石器文化の追究

野川遺跡の調査をきっかけに、いったいローム層のどこまで石器が存在するのかという追究が、その後杉並区高井戸東遺跡をはじめとする武蔵野台地の各遺跡で行われた。その結果、東京都小金井市西之台B遺跡や小平市鈴木遺跡で、立川ローム層の最下層に近い黒色帯Ⅱの下層にあたるX層中に大形の礫器類と小形の剥片石器類が存在することが確かめられた。また、練馬区栗原遺跡では同層に刃部磨製の石斧が発見された。なお、最近では多摩ニュータウン遺跡においてこれよりさらに下層から石器が出土しているという。

(8)　先縄文文化の終末

北アジアの細石器に関しては古くから知られていたが、日本列島では昭和二十八年（一九五三）、由井茂也氏によって長野県野辺山高原で採集されていた。そのことを知った芹沢長介、岡本勇氏によって同地矢出川遺跡の試掘がなされ、発見された。この細石器は先縄文時代のもっとも新しい段階の文化を形成したものであることがわかったが、九州地方においてはこの細石器文化の段階に土器が出現することが、福井洞穴の調査によって確かめられた。これに対し東日本においては有舌尖頭器や槍先形尖頭器にともなって土器が出土している。

第13図　神子柴遺跡出土の局部磨製石斧・槍先形尖頭器他
長野県南箕輪村神子柴遺跡　石斧最長23.2cm（重要文化財　個人　資料保管上伊那郷土館）

(9)　長野県南箕輪村神子柴遺跡出土の石器

昭和三十三・三十四年（一九五八・五九）に調査され、三×五メートルの範囲内に打製および局部磨製の片刃石斧、局部磨製円鑿、槍先形尖頭器、削器、石核等が楕円形に配列された状態で発見されたので、特殊なデポ（一括埋納ないし貯蔵）と考えられている。これらを先縄文時代の所産とみるか縄文時代草創期のそれとみるかが、円鑿の存在および槍先形尖頭器（縄文時代では石槍とよぶ）等によって問題となっている。

(10)　旧石器の追究

ヨーロッパや中国の旧石器文化に匹敵する、より古い石器文化の探索と調査がこれまで何度か試みられてきたが、まだ確定的な遺跡の発見がなされていなかった。

昭和二十五年（一九五〇）、相沢忠洋氏によって発見された権現山遺跡に出土した洋梨形、心臓形の握斧、鶴嘴状石器、削器などについてはマリンガー氏によって、ジャワの前期旧石器パジタン文化の伝統に属するものと報告された。また、同じく相沢忠洋氏によって不二山遺跡が発見され、旧石器文化追究の先駆けとなった。

近年、宮城県岩出山町の江合川左岸に発見された座散乱木遺跡一三層、一五層、同古川市の丘陵上にある馬場壇遺跡、同大和町の中峰C遺跡等「旧石器時代」の遺跡が発見されはじめ、新しい研究の進展を見せている。出土石器はいずれも不定形の剥片石器を中心としており、座散乱木が三万年以前、馬場壇Aが一〇万年以前、中峰Cが一四万年以前という年代といわれている（※以上宮城県下遺跡出土の「旧石器」は二〇〇〇年にいずれも捏造されたものであることが発覚した）。

2　縄文時代

明治十年（一八七七）、E・S・モースによる東京都大森貝塚の発見・発掘ははじめて縄文時代の遺跡に科学的な調査を実施したものであり、先史考古学研究の端緒となったばかりでなく、近代日本考古学の幕開けともなった。事実、これを契機として古生物学から人類学へ、そして先史考古学の成立へと発展を遂げたのである。

先史考古学という学問分野の成立には、大森貝塚以後活発に行われた貝塚の発掘調査によって出土した縄文（式）土器の編年研究に負うところが大きい。とくに昭和に入ってこれまでの人種論・民族論の展開された先史時代の研究から分岐し、山内清男・八幡一郎・甲野勇氏らにより、まず縄文土器の型式学的研究による縄文時代の年代の組立て（編年）と時期区分に力が注がれた。昭和十三年（一九三八）頃にはその大綱がほぼ完成し、地域毎に土器型式の序列が組立てられ、土器の変遷の様子が明らかとなった。そして、縄文時代の時期区分を早期・前期・中期・後期・晩期の五大別とした。その後、現在にいたるまでますます整備されて精緻なる編年体系がつくり上げられたことは、大森貝塚発見・発掘以来の日本先史考古学の、世界に誇れる輝かしい成果であろう。これによって、縄文文化・縄文時代の歴史的推移をたどることが可能となったのである。

ところで、縄文文化は基本的には食料採集民の文化であり、完新世の生態系のもとに、狩猟・漁撈・植物採集を経済的基盤としてはいるが、集落の形成にみられるように定着的な生活の所産として出現・発展したものと考えられる。当然、先縄文時代の集団構成から発展した組織・集団関係が推定されるが、それは単なる容器としてだけではなく、生活全体の「受け皿」としての「縄文土器」普及・発達に象徴的である。

こうした生活体系のもとに、工芸技術が発達し、土器・石器・骨角器・木器等いろいろなものがつくり出された。最近の発掘調査・研究の成果として、縄文時代前期の長野県阿久遺跡、千葉県幸田遺跡、栃木県聖山公園遺跡（根古谷台遺跡に改称）等では、住居址や配石遺構を中心とする大規模な遺跡が形成されたことが判明したが、この時期の福井県鳥浜貝塚や、山形県押出遺跡において、おのおの低湿地遺跡であるため植物性資料の遺存状態が良好で、木製容器をはじめとする数多くの木製品（木器）、および漆器の存在することが確認された。この結果、石製工具（石器）による木工技術、そして漆工の技術が約六五〇〇年前からという非常に古い時期から発達していたのであり、縄文時代前期文化が、これまで考えられてきた以上に著しく発達した文化であることが明らかとなった。金属器こそまだ出現していないが、豊富な物質文化が存在していたのである。これらの遺物の発見により、早期縄文文化のイメージは大きく変えられつつあり、このような縄文文化の形成に関する研究の進展がみられたことは最近の成果の一つである。

また、戦前の昭和十四年（一九三九）にようやく硬玉（翡翠）の原産地が新潟県姫川上流にあることが確かめられたのであるが、最近新潟県糸魚川周辺や富山県側に硬玉製作址が発見されて、硬玉の製作方法・製作工程などが研究され、そこで製作された硬玉が全国におよんでいることが追認された。

こうして縄文時代の工芸技術の発達があったにもかかわらず、信仰・呪術が縄文社会を大きく支配したと思われる。生産に関わる道具の他に信仰・呪術の社会を象徴するような土偶・石棒・土面・土版などをはじめとする各種の土製品、石製品が多数つくられた。

土偶は中〜晩期に盛行したものであるが、東北地方で早期の土偶が発見されるにおよび、一応土偶の変遷がたどれるようになった。現在最古の土偶と目されるものは千葉県両国Ⅲ遺跡および木の根遺跡等の撚糸文期の土偶である。頭部のない三角形をした板状の土製品であり、これに乳房・顔の表現が加わり、やがて立体的な立像形へと変化していくのである。土偶の用途については、まだ定説をみないが、山梨県釈迦堂遺跡で故意に各部分を欠いたと思われる状態で一〇〇〇個におよぶ破片が発見され、しかもそれらが各部分に割れやすいように製作されたことが解明された。このことは土偶の用途の問題を考える上で手掛りとなる重要な成果である。最近土偶のほかに人面や動物の付いた土器が発見されているが、これも動物に対する信仰や呪術的な祭式などに使用されたものと考えられる。

上述した特色をもつ縄文文化は、現在いったいどこまで遡ることができるのであろうか。この問題は戦後の先史考古学の重要な研究課題のひとつであり、常に縄文土器の起源問題と絡みあって追究されてきた。一般に「土器」

の出現をもって縄文時代の開始とする考え方がつよいからである。戦前では今日の縄文時代前期、早期にあたる土器が最古の縄文土器と考えられてきたが、戦後の昭和二十五年（一九五〇）、神奈川県夏島貝塚の発掘調査が実施されて、層位的に早期撚糸文土器の各段階が確かめられ、それらの序列が確定し、井草・大丸式土器が最古の土器の位置を与えられた。しかも、夏島式土器は^{14}C年代測定により、今から約九五〇〇年前という古い年代が出され、当時世界最古の年代をもつ土器として注目を集めた。

その後、昭和三十年代前半に山形県日向洞穴、新潟県卯ノ木遺跡・本ノ木遺跡・小瀬ヶ沢洞穴等の発掘調査により、古い未知の土器群が続々と発見され、昭和三十五年（一九六〇）の長崎県福井洞穴、翌年の愛媛県上黒岩岩陰遺跡の発掘により、隆線文土器がもっとも古く、次に爪形文土器が古いことが明らかになった。とくに福井洞穴の隆線文土器は^{14}C年代測定により今から約一万二五〇〇年前という驚異的に古い年代が測定された。この年代からすると更新世末前後に土器が出現したことになる。これより一〇年後、長崎県泉福寺洞穴の発掘調査により、隆線文土器よりさらに下層から豆粒文土器が発見された。最近でも隆線文土器の下層に無文土器などが出土し、最古の縄文土器はさらに遡ることとなった。いったい、最古の縄文土器はどこまで遡るのか、今後の調査研究の成果を待つほかないであろう。

一方、これまでの縄文時代五時期区分に「草創期」を加え、六期とした山内清男氏は草創期のはじまり、すなわち縄文時代の開始を^{14}C年代とは別個に大陸系と考えられる石器の比較研究からB.C.二五〇〇年とされた。草創期の石器は先縄文時代から継続する細石器や槍先形尖頭器（石槍）などがある一方、以降に継続するものは石鏃程度であり、縄文的様相に乏しいといわざるを得ない。こういう点から草創期を縄文時代以前の文化と捉え、土器も縄文土器以前のものとする考え方もみられるが、大勢は土器の出現以降を縄文時代とし、草創期を認める考え方であ

第14図　大森貝塚出土の土器

東京都品川区・大田区大森貝塚　高25.0-32.0cm（重要文化財　東京大学総合研究博物館）

り、また山内氏のB.C.二五〇〇年説には否定的である。

しかし、土器の出現をもって縄文文化の起源とするか否かは、今後の当該期資料の増加を待って、改めて検討する必要があるように思われる。以下、縄文時代に関するいくつかの問題点について概述しておきたい。

(1)　大森貝塚の発見・発掘と陸平貝塚

先史考古学の発達は大森貝塚をはじめとする貝塚の調査研究にあったといっても過言ではない。まず、モースによって〝cord-marked pottery〟（索文土器）とよばれ、後に「縄文（式）土器」となったが、この土器が、どんな民族によってつくられたのかという問題と絡みあって、厚手式、薄手式などの分類がなされ、その後、さらに貝塚の層位学的研究に基づいて土器の編年がなされ、縄文文化研究の基礎が形成された。また、貝塚から発掘される人骨は遺存状態が良好なので、人間そのものの研究や墓についての研究が進展した。さらに、貝塚の下に竪穴住居址が存在することが発見され、集落（ムラ）の形成に関する研究が開始された。近年ではとくに貝層に含まれている貝類の他に、獣骨その他の自然遺物の研究によって、当時の動・植物相や環境の復原、対象食料の研究が活発に行われるようになったのである。

茨城県美浦村陸平《おかだいら》貝塚は霞ヶ浦西岸の丘陵上に位置する中・後期の海水産の貝塚である。モースの大森貝塚発掘に次ぐ第二回目の発掘調査として、

第15図　陸平貝塚出土の双口土器
茨城県美浦村陸平貝塚　高17.5cm（重要文化財
東京大学総合研究博物館　鈴木昭夫氏撮影）

明治十二年（一八七九）にモースの門弟である東京帝国大学生物学教室の飯島魁、佐々木忠次郎によって実施された。日本人としてははじめての先史遺跡の発掘である。以来、現在まで学術的に発掘された貝塚は一〇〇〇を超えるであろう。なお、かつて八木奘三郎らは「陸平式土器」の名をもって中期縄文式土器の総称とした。

(2)　縄文土器の起源

戦後の縄文時代研究の重要なテーマのひとつとして縄文文化の起源の問題がある。これと密接な関連をもつ縄文土器の起源、すなわち最古の縄文土器の追究が行われてきた。戦前の昭和十年（一九三五）、三戸式土器や田戸下層式土器（沈線文土器）が最古の土器として位置づけられたが、十四年（一九三九）に東京都板橋区稲荷台遺跡出土の稲荷台式土器（撚糸文土器）が発見されるにおよび、これがさらに古い土器とされた。戦後、昭和二十五年（一九五〇）に夏島貝塚、二十六～二十七年（一九五一～五二）に大丸遺跡が発掘されて、井草・大丸→夏島→稲荷台（以上撚糸文土器）→田戸という順序が明らかとなった。しかも、夏島式土器は^{14}C年代測定により、今から約九五〇〇年前という年代が与えられ、その当時世界最古の土器として注目をあびた。ところが、その後、昭和三十五年（一九六〇）長崎県福井洞穴、三十六年（一九六一）愛媛県上黒岩岩陰遺跡の発掘によりさらに古い土器群が細石器とともに発見された。縄文の施されない土器群で、隆線文土器・爪形文土器とよばれ、前者が後者より古いことが確かめられた。この土器の^{14}C年代は今から約一万二五〇〇年前という驚異的な年代であり、完新世と更新世の境目あたりに位置するものである。

第16図　縄文土器の起源

右上：尖底深鉢〔沈線文土器〕千葉県小見川町城ノ台貝塚　高27.0cm、左上：尖底深鉢〔撚糸文土器〕神奈川県横浜市大丸遺跡　高27.6cm（明治大学博物館）、右下：尖底深鉢〔撚糸文土器〕神奈川県横須賀市夏島貝塚　高24.5cm（明治大学博物館）、左下：丸底深鉢〔豆粒文土器〕長崎県佐世保市泉福寺洞穴（佐世保市教育委員会）

これより約一〇年後の昭和四十八年（一九七三）、長崎県泉福寺洞穴の調査において、隆線文土器の出土する層の下層から豆粒文土器が発見され、隆線文土器よりさらに古い土器であることがわかった。現在、隆線文より古い土器として神奈川県上野《かみの》遺跡の無文土器なども発見され、これらが最古の土器の域に到達したのか、あるいはそれに近づきつつあるのかは今後の課題である。

(3)　縄文土器の発達と変遷

縄文土器は同じ地域、同じ遺跡で出土したものでも、土器の形や文様で幾種かにグル

第17図　草創期の土器
右：丸底深鉢〔隆線文土器〕長野県須坂市石小屋洞穴　高25.0cm（國學院大學考古学資料館）、左：尖底深鉢〔爪形文土器〕群馬県太田市下宿遺跡　高23.4cm（太田市教育委員会）

ープ化される場合が多いが、それが時期の異なるところに由来するということが、地質学の層位学的方法を採用して判明してきた。これを基礎にして地域毎に相対的な序列を網の目のように組立て、編年を確立した。これにより縄文土器の発達・変遷を追うことができるようになったばかりでなく、縄文文化あるいは縄文時代の推移を知ることができるようになったのである。

縄文文化は当初、前期・中期・後期に三区分されたが、後に前後に早期と晩期を加え五区分となり、近年ではさらに最初に草創期を加え六区分となった。

草創期の土器　昭和四十四年（一九六九）、山内清男氏は隆線文土器、爪形文土器、押圧・回転縄文土器に早期の撚糸文土器を組み入れて草創期の土器とした。しかし現在では、撚糸文土器はやはり早期の土器として扱われており、草創期には豆粒文土器や無文土器が加わった。草創期の土器は丸底深鉢が多いが、平底、尖底のものも存在する。尖底には青森県表館(1)遺跡の隆線文土器、群馬県下宿遺跡の爪形文土器のように先端が乳房状となる例もみられる。

早期の土器　尖底の深鉢が中心である。その後半には平底の深鉢も登場する。撚糸文土器、押型文土器、竹管による沈線文土器、貝殻に

第18図　早期の土器

尖底深鉢〔押型文土器〕新潟県津南町卯ノ木遺跡　高23.0cm（長岡市立科学博物館）

第19図　前期の土器

浅鉢〔丹塗り〕岐阜県高山市糠塚遺跡　径35.0cm（重要文化財　高山市教育委員会）

よる条痕文土器、隆帯文土器などであり、撚糸文→沈線文・無文・押型文→条痕文→隆帯文という変遷がたどれる。縄文土器の大きな特徴のひとつである波状口縁が撚糸文の次の段階に出現し、沈線文土器の新しい段階から、器壁の中に禾本科植物の繊維を混入するという技法がみられる。

前期の土器　安定した平底の深鉢となり、片口土器などが盛行するが、後半には浅鉢、有孔鉢、皿などがともなう。羽状縄文土器、竹管文土器と変遷し、早期以来の手法として器壁の中に繊維を混入するが、後半にはなくなる。浅鉢や皿などには岐阜県糠塚遺跡出土の浅鉢のように丹塗りされたものが多い。

中期の土器　粘土紐貼付けによる装飾性豊かなかつ大形の土器がつくられる。縄文のあるものとないものとが共存し、把手状の装飾、それを人面としているもの、動物文や人体文もみられ、後半期には磨消縄文土器が太平洋岸側を中心に登場する。火焔土器は把手状の装飾をより豪華・繁縟にしたものである。

深鉢の他に浅鉢、台付鉢や有孔鍔付土器、吊手土器、香炉形土器のように特殊な形のものもあらわれる。

後期の土器　大形かつ豪華な装飾の土器は衰退し、磨消縄文を文様

第20図　中期の土器

右上：火焔型土器　新潟県津南町沖ノ原遺跡　高35.4cm（津南町教育委員会）、右下：深鉢　東京都小金井市中山谷遺跡　高41.1cm（小金井市教育委員会）、左：深鉢　岩手県盛岡市繋　高50.0cm（重要文化財　盛岡市）

第21図　後期の土製品

右：鳥形土製品　茨城県東村福田貝塚　高7.2cm（重要美術品　辰馬考古資料館　写真提供便利堂）、左：巻貝形土製品　新潟県山北町上山遺跡　高16.6cm（重要文化財　東京国立博物館　以下東京国立博物館所蔵資料写真はTNMイメージアーカイブ提供）

第22図　晩期の土器
右：獣頭装飾付香炉形土器　岩手県軽米町　高13.7cm（東京国立博物館）、左：台付鉢　宮城県石巻市沼津貝塚　高10.8cm（重要文化財　東北大学大学院文学研究科）

装飾の基調とした小形かつ黒い色調の土器が多い。深鉢には精製と粗製の区別が明らかとなってくる。粗製土器は煮沸用であろう。

深鉢の他に浅鉢、台付鉢、皿、壺、注口土器などの種類が多くなり、貝や鳥など各種の自然界に存在するものを模した土器もつくられる。注口土器が多くなり、東日本一帯に普及、定着する点もこの時期の特徴のひとつである。

晩期の土器　縄文土器の総仕上げとして器形、文様とも洗練されたものが多い。文様は後期と同様磨消縄文を基調としており、東北地方の亀ヶ岡式土器のように流麗な雲形文が描かれる。入組文、三叉文などが特徴である。

壺が普及、定着し、各種の小形壺、浅鉢、台付鉢、皿、注口土器等が一般的な土器の組合せとなる。彩文のある土器や赤漆塗の土器、赤色顔料を塗った土器等があり、特殊な目的に用いられた。

(4)　草創期の土器と石器

現在では撚糸文土器以前の土器を早期の前の草創期として設定する考え方が一般的である。草創期の土器は豆粒文→隆線文→爪形文→押圧・回転縄文の順に変遷していることが確認されてきた。

昭和三十二年（一九五七）、新潟県本ノ木遺跡で多量の石槍とともに短

第23図　押圧縄文土器と石器

新潟県津南町本ノ木遺跡　右上：押圧縄文土器、右下：尖頭器、左：掻器・尖頭器（個人）

い縄の側面圧痕文のある土器が出土したが、この石槍を先縄文時代の槍先形尖頭器と考える芹沢長介氏と縄文時代の石槍とみる山内清男氏の見解が対立した。「本ノ木論争」とよばれるが、これを発端に山内氏は^{14}C年代観に警鐘をならし、遺物の形態比較によって大陸の新石器文化との系統関係を追究した。

山内氏は草創期に特徴的な石器である植刃、断面三角形の半月形石槍等がシベリアのバイカル地方の新石器文化と密接な関係があるとし、また大陸の矢柄研磨器の研究から、縄文文化の起源をB.C.二五〇〇年と主張した。

なお、草創期の土器には九州地方で細石器がともなっており、本州では柳葉形尖頭器、有舌尖頭器等の槍先形尖頭器が共伴する。

昭和三十五年（一九六〇）、長崎県吉井町福井洞穴で隆線文土器、石器が発見された。3層より隆線文土器、2層より爪形文土器、1層より押型文土器が層位的に発見され、4層以下は細石器を主体とする先縄文時代

第24図　隆線文土器と石器
長崎県吉井町福井洞穴　上：隆線文土器、下：細石核・細石刃（東北大学大学院文学研究科）

の石器が出土した。2、3層に細石器を伴出したので、細石器文化の停滞による現象であるといわれ、九州地方ではこの細石器文化の後半に土器の出現することが判明した。

昭和四十八年（一九七三）、長崎県佐世保市泉福寺洞穴で豆粒文土器・石器が発見された。隆線文土器よりさらに深い下層から、豆粒を貼り付けたような文様の土器が出土したが、これまでに例のない最古の土器として注目をあびた。福井洞穴出土の隆線文土器が日本列島最古の土器とされてから一三年目であった。この土器には舟底形の細石刃核がともない、福井洞穴同様、細石器文化の中に土器の出現したことが追認されたのである。

第25図　彩文鉢
山形県高畠町押出遺跡　高15.5cm（重要文化財　文化庁）

(5)　工芸技術の発達

縄文時代であるからその文化の「原始的」なイメージに彩られている点が強調されてきたが、今日の石油、電気、原子力によるエネルギー文化という点を除けば、この時代にすでに豊かな物質文化の基礎がつくり上げられている。

とくに近年漆工芸技術がこれまで考えられてきた以上に古く遡ることが判明した。福井県三方町鳥浜貝塚や山形県高畠町押出遺跡出土の漆製品がそれであり、前期（今から約六五〇〇年前）に属するものである。

また、戦前、硬玉（翡翠）の原産地が新潟県姫川流域にあることが突きとめられたが、新潟県青海町寺地遺跡や富山県朝日町境A遺跡などで硬玉製品の工房址が発掘され、原石やその打割り、未成品、完成品などが出土したので、硬玉の製品化への一連の過程が解明され、攻玉技術の研究が進展した。

その他土製、石製、骨角製の精巧な装身具の製作、製品にみるべきものが多い。

(6)　漆工芸

これまでの縄文時代における漆塗製品は縄文時代後・晩期に盛行し、青森県亀ヶ岡遺跡や是川遺跡などで赤漆塗の籃胎漆器や漆塗土器、飾り弓、飾り太刀、櫛等をはじめとして、多くの低湿地遺跡で発見されてきた。最近の発掘調査では、関東地方の埼玉県寿能遺跡出土の中・後期の木胎漆器などが注目された。

また、近年では低湿地遺跡である福井県三方町の鳥浜貝塚・山形県高畠町押出遺跡において、前期に遡る漆塗遺物の発見があり、日本の漆工芸が意外に早く出現したことが判明した。中国の著名な考古学者安志敏氏は、日本の漆の技術は中国の長江流域から波及したものだという説を主張されているが、今のところ日本の漆の出現の方がより古いという状況を呈している。

なお、漆は自生している漆の木から生漆を採集し、これに顔料を加えて赤、黒などの色づけをしている。化学分析により赤色顔料にはベンガラ（Fe_2O_3）や水銀朱（HgS）を用いていることが判った。

青森県八戸市是川中居遺跡で漆製品が発見された。新井田川渓谷のせまい沖積地に接した尾根上の傾斜地に位置する是川遺跡（現在は是川中居遺跡）はすでに明治時代に知られていたが、大正九年（一九二〇）以降の泉山岩次郎の発掘によって著名となった。泥炭層中より晩期前半の土器、石器、骨角器、漆塗された耳飾、腕輪（釧）、櫛、弓、飾り太刀などの豊富な遺物が出土している。とくに漆製品は初期の発見資料でもあるが、晩期の代表的な資料となっている。出土資料の内訳は以下の通りである。

①赤漆塗壺　二、②籃胎漆器　一、③赤漆塗耳飾　三、④赤漆塗釧　一括、⑤漆塗弓　一、⑥飾り太刀　一

第26図　漆製品

青森県八戸市是川中居遺跡　右上段より赤漆塗壺・籃胎漆器・赤漆塗耳飾・赤漆塗釧、左上段より漆塗弓・飾り太刀（重要文化財　八戸市縄文学習館）

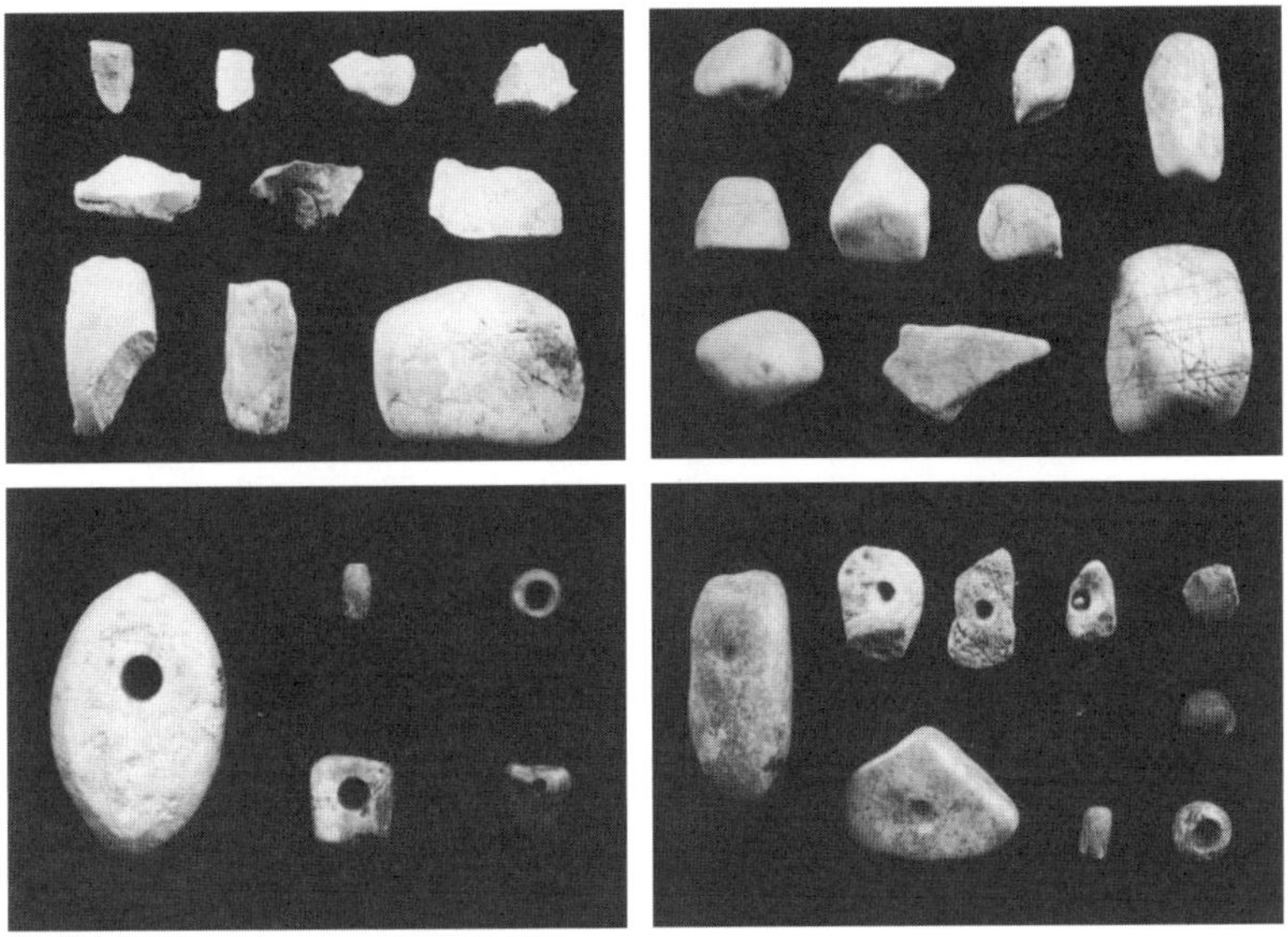

第27図　硬玉製作址出土品
富山県朝日町境Ａ遺跡　右上：硬玉原石、左上：同打割り、右下：同未製品、左下：同完成品（富山県埋蔵文化財センター）

また埼玉県大宮市寿能遺跡では昭和五十四年（一九七九）、木胎漆器が発見された。低湿地遺跡である寿能遺跡は昭和五十四～五十六年（一九八一）にかけて治水工事にともなう発掘調査が行われ、泥炭層より縄文時代から平安時代にわたる木器や漆器などが多数発見され、全国的に注目をあびた。とくに漆塗製品は一〇六点出土した。漆は朱と黒の二種類あり、重ね塗りや彫刻が施されており、漆工技術の高さを示している。縄文時代の漆製品には中・後期の飾り弓、櫛、杓子や鉢、壺、浅鉢などの木製容器（漆器）類がある。

(7)　攻玉

わが国の弥生時代や古墳時代前期、そして韓国慶州古墳群より発見される勾玉は主に硬玉（翡翠＝鳥類カワセミの古称）によってつくられた。戦前の昭和十四年（一九三九）、この硬玉が新潟県姫川の上流の滝川渓谷と青海川渓谷にその原産地があることが確かめられた。縄文人は硬玉の転石を採集し、深味のある緑色の美しい各種の玉類を製作した。

中期には大珠とよばれる一〇～一五センチの特殊な垂玉がつくられ、後・晩期になると小玉など小さな各種の垂飾品がつくられ、交易を通じて全国に普及した。

近年、新潟県糸魚川市長者ヶ原遺跡（中期）や同青海町寺地遺跡（中～晩期）、富山県朝日町境A遺跡（中～晩期）等の硬玉製品製作址が発見され、多数の原石、その打割り、未成品、完成品などが出土した。これらの資料より攻玉の技術すなわち硬玉製品の製作方法、作業工程などが解明された。

(8)　装身具

木製・土製・石製・骨角製の笄、櫛、耳飾、首飾（垂飾）、腕輪、腰飾（垂飾）等の各種装身具がつくられたが、先史社会においては単に飾りとしてだけでなく、呪力ある護符としての目的でつくられたと考えられる。これらの装身具製作には精巧な技術が駆使された。目的の形につくり上げるために、素材を計画的に形取りし、粗割り、荒削り、切断、削り、穿孔、研磨など熟練した技術の集大成によった。

前期には中国の玦《けつ》に酷似した玦状耳飾が盛行し、後・晩期には縄文技術の極致として骨角製装身具、石製装身具がつくられる。とりわけ群馬県千網谷戸では昭和二十三年（一九四八）以来発掘調査が実施され、竪穴住居址八棟等が発見された。このうち第一号および第四号住居址より石器、骨角器、玉類、土製品等の遺物三〇〇〇点以上が出土し、この質量ともに豊富な資料は関東地方の晩期をみる上で、欠くことのできない重要な一括資料として重要文化財に指定された。とくに大形の透彫りの施された土製耳飾は工芸的にもすぐれた華麗なもので、本遺跡を代表するものである。また、宮城県石巻市沼津貝塚では昭和十五年（一九四〇）、骨角製装身具が発見された。松島湾沿岸においては中・後・晩期の貝塚が多く形成されている。本貝塚の出土品も中～晩期のものである。ことに後・

第29図　土製耳飾

群馬県桐生市千網谷戸遺跡　径（最大）9.4cm
（重要文化財　桐生市教育委員会）

第28図　玦状耳飾

大阪府藤井寺市国府遺跡 縦3.9-5.2cm
（重要文化財　関西大学博物館）

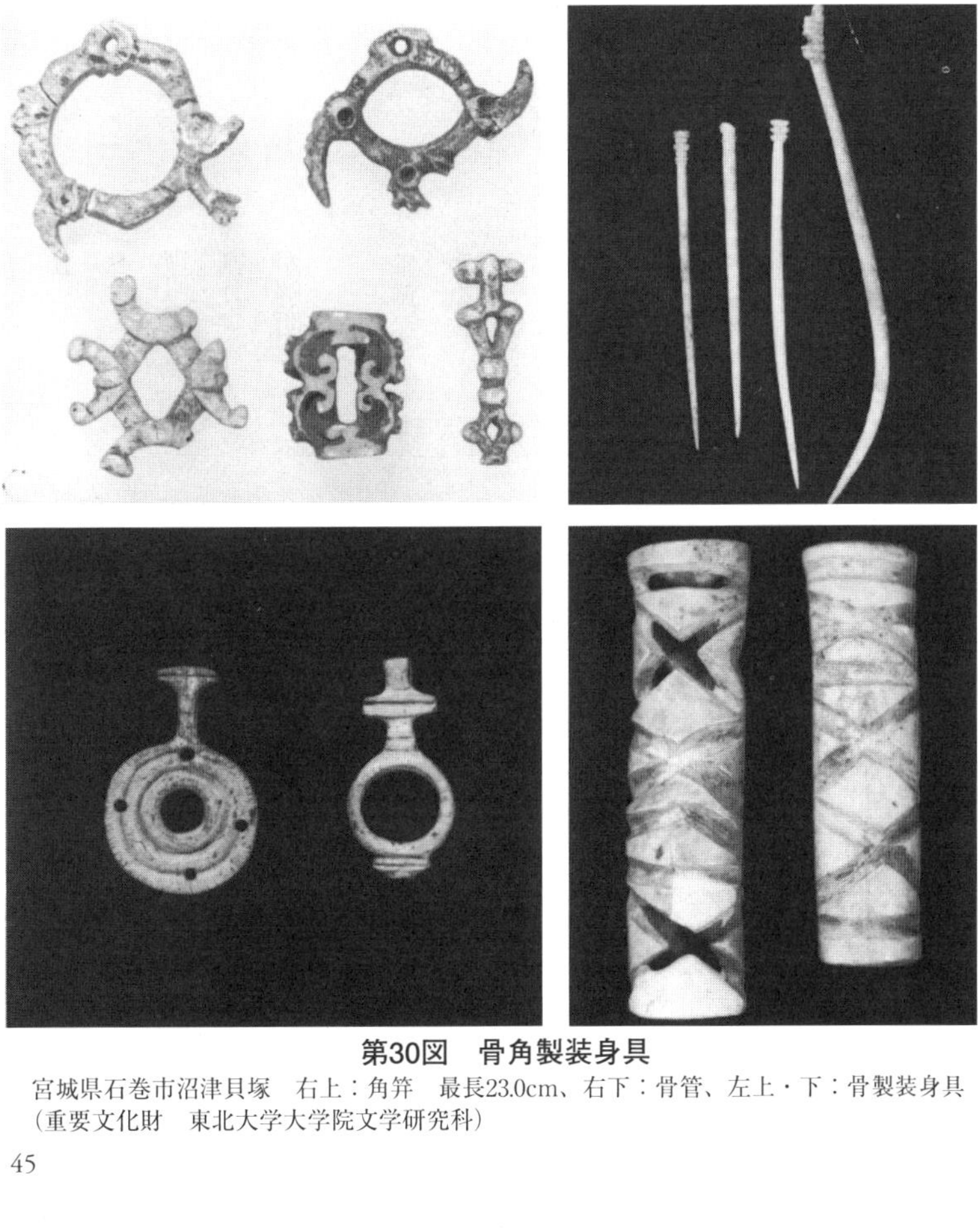

第30図　骨角製装身具

宮城県石巻市沼津貝塚　右上：角笄　最長23.0cm、右下：骨管、左上・下：骨製装身具
（重要文化財　東北大学大学院文学研究科）

晩期に属する多量の骨角器は鏃・銛・魚扠・釣針・矢筈・弓筈・針・錐・骨匙等の狩猟具・漁撈具・工具、櫛・笄・垂飾、管玉等各種装身具の優品であり、骨角器製作技術の集大成ともいうべき豊富な資料を提供したものである。これは昭和十五年以来の毛利総七郎氏の蒐集品である。

(9)　信仰・呪術の世界

先史社会における日常生活をつよく支配したものは信仰や呪術である。縄文人はおそらく、草や木やその他の身のまわりのいろいろなものに霊魂が宿っていると考えたのであろう。とくに、狩猟・漁撈・食用植物の採集、そのための道具の製作・手入れなどが生活の中心であり、食料確保のためにいろいろな呪術や祭式が執り行われたのであろう。

また、生誕、成人、結婚、葬送など人の一生に関わる儀式など、いわゆる「通過儀礼」として集団的に執り行われたものと考えられる。

このような信仰、呪術の生活を反映したものとして、土偶、石棒、土面、足形付・手形付土製品をはじめとする各種の土製品、石製品が中期以降多くつくられるようになった。したがって、縄文社会の研究にはこれらの出土品の研究は欠かせないものであり、近年とくに土偶の起源、発達、変遷などについて解明されつつある。

(10)　土偶

人形の土製品である。四～五センチの小形のものから三〇センチを超える大形品がある。中期以降に普遍的になり、後・晩期に盛行する。完全な形で出土するものは少なく、故意に頭部・手・足を欠いたと思われる破損した状態で出土するものが多い。山梨県釈迦堂遺跡出土の中期の土偶はこのような破損状態で一〇〇〇個以上の膨大な個数にのぼったが、ここの土偶は各部分が破損しやすいようにつくられていることが解明された。これについては疾病、災害

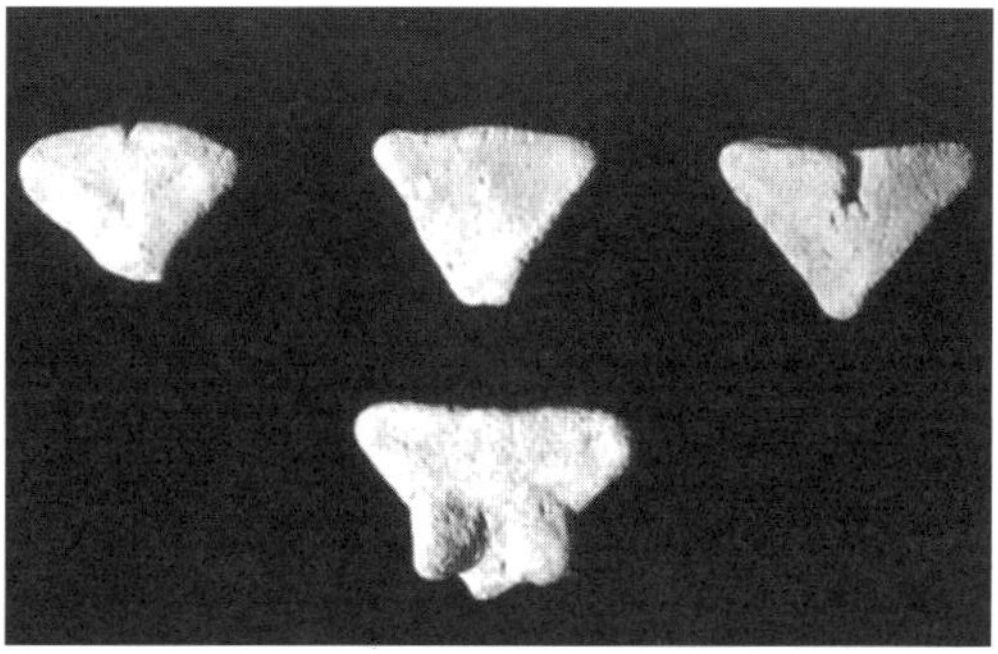

第31図　早・前期の土偶
右：千葉県成田市木の根遺跡　高2.0-3.1cm〔早期〕（千葉県立房総のむら）、右：埼玉県さいたま市松木遺跡　高2.7cm〔前期〕（さいたま市教育委員会）

第32図　中期の土偶
青森県つがる市石神遺跡（重要文化財　つがる市教育委員会）

第33図　後・晩期の土偶
右：岩手県盛岡市萪内遺跡　長25.0cm〔後期〕（重要文化財　文化庁）、左：山梨県大泉村金生遺跡　23.2cm〔晩期〕（山梨県立考古博物館）

の身代わりとして破損したという説が唱えられている。

土偶は主として女性像としてつくられており、乳房・腰・腹など女性の特徴を誇張して表現したものが多く、生産、豊穣、繁栄、再生の地母神としても祭儀に用いられたのであろう。信仰、呪術の遺物としてその用途はいろいろ考えられる。

なお、関東地方において早期撚糸文土器の時期に、頭部表現のない小形三角形の板状土製品が発見されるが、一部に乳房の表現がみられるところから、これらがもっとも初期の土偶であることが判明し、さらに板状のヴァイオリン形土偶、顔の表現のある土偶、顔・手・足を明確に表現する土偶へと発展していくことが解明されている。

後・晩期の完全な形で発見される土偶については、赤い彩色を施したものが多く、また土壙の中に石囲みして出土する例があり、特殊な用途が考えられているが、いまだ謎が多い。

晩期になると内部を中空とした高三〇センチ以上の大形土偶がつくられる。このうち遮光器土偶とよぶものは、顔全体を占める大きな円い目がイヌイットの目を保護するための雪中遮光の器具と似ているところからこうよばれるのである。東北地方を中心に盛行するが、静岡県中川根町でも発見されている（現在遮光器土偶出土分布の西限）。

八ヶ岳南麓にある金生遺跡の発掘調査は昭和五十四年（一九七九）に行われ、五組に分かれた祭壇状遺構、周壁に石をめぐらした平地式住居址、一六基の石組石棺などが発見された。すなわち晩期の一大配石遺構群であることが判明したのである。土偶も約五〇〇個を超える数量となったが、大部分は故意に破損されたものである。完全な形を保ったものが一個発見されたが、残欠品とは用途が異なっているのであろうか。完形の土偶はこれまで同じ類例がみられないほど特異な形をしたものである。

なお、岩手県盛岡市萪内で昭和五十五年（一九八〇）に発見された大形土偶頭は今までにみられないほど大きな

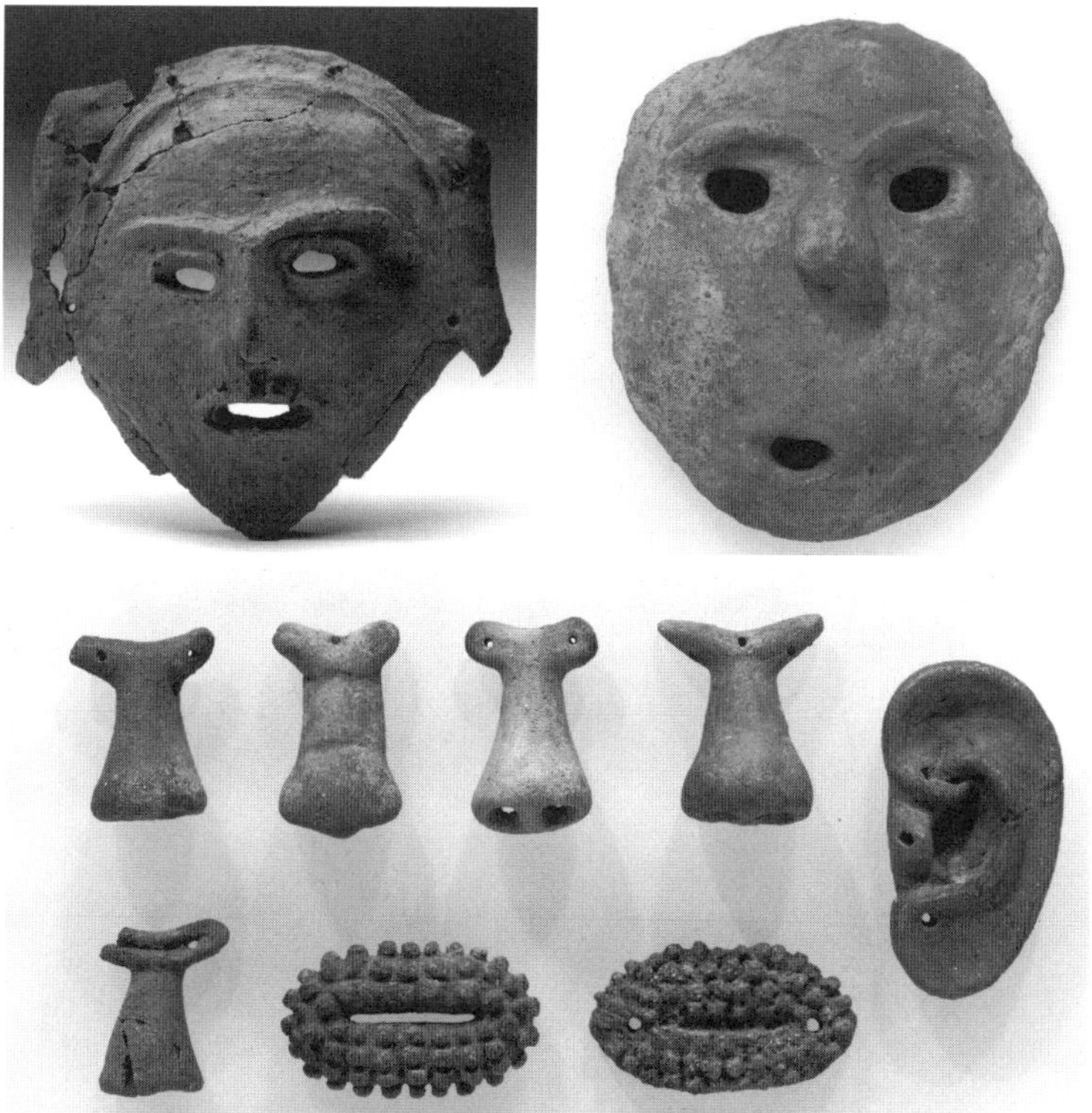

第34図　土面、耳・鼻・口形土製品

右上：長野県波田町中下原遺跡　幅15.6cm（東京国立博物館）、左上：北海道千歳市ママチ遺跡　幅18.4cm（重要文化財　文化庁）、下：岩手県北上市八天遺跡　高(耳)8.0cm（北上市博物館）

ものである。頭単独でつくられたとみる考えが多いが、もし全身像であれば等身大に近いものとなろう。顔には入墨の表現があり、鼻・耳・口は岩手県八天遺跡から別々の土製品として発見されているものに酷似している。それで、顔の表現を仮面を被った姿とみる考え方もある。

(11)　土面

土面には仮面状の土製品と実用の土製仮面の二種があると考えられる。出土品のうち大部分は前者に属するものである。後者の土製仮面はそれを顔面に着装した土偶の存在することから知られる。長野県波田町出土の土面は径一五センチあり、しかも目・口がくり抜かれているので、その例であろう。また、近年発見された北海道千歳市ママチ遺跡出土の土面も目・口をくり抜いており、両耳の部分に紐通し用の小孔があいているので、実用品に近い。仮面としては土面のほかに軽い木製、皮革製の実用品があったものと推察される。岩手県八天遺跡出土の耳・鼻・口形の土製品は皮革製の仮面にとりつけたものと考えられる。原始社会における仮面は、民族事例から仮面舞踏などの祭儀的な行事に使われたのであろう。なお、土面は中期頃より出現し、主として東北地方の晩期に盛行する。

(12)　足形付・手形付土製品
乳幼児の手形、足形を土版に押圧して焼いたものである。手形はその基部側に小孔

大石遺跡出土足形・手形付土製品の計測値

種別	計測値※（cm）			性別	年齢	身長 体重
	最大値	最大幅	最大厚			
右足	8.8	6.2	1.8	男児	8〜10ヶ月	約70cm
	7.4	—	—			
	8.1	—	—		（一人立ち）	約10kg
右手	8.6	7.0	1.7	男児	10〜12ヶ月	
	6.7	5.7	—			
	7.4	6.3	—			

※上段：土製品そのもの　中段：手・足の値　下段：復元の手・足の大きさ。
復原は、土製品の焼成後の収縮率を10%と想定。
計測値・性別・年齢・身長・体重は、平沢弥一郎氏の鑑定による。

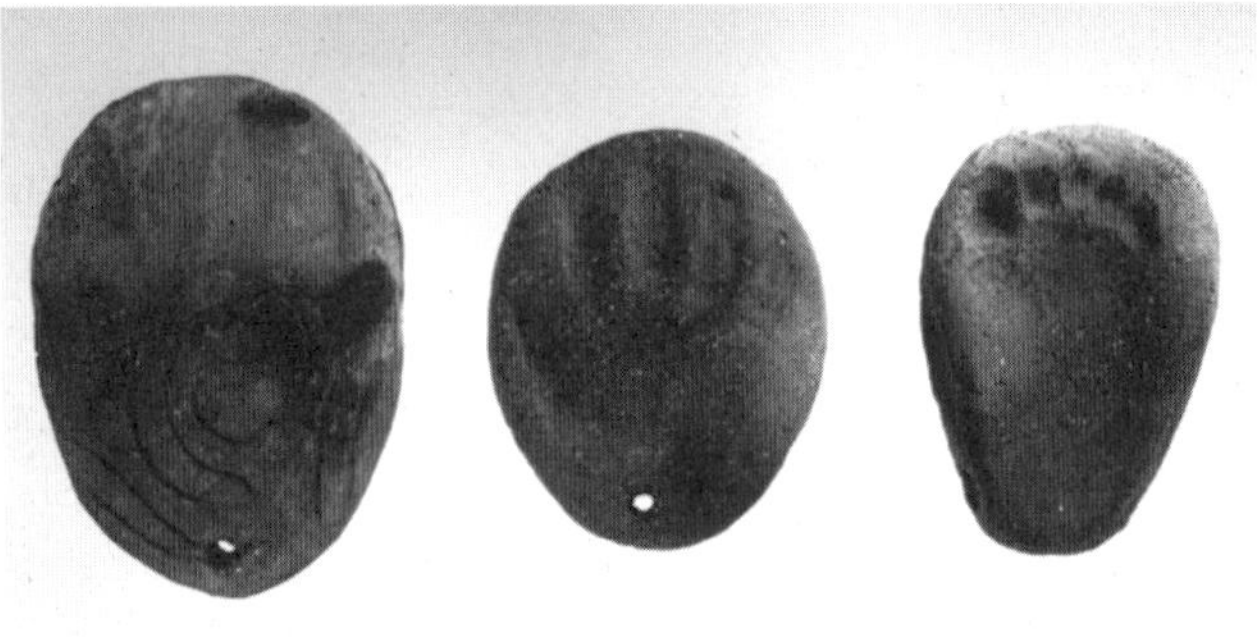

第35図　足形付・手形付土製品
青森県六ヶ所村大石平(1)遺跡（青森県立郷土館）

第37図　動物形土製品
北海道千歳市美々4遺跡　高31.5cm
（重要文化財　千歳市教育委員会）

第36図　人面把手付土器
山梨県北杜市御所前遺跡　高57.5cm
（北杜市教育委員会）

をあけているが、足形では側面にあけている。近年、東北地方の後期を中心として発見されはじめた遺物であり、その用途についてはまだ不明であるが、護符、魔除け等が考えられている。

新潟県上山出土の足形付土製品は新潟大学故小片保教授の鑑定によると、満一歳前後の男児の右足であるという。青森県大石平(1)遺跡出土のものは別表の通りである。

(13)　人面付土器

土器に人面の装飾を付したものは中期以降に多くつくられる。中期には中部・関東地方における深鉢の把手状の飾りとしてつくられ、目のつり上がった顔面表現となっている。胴部に描かれたものは、出産の場面をあらわすものとして「誕生土器」などともよばれる。後・晩期には特殊な形の土器に装飾されているものが多く、当該期の土偶の顔の表現に共通するものである。いずれにしても、呪術的な祭式に用いられた土器に付されたものであろう。

(14)　動物装飾付土器・動物形土製品

動物装飾付土器は蛇や不明の動物を深鉢や特殊な土器に装飾して用いたもので、中部・関東地方西部の中期の土器にみられる。動物に宿る霊、呪力への信仰によるものであろう。

動物形土製品は猪・熊、その他不明の動物をかたどったもので、東北地方の後・晩期に多く出土する。食料対象となった動物の確保、あるいは信仰により、動物に祈り、祭ったものであろう。

北海道千歳市美々4遺跡からは昭和五十一年（一九七六）、動物形土製品が出土している。新千歳空港建設用地内の調査地区から一八基以上の晩期初頭の墓が発掘された。墓は土壙墓が一一基とマウンドを築く墳墓七基以上である。このうち高さ一・二メートル、径一〇メートルを超えるマウンドをもつ大形墳墓下から押しつぶされた状態で発見されたものである。全体に磨消縄文による三叉状入組文が施され、ところどころ当初は全面に塗彩されたと思われるベンガラが付着している。これはオットセイのようにもみえるがどんな動物をかたどったものか、形から判断することはむずかしい。

三　先史文化をみる二つの視点—日本列島の北と南—

1　日本とアジアを結ぶ道

太古、日本列島がまだアジア大陸と地続きだった頃、ヒトを含めた動物たちはその二つの陸地を行き来しており、大陸に広まっていた細石器文化が、約一万四〇〇〇年前には大陸から出ている陸の橋を通って日本に到来した。約一万二〇〇〇年前になると、そこから打製・磨製石器や土器に代表される、日本独特の縄文文化が出現、発達していく。

やがて氷河時代が終わってその橋が消え、そこに海が入りこんできたが、人類はあきらめることなく、海を越えてその往来の道を保った。その後、中国大陸もしくは朝鮮半島から水稲農耕や金属器が伝来して大規模な生産革命が起こり、狩猟・採集の縄文文化から農耕の弥生文化への飛躍的発展期を迎えたのである。

しかし、日本人は伝来したものをそのままの形で受け入れたわけではない。漢字からひらがなやカタカナを発明したように、また最近では西洋の技術を発展させてハイテク王国とよばれるまでになったように、日本人は外来文化を取り入れ、つくり替えることをくり返しながら独自の文化を形成してきた。そして新しい文化の到来は、その後の日本列島の物質文化だけでなく、信仰などの精神文化も含んだ人々の暮らしそのものを大きく変えてきたのである。

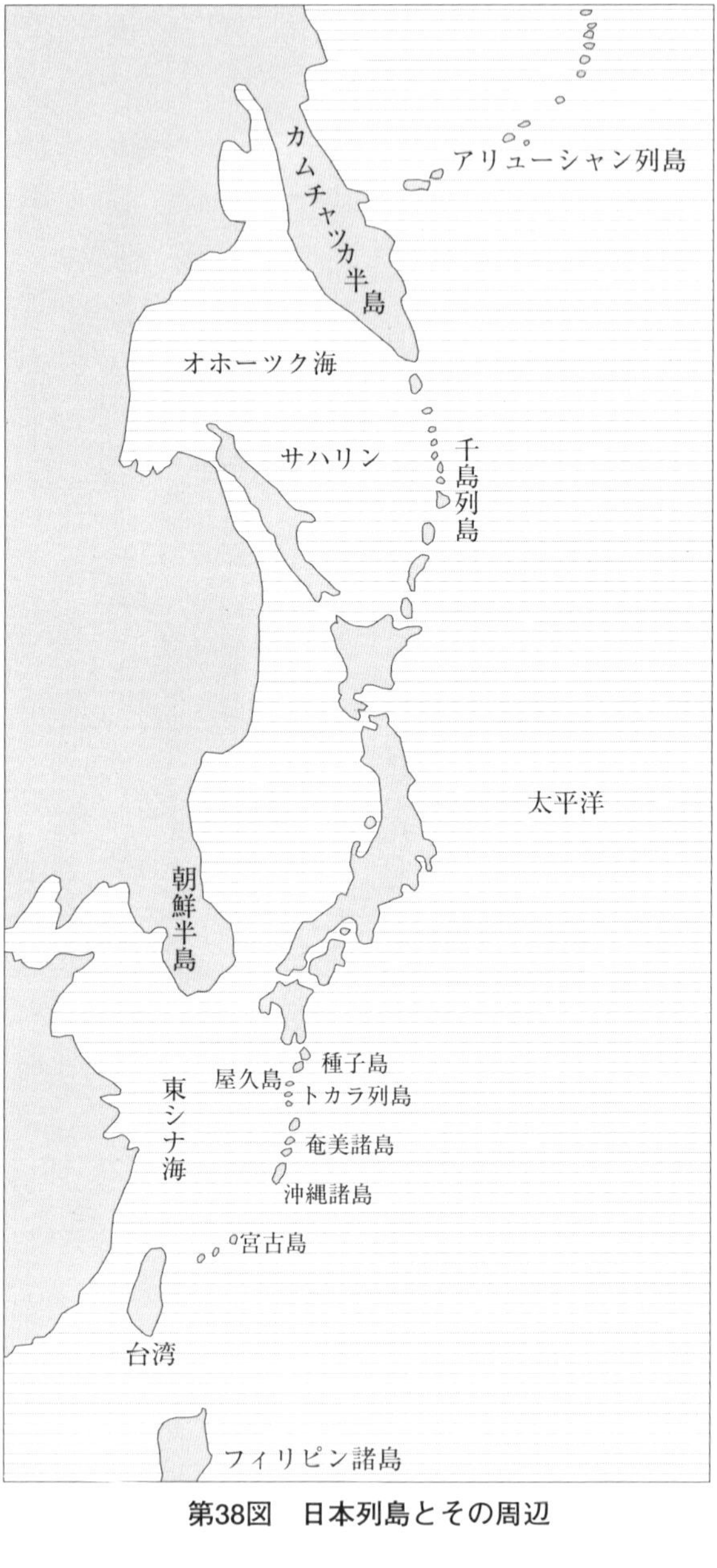

第38図　日本列島とその周辺

わが国に伝来した大陸文化は、とくに古墳時代以降、近畿地方を中心に独自の日本文化として発展していく。ここに生まれた、統治者を頂点とした強大な国家は、やはり大陸文化をつぎつぎと取り入れながらそれを管理・利用し、またその風土や習慣に応じてつくり替えていくことによって、より大きな発展を実現した。

このような中央政権の繁栄には、近隣諸国との接触・交渉が不可欠であり、日本文化の基礎となるものは人類が文字を使うようになるずっと前の先史時代に、大陸にもっとも近い地域である日本列島の北と南の両端を通じてもたらされた。そしてそれが本州の諸地域へ、とうぜん近畿地方にも浸透していったのである。

2　北と南からの文化の波

このように、日本の基層文化というのは先史時代にはすでに形成されはじめ、その最初の時点で北と南の地域が大きな役割を果たしていることがわかる。まず、旧石器時代や縄文時代の初期には、当時の主要な道具である石器を中心とした文化が、主に北海道を経由して日本列島に流入し、南下していった。北方系の文化である。

やがて、本格的な縄文文化の時代になると、木製品や玦状耳飾などの石製品にみられるように、大陸文化は南の九州を経て入るようになり、南方系の様相をみせるのであるが、弥生時代以降はとくにその傾向がつよまっていく。さらに、弥生時代や古墳時代の日本国家形成期においては大陸からの文化だけではなく、南島とよばれる南西諸島の先史文化、すなわち後に述べる南海産の「貝の文化」も、黒潮の流れにのって海浜づたいに日本列島へと伝わったことが明らかとなってきた。日本が外からの文化を受け入れるには、この列島の、大陸にもっとも近いところに位置している北と南の地域の存在がたいへん重要だったのである。

かつて、沖縄から日本本土へと続く「海上の道」説にみられるように、柳田國男氏がイネをはじめとする日本文化のルーツについて、はじめて南方の諸島に目を向けた。当時は遺跡や考古遺物などの物的な資料が少なかったため、仮説として出されたにすぎなかったが、それはたいへん斬新な意見で、多くの人々の注目をあびることになった。その後約半世紀を経た現在、考古学的な遺跡の発見や発掘調査が進み、イネのルーツに関しては柳田氏の説とは異なる、中国大陸から朝鮮半島を経由したという説が有力となってきている。しかし、日本文化のルーツを考え

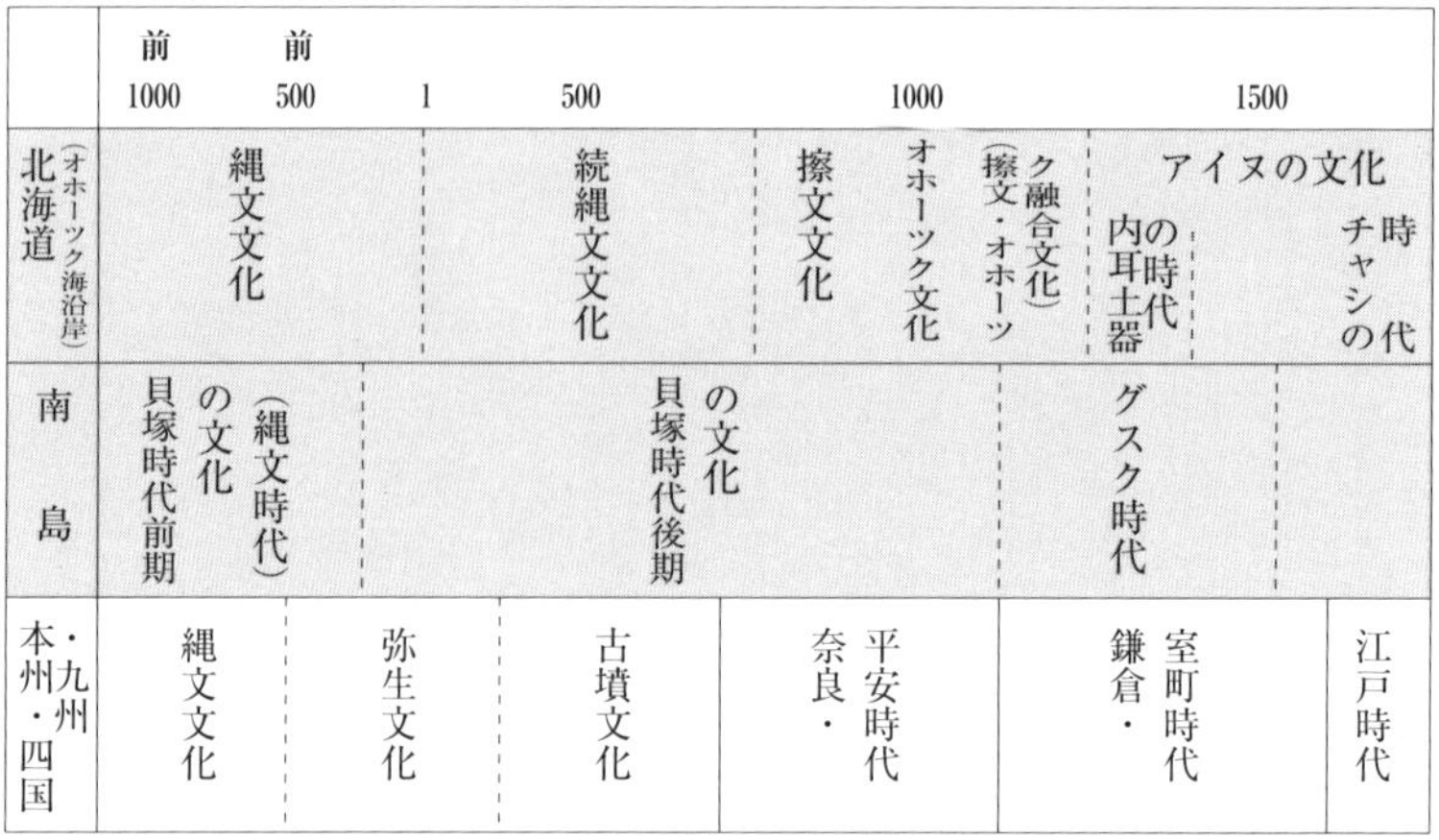

第39図　北と南、本州の文化の流れ

るという点において、柳田氏の提案は私たちに新たな視点を与えたものといえるだろう。そこで、わが国の北と南における文化という点からあらためて文化の通ってきた道をたどり、日本文化のルーツを探ることは、今日たいへん意義のあることだと思う。

3　北方文化の窓口―北海道地域

日本列島の北端は、かつては大陸と地続きで、それ以後も大陸ともっとも近い地域のひとつである。つまり一方で北東の千島列島、カムチャツカ半島を経てシベリアに至り、他方でサハリン（旧樺太）、沿海州を経て中国大陸の東北部に至るという地理的位置にある。したがって、先史時代より両方の経路を通してアジア大陸東北部との文化的交渉が行われてきたことが推定され、この地域は、いわば北方文化伝来の窓口となってきたのである。

北辺の先史文化は南島のそれと同様、本州の先史文化とはやや異なる様相もみられ、かねてから大陸の先史文化の流入を直接示す遺物が発見されることがある。そこでまず、この北辺の地域とアジア大陸、日本本土との関わりを、遺跡の方面から探ってみよう。

北海道地域は、旧石器時代から縄文時代初期にかけて、北方文化の窓口として活躍してきた。この頃に大陸からこの地域に到来した細石器は、少なくとも東日本を覆い、そこから縄文文化が生まれてくる。しかしその後はこうした役割も薄れ、逆に本州の縄文文化を受け入れるようになる。

北海道では、本州の縄文時代の遺物と類似したものが数多く発見されることから、その文化は東日本文化と基本的には同一であり、北海道が縄文時代において東日本と密接に関連し発達してきたものということができる。しかし弥生時代になると、東日本とのこのつよいつながりにも大きな変化がみられるようになる。つまり水田跡が発見されていないということで、このため水稲耕作を基盤とした弥生文化については存在しなかったという見解が現状では有力である。また弥生時代と同時期とみられる土器や遺跡が発見されているとはいえ、文化自体は縄文の伝統をなおつよく受け継いでいるのである。さらに生産用具としての利器も磨製石斧などの石器や骨角器が依然として主流を占め、いまだ弥生文化の特徴である金属器の普及はみられない。ただ、打製石斧が激減し、片刃の磨製石斧が増加しているという点が従来の本州的な縄文文化とは異なっている。しかしこの磨製石斧は縄文時代以来の擦切技法による、いわゆる擦切磨製石斧とよばれるもので、やはり縄文文化の伝統がみられるのである。このように、北海道の先史文化には水稲農耕の存在はみとめられず、本州ですでに縄文時代が終わった後でも縄文文化の様相が強固に保たれているところから、とくに「続縄文文化」という名称が用いられることになった。

北海道南部にある渡島半島の東端に位置する亀田郡恵山《えさん》町の恵山貝塚から出土した土器は、続縄文文化のもっとも古い段階に属するもので「恵山式土器」とよばれているが、これは青森県の津軽半島にある南津軽郡田舎館《いなかだて》村垂《たれ》柳《やなぎ》遺跡より出土した弥生時代後期の「田舎館式土器」ときわめて類似しており、本州との交流をうかがわせる。また、各種骨角器の頭部に動物のデザインを施したものが多い点で、本州の先史文化とは著しく異なり、むしろ後に登場するオホーツク文化に共通する面もみられる。このことから恵山文化の担い手がいかなる民族であったかと

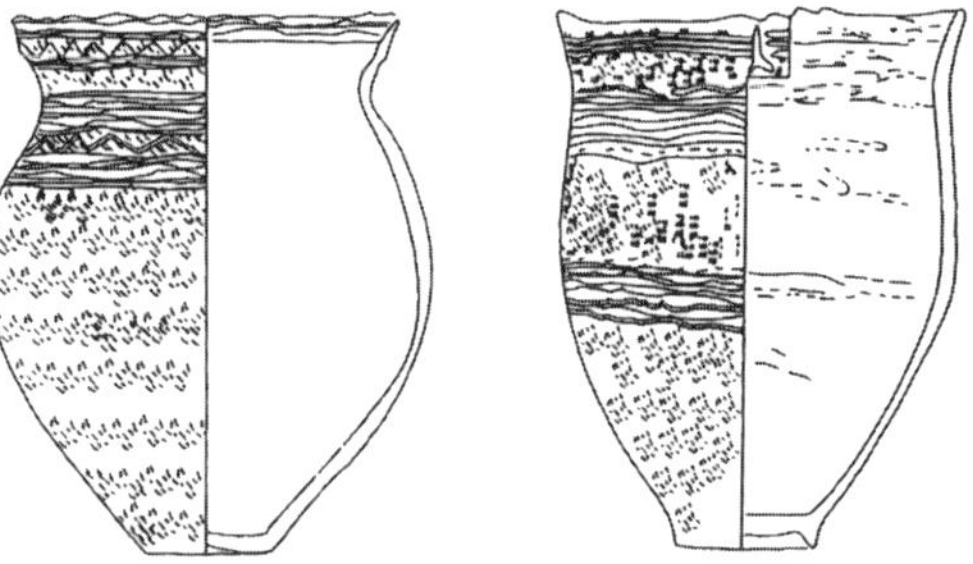

第40図　田舎館式土器（青森県：左）と恵山式土器（北海道：右）

いう問題が出てくるが、これについてはまだはっきりしたことはわかっていない。しかし、これら海獣などの装飾から考えて、少なくとも農耕には依存せず、海洋漁撈や狩猟を生業とした人びとであったといえるであろう。

　続縄文文化は八世紀の中頃に終末を迎え、再び本州の文化が入りこんでくる。本州東北地方東部に起こった「擦文《さつもん》土器」（土師器）などがそれで、この土器名にちなんだ「擦文文化」が北海道南西部にはじまる。この時期に鉄器が広く普及するとともに、それまで使われていた石器が姿を消す。また本州と同様にカマドのついた竪穴住居址が発見され、当時の北海道の人びとが農耕村落を形成していたことも明らかとなった。こういったことから、彼らが本州東日本の、やはり八世紀に展開した奈良時代、そして平安時代と類似した文化を営むに至ったことがうかがわれるのである。

4　海獣狩猟・漁撈と結びついたオホーツク文化

いわゆる北方領土の島々と北海道道東・道北地方海岸部で構成されるオホーツク海沿岸地域は、まさにアジア大陸に連なる位置にあることから大陸からの影響をもっとも受けやすく、日本本土、さらに北海道道南地方とも異なる独自の先史文化が育てられた。

　とくに七世紀、北海道の多くの地域では続縄文文化も終りに向かおうとしている頃、この地域に突如として「オホーツク文化」があらわれる。網走市モヨロ貝塚にみられるように、そこでは北方のオホーツク式土器や骨角製の銛や釣針、鍬先として用いられたと考えられる骨斧、石鏃や磨製石斧などの石器が多数使われる一方、本州から輸入されたとみられる蕨手刀《わらびてとう》、刀子、槍などの鉄器や大陸系青銅の矛、鈴、鐸、帯飾りも同時に使用されていたことがわかっており、本州や大陸との交流がかなり行われていたこともうかがわれる。また、海獣やクマの丸彫り、動物のデザインを彫刻した骨角器など造形の豊かなものや、宗教的対象とされた牙製婦人像など、日本の先史文化にはみられない遺物もみつかっている。さらに、五角形や六角形の大きな竪穴住居も発見され、中央には炉がみられる。その奥にクマなどの頭骨を積み重ねた祭壇が設けられており、のちの北海道におけるアイヌの熊祭りになんらかの影響をおよぼした可能性も考えられる。このように、この地域を周りと異質なものとしていたのは、クジラやアザラシなどの海獣狩猟や漁撈を生活の基盤としていた点だといえよう。

ところで、オホーツク文化は北海道土着の文化とは系統が異なり、大陸の沿海州、アムール川（黒竜江）流域からサハリンを経てもたらされた、靺鞨女真族の文化と関連するものだという考えがある。また、アムール川流域からサハリン北部にかけて漁撈を営んでいたニヴヒ（ギリヤーク）族の文化であると考える説もある。いずれにしても日本本土の文化とは性質を異にする、シベリア方面からきた文化といってよいであろう。しかし、だからといって日本

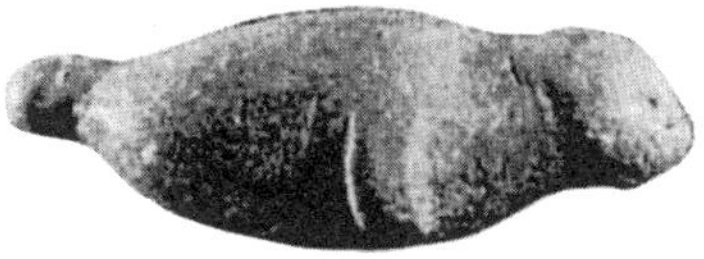

第41図　北海道根室市オンネモト遺跡出土のアザラシ像
全長5.1cm（北構保男氏）（『日本文化の歴史①大地と呪術』学習研究社　1969年より）

第42図　祭壇に祀られたクマの頭骨
北海道網走市モヨロ貝塚（東京大学大学院人文社会系研究科附属北海文化研究常呂実習施設）

とはまったく無関係かといえばそうではなく、こうしたいわゆる異民族の文化は明らかに日本列島の領域内に形成されたのであり、それがまもなく北海道で芽を出す擦文文化に影響を与えていくという事実には注目すべきであろう。

5　南島からの貝の道

それでは次に、オホーツクや北海道地域とは本州をはさんで正反対のところに位置する、南辺の先史文化へと話を移そう。ここではとりわけ、九州よりさらに南にある、南島についてみていきたいと思う。南島とは種子島、沖縄諸島を含む南西諸島のことを指す。この地域の先史時代は、旧石器時代から新石器時代に、日本列島内部とほぼ同じ形で移行していく。ただ、土器に代表される新石器時代が始まったのが本州より遅く、約六五〇〇年前になってはじめて遺跡や土器が出現した。したがって、現在わかっているのはそれ以降の時代のみで、それ以前の文化がどのように営まれていたかについてはよくわかっていない。そこでみつかっている遺跡をもとにして、この南島と日本本土の文化の関係を探っていこう。

南島の先史文化における人びとの生活は、やはり漁撈が中心で、そのことはこの地域の遺跡が近海に棲息する各種の巻貝や二枚貝の貝殻、魚骨、イノシシやジュゴンといった獣骨の貝塚主体であることが証明している。そしてこの貝塚は、農業社会に転換する一二世紀頃まで長期にわたって営まれていた。こういった特色からとくに沖縄諸島の文化に関し、本州における時代区分から独立して「貝塚時代」という名称が用いられてきた。このような独自の名称が使われてきたのは、本州の縄文・弥生文化との関係において資料的にまだ不明な点が多く、また地域的特色のつよい沖縄の先史文化の独自性が強調されたためなのであろう。

南島では、近海で採れるゴホウラガイ、イモガイ、タカラガイなどの貝を加工して腕輪や首飾りなどの装身具がつくられ、いわゆる「貝の文化」によって先史文化を彩ってきた。そして日本列島にぶつかり太平洋岸を北上する黒潮によってこの「貝の文化」が九州にいたり、さらに日本海に沿って日本列島各地に浸透していったという驚くべき事実を、諸地域の遺物が推測させてくれる。こうして南島の先史文化は、日本全体にその影響をおよぼしていったのである。

弥生時代においては、ゴホウラガイ、イモガイ等の南海産の大形巻貝による貝輪（腕輪）が北部九州で多数出土している。山口県の日本海側の土井ヶ浜遺跡でも、ゴホウラガイ、イモガイ、オオツタノハ、シャコガイなどの南海産の貝を用いた各種の装身具が出土している。さらに近年、南海産のゴホウラガイでつくられた装身具が本州を通過、二〇〇〇キロ以上北上した同時期の北海道伊達市有珠一〇遺跡で発見された。これらの装身具が黒潮の道、すなわち「貝の道」を通じて広く使用されていたことが認められる。

また、南海産の貝輪は本州に渡ったのち、やがて貝輪の形を写した青銅製の「銅釧《どうくしろ》」（釧＝腕輪）としてつくられるようになり、古墳時代の初期までつくられる。この銅釧という青銅製腕輪の出現、すなわち素材を貝から青銅に変えて南島から来た文化を温存したことは、日本人が大陸からの文化を自分たちの生活様式に合わせながら消化・吸収していった経緯とよく似ている。

さらに古墳時代になると、南海産の貝輪を発展させて碧玉という美しい緑ないし緑白色の石でつくられるようになる。ゴホウラ製貝輪から鍬形石《くわがたいし》、カサガイおよびオオツタノハ製貝輪から車輪石《しゃりんせき》、イモガイ製貝輪から石釧といったように一種の宝器として碧玉製腕輪が発達する。また、弥生時代から古墳時代にかけてつくられた特殊な青銅製品の飾金具である巴形銅器《ともえがたどうき》も南海産のスイジガイ（水字貝）を模したものと考えられており、ここにも南島文化を本州で独自に発展させた痕跡がみられ、「貝の道」の存在が確認されるのである。

6　南島と本州の交流

このように、南島の先史文化は本州の文化形成に大きく貢献したのであるが、これとは逆に本州からの先史文化を受け入れていくという現象もみられた。「日本の先住民族はアイヌ民族であった」という説を唱えた考古学者の鳥居龍蔵氏によって、明治三十七年（一九〇四）に沖縄本島および先島の石垣島で先史時代の貝塚が発掘されたのを皮切りに、沖縄本島の荻堂《おぎどう》貝塚や伊波《いは》貝塚などの発掘が後に続いたが、これにより、それまでの本州のものと区別して「琉球式土器」とよばれていた沖縄の先史土器が縄文土器であると認定されるにいたった。沖縄において縄文文化の一端がみられたのである。戦後になると、沖縄諸島をはじめ八重山諸島を中心とする先島、薩南の奄美諸島でも発掘が行われ、とくに昭和四十七年（一九七二）の沖縄返還後、地域開発が急速に進められる中で多くの遺跡が発見され、発掘調査が行われた。そのため、出土した多数の遺物とともに考古資料が著しく増大し、いろいろなことがわかってきた。

たとえば沖縄本島具志川《ぐしかわ》市の木綿原《もめんばる》遺跡の発掘によって、縄文文化以外に弥生文化の影響があることが明らかになった。沖縄本島読谷村《よみたんそん》の渡具知《とぐち》東原《あがりばる》遺跡では、九州地方の縄文時代草創期の爪形文土器と同類の土器が発見され（第48図参照）、南島最古の先史土器であることが確認されている。また、那覇市山下洞穴から発見された人骨が約三万二〇〇〇年前、沖縄本島具志《ぐし》頭村《かみそん》港川《みなとがわ》の人骨（港川人）が約一万八〇〇〇年前のものであると科学的に判定され、すでに旧石器時代には沖縄においても人類が居住していた可能性が高まったのである。

さて、では黒潮を逆流していくような形で形態の文化伝播はなぜ起こったのであろう。それには南島に住む人びとの生活が深く関わってきたといえる。つまり、一定の土地で行う農耕の生業形態とは異なり、方々の海を経済生活の基礎としていた漁撈民たちが、「貝の道」を通じて南島文化を日本列島の広域にもたらすと同時に、そこの文化を自分の住みかにもち帰るという経緯がそこにはあったのである。その結果、黒潮の上流、遠く離れた南島地域のあちらこちらに縄文・弥生文化の性格をもつ遺跡がみいだされることとなった。

第43図　貝符
種子島・広田遺跡　横2.7-7.2cm　前1～後2世紀（鹿児島県立歴史資料センター黎明館）

こうした種々の考古学的発見と資料の蓄積は、南島先史文化をその特色によって北部・中部・南部の三つの文化圏に分類しようという国分直一氏の説（国分直一「史前時代の沖縄」『日本の民族・文化―日本の人類学的研究―』一九五九年参照）を立証しつつある。南北に長く点在する南島の先史文化は、その位置や地勢、気候等の自然環境の相違によってそれぞれ異なった様相を示したものといえる。それではここで、三文化圏説に基づいて南島先史文化の内容をみていこう。

7　文化混交の地―中部圏

中部圏は奄美・沖縄諸島などから成り立っているが、ここでは主に先史遺跡の発見、発掘調査が南島の中ではもっとも進んでおり、出土資料が豊富である沖縄諸島について、話を進めていきた

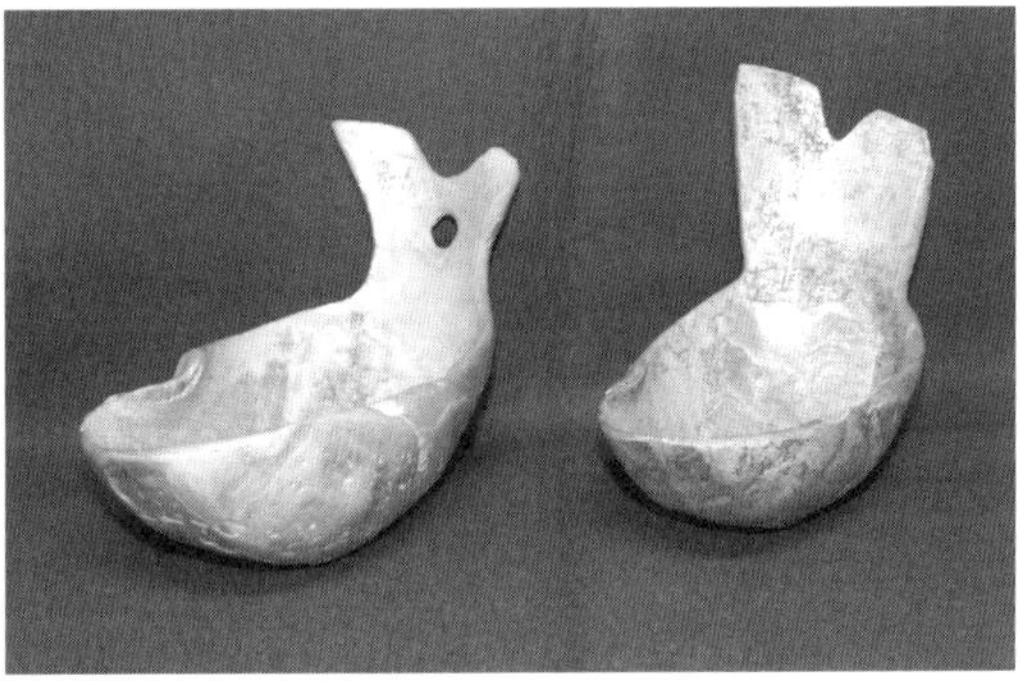

第44図　貝匙
久米島・清水貝塚　長19.5；20.0cm　前１〜後１世紀
（久米島町教育委員会）

い。

沖縄では、今から約六〇〇〇年前頃から貝塚が形成され、以後一二世紀まで漁撈中心の先史文化が展開される。本州では縄文時代であった約四〇〇〇〜二〇〇〇年前（貝塚時代前〜中期）は、九州地方の縄文文化の影響をつよく受けながらも、南島独自の特色ある先史文化が形成されていく。貝塚時代中期終末（本州の縄文時代晩期）の竪穴住居址が発見され、集落が形成されていたことも明らかになっている。

二〇〇〇年前頃になると、こんどは九州地方の弥生土器や鉄斧、鉇《やりがんな》、ガラス玉など、弥生文化の影響がみうけられるが、弥生文化の特色である水稲農耕の存在を示す遺跡はまだ発見されておらず、その影響がどの程度のものだったかはこれからの問題である。また、この時期は「貝の文化」の時代ともいわれ、実際に南海産の貝を用いた貝器・貝輪・蝶形貝製品・垂飾等の装身具、貝匙などがさかんにつくられ、その独自性をみせるのであるが、その中で沖縄本島から薩南諸島にかけて分布する「貝符」（「貝札」ともいう）に関しては、中国南部の古代文化との関連を匂わせ、新しい文化の道の存在立証にむけて大きな可能性をみせている。

このように、沖縄の先史文化は、ある点において本州の縄文・弥生文化の影響を受け、ある点では独自の文化を育てていくところに特徴がある。

一方、沖縄より北に位置するトカラ列島・奄美諸島はもともと旧琉球国に属していたところで、地理的、文化的に沖縄諸島とほぼ同一の様相をみせているが、沖縄諸島よりはむしろ南九州地方の縄文・弥生文化との関係がつよくうかがわれる。ただ遺跡の発掘調査が少なく、資料的に不明な点が多いのが実情である。しかし、古墳時代から平安時代にかけての須恵器と類似しているため、「類須恵器」や「南島須恵器」とよばれてきた硬質の灰色土器は、その窯跡の発見、発掘調査によって徳之島伊仙町の亀焼であることが確かめられている。また、奄美大島のヤーヤ遺跡や喜子川遺跡の地層中、約六五〇〇～六三〇〇年前の火山噴火によって形成されたアカホヤ火山灰層の下より、旧石器の剥片が発見されたことから、これが南島における旧石器文化のもっとも古い例である可能性が高いものとみられる。

8　南部圏・北部圏における文化交渉

台湾・フィリピンなど南方の先史文化との関係をもち、特色ある先史文化を形成した南部圏は先島、すなわち宮古・八重山諸島から成り立ち、その先史文化は紀元前二〇〇〇年～一五、六世紀までと長く続くことがいわれている。

先島の先史文化をみると、沖縄諸島の先史文化の様相との違いは明らかで、国分氏の文化圏説をはっきりと裏づけている。つまり、縄文文化や弥生文化の影響はきわめて薄く、むしろ台湾やフィリピンなどの先史文化との関わりが深いのがこの文化の特色である。たとえば先島の遺跡からは南

第45図　パナリ焼の壷
西表島・大富　高36.6cm　17～18世紀（石垣市立八重山博物館）

第46図　竜佩形垂飾

種子島・広田遺跡　長3.7-4.,1cm　前１～後２世紀（鹿児島県歴史資料センター黎明館）貝符と同様、呪術的性格をもつ装身具と考えられている。

方系等の片刃石斧やシャコガイ製の貝符、それに貝錘などが広く出土し、磨製・半磨製石斧などの石器はみられるのに土器の出土しない一時期がある。また、沖縄で農耕が開始された琉球王国成立期のグスク時代に、南部圏では外耳土器やパナリ焼、それにいち早く中国製陶磁器がもち込まれたり、鉄製品なども使用されるなど、他の地域より一歩進んだ面をみせてはいるが、反面まだ石器や骨角器・貝器がつくられてもおり、先史文化が継続されているのもこの地域の特徴である。

北部圏は縄文・弥生文化が営まれた九州地方に近接し、そこから文化が直接入り込んだ種子島、屋久島などの大隅諸島を中心とする地域である。したがって、ここの先史文化は九州の縄文・弥生文化とほぼ同一の様相がみられるが、弥生時代における種子島の広田遺跡のように中国南方系統の文様をもつ貝符や貝輪が多数出土している点は大陸との交渉をつよく物語っている。

このように、南北に長く連なる南島地域はその先史文化の特色によってほぼ三つに分けることができるのであるが、さらに詳細な部分は今後の調査・発掘に待つことにしよう。

9　おわりに

以上、日本の北と南における先史文化をみてきたが、これらは多少なりともアジア大陸や日本の本州からの影響を受け、また逆に大陸文化の日本列島への通り道として、本州の文化発展に重要な役割を担ってきた。北においては、旧石器時代や縄文時代のはじめに大陸文化や縄文文化が大規模に流入した後は外からの文化の影響をあまり受けず、縄文文化の伝統を保持した続縄文文化、本州東日本の奈良・平安時代と同じ様相を呈する擦文文化、それとともに北海道土着の文化とは系統を異にするオホーツク文化へと展開した。大陸文化の窓口となったこれらの地域は、とくに大陸文化がわが国へと伝わりはじめた時期に、本州へとその橋渡しをしたのである。そして、擦文文化・オホーツク文化とも一三世紀頃には終末を迎え、おそらくアイヌ時代へと先を譲った。また南においては、これもまたアジア大陸や日本本土の文化を受け入れる反面、南島の「貝の文化」が本州の弥生時代から古墳時代にかけて、黒潮の流れがつくった「貝の道」を通じて深く浸透していった。このように考えると、わが国の歴史の中で培われてきた人びとの暮らしは、この二つの地域を抜きにしては語れないのではないだろうか。それだけ、北と南の文化が日本文化の形成期において果たした役割は大きいのである。

四　南島の先史文化

1　南島の範囲

アジアの東縁において、北方のカムチャツカより南へ、千島列島、日本列島、琉球列島、台湾、フィリピン諸島と、あたかも大陸の防波堤のごとく、弧を描きながら点々と島々が連なる。このうち、日本列島の南端九州から以南の台湾に至る間の諸群島は、通常「南西諸島」と汎称されている。すなわち、古来「大和」側より歴史的に「南島」と呼称されてきた地域である。

南西諸島は、薩南諸島から台湾に至る約一〇〇〇キロの間（北緯三一度より二四度の間）に薩南諸島、すなわち種子島・屋久島・口永良部島等からなる大隅諸島、悪石島・宝島等からなるトカラ列島、喜界島・奄美大島・徳之島・沖永良部島・与論島等からなる奄美諸島（ここまでは鹿児島県）、沖縄本島にともなう伊平屋島・久米島・慶良間諸島等からなる沖縄諸島、さらに距離をおいて先島諸島、すなわち宮古島を主島とする宮古諸島、石垣島・西表島・波照間島・与那国島等からなる八重山諸島で構成され、有人・無人を含めて大小約二〇〇の島々が分布している。現在、その北半分を薩南諸島、南半分を琉球諸島と呼称している。

なお、トカラ列島臥蛇島以南の旧琉球国の諸島は琉球列島ともよばれ、宮古諸島・八重山諸島は南西諸島の先端部を占める位置にあるため、「先島」とよばれる。また、琉球列島は南西方向に弧状に連なるため、千島弧、本州弧に対応して琉球弧とも称される。

2　先史遺跡の発見とその特質

南島の先史遺跡に関しては、明治二十五年（一八九二）にまず薩南諸島の考古遺物が紹介されたのをはじめとし、続いて明治二十七年（一八九四）に琉球列島の石器時代の遺跡について報告がなされた。そして、明治三十七年（一九〇四）に鳥居龍蔵によってはじめて沖縄および石垣島の調査が行われ、荻堂貝塚（ウリグスク）他四ヶ所の貝塚が発掘された。この時すでに八重山の先史文化が一五～一六世紀にまでおよんでいることが指摘されている。その後、本格的な発掘調査がなされたのは、大正八年（一九一九）の松村瞭による荻堂貝塚、大山柏による伊波貝塚の両遺跡であり、これらから出土した沖縄の先史土器である「琉球式土器」が後期の縄文土器と認定された。すなわち、沖縄における縄文土器の存在が報告されたのである。なお、翌大正九年（一九二〇）の那覇市城嶽の発掘調査で、中国戦国時代燕国（～前二二二年）の通貨である明刀銭が出土したことは特筆すべきことである。

戦後、昭和二十九年（一九五四）の先島の波照間島下田原遺跡、昭和三十年の沖縄諸島地荒原貝塚、昭和三十年～三十二年に九学会の考古班による奄美諸島の遺跡、昭和三十三年の早稲田大学調査班による八重山諸島等の調査等をはじめに、以降一九七〇年代まで次々と多くの遺跡が発見され、発掘調査が行われていった。とくに、昭和四十七年（一九七二）の復帰後、開発が急速に進行するとともに遺跡の発掘調査も著しく増加したために、資料の蓄積が重ねられ、沖縄本島木綿原遺跡等これまで不明であった弥生文化の影響についても明らかとなりつつある。また、那覇市山下町第一洞穴から人骨が出土し、^{14}C年代測定で約三万二〇〇〇年前という年代が出され、さらに本島の具志頭村港川で約一万八〇〇〇年前の人骨（港川人）が発見され、旧石器時代人の存在が注目されたが、まだ

「旧石器」そのものの発見はない。

このように沖縄諸島においては、遺跡の発掘調査がもっとも多く行われてきたので考古資料は豊富で、しかも時代的に系統性があるために、南島の先史文化は沖縄諸島を中心に体系づけられ、後述するような時代区分（編年）が行われてきた。

こうした資料の蓄積から、かつて南島の先史文化は北部圏、中部圏、南部圏の三つの文化圏に分かれることも提唱された（国分直一「史前時代の沖縄」『日本の民族・文化―日本の人類学的研究―』一九五九年）が、今日の調査・研究状況においてもほぼ同様の様相を呈している。すなわち、九州地方の縄文・弥生文化圏内にあり、それらが直接入り込んだ種子島、屋久島等大隅諸島を中心とする北部地域、九州地方の縄文・弥生文化の影響を受けながらも南島独自の土器文化を発達させた奄美・沖縄諸島等の中部地域、台湾・フィリピンなど南方との関係をもち、特色ある先史文化を形成した先島の南部地域の三文化圏である。このように南北に長く点在する南島の先史文化はその置かれた地勢、気候等の自然環境によってやや異なった様相をみせている。

なお、これらの三文化圏とも遺跡は、近海に棲息する各種の巻貝、二枚貝の貝殻、魚骨、イノシシやジュゴン等の獣骨で構成された貝塚を主体としており、農業社会となるグスグ時代の一二世紀頃まで長期にわたって貝塚が営まれた点が南島先史時代の特質となっている。

3　南島先史時代の年代

南島の先史時代において、更新世の旧石器時代の後に完新世（現世）の新石器時代となるが、新石器時代は前述のように貝塚文化を中心としているところから、沖縄独自の考古学上の時代として「貝塚時代」と称されてきた。

これは農業生産登場以前の自然物採集経済の段階にある時代を意味する名称である。このような沖縄独自の名称が使われてきたのは、本土の縄文文化・弥生文化との関係において資料的に不明な点が多く、また地域色のつよい沖縄の先史文化の独自性が強調されたためであろう。

貝塚時代は現在、さらに早期・前期・中期・後期の四期に区分されている。これを本土の時代区分に対比すると、貝塚時代早期は縄文時代早期～中期、前期は縄文時代後期、中期は縄文時代晩期、後期は弥生時代・古墳時代・奈良時代・平安時代の約一六〇〇年間となり、その後のグスク時代が鎌倉時代頃とされている。

遺跡から出土する炭化物や貝殻によって絶対年代を算出する方法が放射性炭素^{14}C年代測定法で、その方法によると、貝塚時代早期のうち縄文時代前期以前の爪形文土器の時期が今から約六五〇〇年前、縄文時代前期が約五〇〇〇年前、縄文時代後期に併行する貝塚時代前期が約三五〇〇年前となっている。なお、貝塚時代早期の遺跡は、現在のところ奄美の鬼界カルデラ爆発（約六五〇〇～六三〇〇年前）によるアカホヤ火山灰層の下層からは発見されていない。

近年、沖縄諸島におけるこの貝塚時代四期区分をやめてヨーロッパの「新石器時代」の用語を復活させ、前期と後期に大きく二分し、前期を縄文時代、後期を弥生時代～平安時代に対応させ、さらに前期を縄文時代の早期から晩期までの五期区分に対応させて、Ⅰ＝早期、Ⅱ＝前期、Ⅲ＝中期、Ⅳ＝後期、Ⅴ＝晩期とし、後期を弥生時代の前・中・後期の三期区分に対応させ、Ⅰ＝前期、Ⅱ＝中期、Ⅲ＝後期、さらにⅣ＝古墳時代～平安時代とする編年方法が提唱されている（高宮廣衛「沖縄における新石器時代の編年（試案）」『南島考古』No.6　一九七八）。つまり、沖縄の先史時代を前期五期、後期四期の九期に細分する方法で暫定編年とされているが、まだ定着をみていない。

付表　沖縄諸島先史土器の暫定編年表（高宮廣衛氏作成、1983.3）

<table>
<tr><th colspan="2">九州</th><th>暫定編年</th><th>土器型式</th><th>沖縄諸島発見の九州系土器</th><th>その他の年代資料</th><th>現行編年</th></tr>
<tr><td rowspan="5">縄文時代</td><td>早期</td><td>I</td><td>ヤブチ式土器
東原式土器</td><td>爪形文土器</td><td>ヤブチ式
6670±140 Y. B. P.
東原式
6450±140 Y. B. P.</td><td rowspan="3">早期</td></tr>
<tr><td>前期</td><td>II</td><td>曽畑式土器
条痕文土器
室川下層式土器</td><td>曽畑式土器
条痕文土器</td><td>曽畑式（渡具知東原）
4880±130 Y. B. P.</td></tr>
<tr><td>中期</td><td>III</td><td>?</td><td></td><td></td></tr>
<tr><td>後期</td><td>IV</td><td>伊波式土器
荻堂式土器
大山式土器
室川式土器</td><td>出水系土器
市来式土器</td><td>伊波式（熱田原）
3370±130 Y. B. P.
伊波式（室川）
3600±90 Y. B. P.</td><td>前期</td></tr>
<tr><td>晩期</td><td>V</td><td>室川上層式土器
宇佐浜式土器</td><td></td><td>宇佐浜式は黒川式併行とみられる</td><td>中期</td></tr>
<tr><td rowspan="3">弥生時代</td><td>前期</td><td>後期I</td><td>真栄里式土器</td><td>板付II式
亀ノ甲類似土器</td><td></td><td rowspan="4">後期</td></tr>
<tr><td>中期</td><td>II</td><td>具志原式土器</td><td>山ノ口式土器</td><td></td></tr>
<tr><td>後期</td><td>III</td><td>アカジャンガー式土器</td><td>免田式土器</td><td>アカジャンガー式は中津野式併行か</td></tr>
<tr><td colspan="2">古墳時代
〜
平安時代</td><td>IV</td><td>フェンサ下層式土器</td><td></td><td>類須恵器</td></tr>
</table>

※「フェンサ下層式はグスク時代初期」とする見解もある。

4　琉球列島の先史文化

今回あつかう地域は、南島のうち主に奄美諸島より以南の、いわゆる琉球王国の範囲にある琉球列島であり、奄美・沖縄・先島の三地域に分けて各々の先史文化を紹介するものである。

奄美・沖縄・先島の三地域の先史文化については、後述するとおりであるが、その内容はやはり提唱されている中部文化圏（奄美・沖縄）、南部文化圏（先島）の二文化圏の様相を示すものとなっている。

ところで、沖縄先史時代の時期区分（編年）に関しては、先述の暫定編年では縄文土器・弥生土器との対応関係を追究するという方法がとられているが、現実的にこうした方法は今後さらに深められ、年代的によりはっきりしたものになっていくと思われる。ただ、現状ではまだ縄文時代・弥生時代を設定することは困難であろう。

沖縄の先史土器全体を通観する時、沖縄貝塚時代早期〜中期の土器はたしかに九州地方の先史土器との深い親縁性がうかがわれる。しかし、九州地方の先史土器自体がもっとも縄文土器らしい様相を呈するのは、その後期の磨消縄文土器の出現する一時期のみにおいてである。しかも、真正な縄文土器と認められるこの磨消縄文系土器群は、関東地方の磨消縄文土器の西日本一帯への波及という胎動の中で成立したものと考えられ、そのつよい波がさらに沖縄貝塚時代前期後半の土器群を形成したものと推定される。したがって、九州地方の土器との親縁性がうかがわれても、沖縄貝塚時代早期〜中期の土器全体が本来的な意味での縄文土器の範疇に入るか否かは、九州地方の先史土器を含めてなお検討を要するかと思われる。なお、縄文文化の石器に特徴的な石匙や石錐が欠如し、石鏃が稀少であることが指摘されているとともに、全体的に石器の種類や量が少なく、石棒や土偶等の石製品や土製品が発見されていない点においても縄文文化とは相違している。また、弥生土器も沖縄貝塚時代後期にともなう例が増えてきているが、その時期を弥生時代とするにはまだ資料的に乏しく、弥生文化の基盤としての稲作の存否についても不明である。

いずれにしても、沖縄貝塚時代早期〜中期、奄美・先島の先史時代には漁撈を生業の中心とする自然物採集経済を基盤にした南島独自の文化が形成され、展開されていった。沖縄貝塚時代後期は弥生時代以降の時代に対応するものの、いまだ農業生産社会を示す資料に乏しく、現状ではやはりグスク時代まで漁猟を主とする採集経済社会が存続していたといわざるを得ない。新たな資料の発見と考古学研究の進展が期待される。

なお、琉球列島の先史文化の特色として、貝塚時代・貝塚文化の名称や多数の貝器の存在が指し示すとおり、南海産の貝を中心とした文化であり、後述するように黒潮の流れに沿ういわゆる「海上の道」によって、本土の弥生文化および古墳文化における物質文化に大きな影響を与えたのである。

(1)　沖縄諸島の先史文化

沖縄諸島は先史遺跡の発見、発掘調査が南島ではもっとも進んでいる地域であり、出土資料が豊富であるため、先史文化の内容が系統的に明らかにされつつある。とくに、年代の指標となる土器の変遷について通観することができ、土器編年により「沖縄貝塚時代」が設定され、早期から後期までの時期区分がなされている。

今から約六〇〇〇年前頃に貝塚が営まれ、以後、一二世紀のグスク時代まで漁撈中心の採集経済に基づく先史文化が展開される。縄文時代に併行する早〜中期は九州地方と親縁関係をもちながら、南島独自の特色ある先史文化を形成していく。そして中期終末に竪穴住居址が発見され、集落が形成されたことが明らかとなった。

貝塚時代の後期になると、九州地方の弥生土器や鉄斧、鉄鉇《やりがんな》、ガラス玉が出土するなど、弥生文化の影響を受けているが、稲作農耕の存否については不明である。遺跡はこれまでの丘陵上から低地の砂丘上につくられており、生活の舞台の移動が認められる。この時期はまた「貝の文化」といわれるように、骨角器、貝器の他に南海産の貝を用いた貝輪、蝶形《ちょうがた》貝製品、垂飾品等の装身具、貝匙などがさかんにつくられるようになり、とりわけ、本島から薩南諸島にかけて分布する貝符《かいふ》（貝札《かいさつ》）（第43図参照）は、中国南部の古代文化との関連が指摘されており、注目される遺物である。

以後、本土にみられるような古墳文化はなく、グスク時代まで不明な点が多いが、後期の時期区分が進む中で、後期文化の解明がなされていくであろう。

(2)　沖縄諸島の先史土器

近年、沖縄国際大学の高宮廣衛教授によって沖縄諸島の新しい先史土器編年が提唱されている。これは九州地方の縄文時代・弥生時代との対応関係の追究によるものである。縄文時代早期に対応する前Ⅰ期は、現在最古の爪形文土器、前期に対応する前Ⅱ期は、九州地方の曽畑《そばた》式土器、轟《とどろき》式系条痕文土器、中期に対応する前Ⅲ期は、奄美諸島の土器と具志川式等貝殻文・沈線文土器、後期に対応する前Ⅳ期は、伊波《いは》式・荻堂《おぎどう》式・大山式・カヤウチバンタ式等の刺突文・押引文・沈線文の土器、それに南九州の市来《いちき》式土器、晩期に対応する前Ⅴ期は、仲原《なかばる》式土器等無文化、尖底化した土器で、九州の黒川式の影響を受けた土器もある。弥生時代前期に対応する後Ⅰ期は、真栄里《まえさと》式土器で、九州の板付Ⅱ式甕の影響を受け、中期に対応する後Ⅱ期は、具志原《ぐしばる》式土器で、南九州の山ノ口式土器が共伴し、後期に対応する後Ⅲ期は、アカジャンガー式土器で、南九州の免田《めんだ》式土器が共伴している。後Ⅳ期は、フェンサ式下層土器で、無文、平底の甕形土器が主体をなす。これにいわゆる南島須恵器が伴い、古墳時代から平安時代頃に相当する。これら沖縄の先史土器を通観する時、前Ⅳ・Ⅴ期、すなわち縄文時代後・晩期に併行する土器群についてては南島の独自性がつよくうかがわれるが、現状では前Ⅲ期、後Ⅰ～Ⅳ期については資料的に乏しく、不明

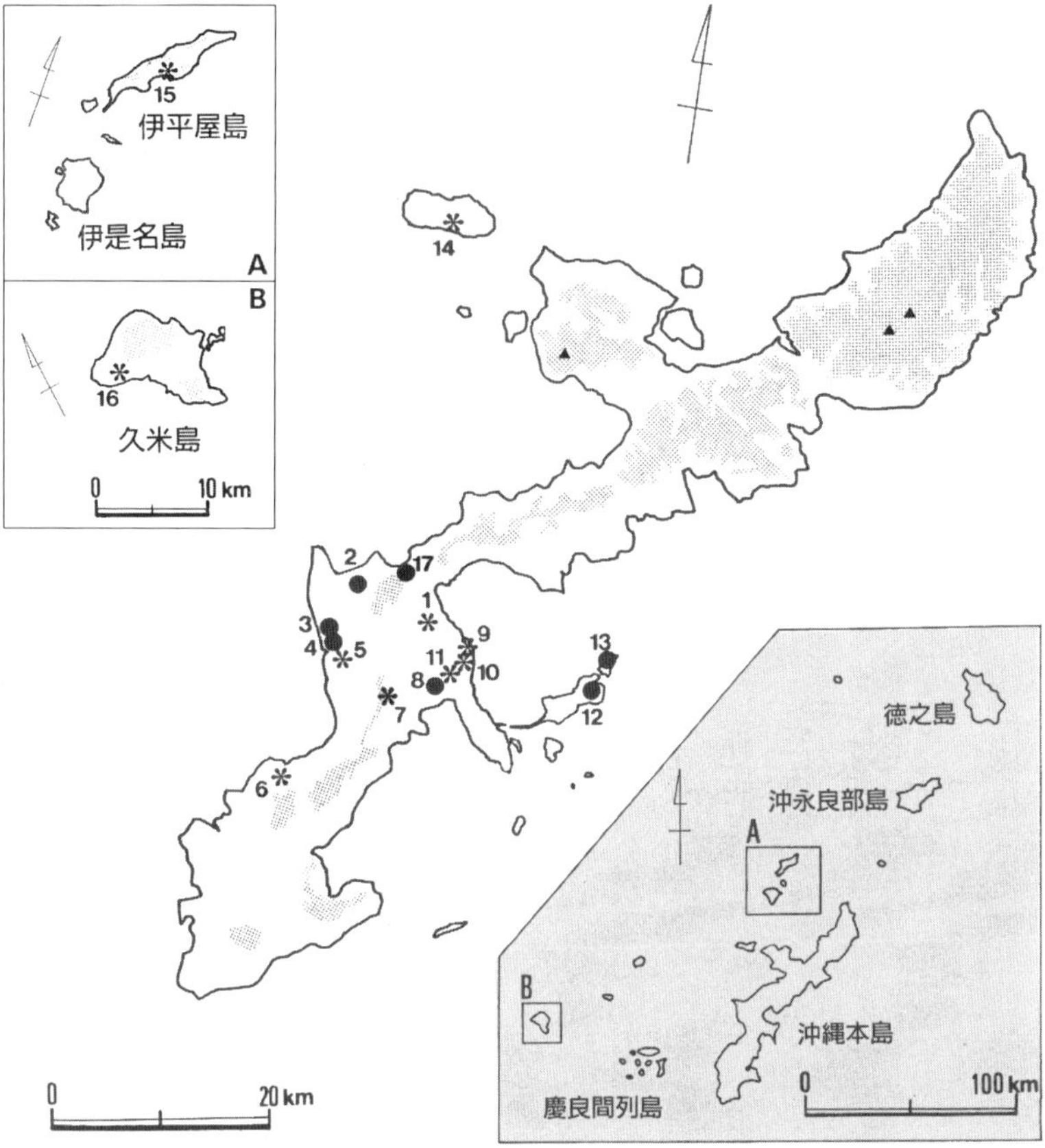

1．古我地原貝塚
2．吹出原遺跡
3．木綿原遺跡
4．東原遺跡
5．嘉手納貝塚
6．浦添貝塚
7．室川貝塚
8．苦増原遺跡
9．宇堅貝塚
10．アカジャンガー貝塚
11．地荒原貝塚
12．シヌグ堂遺跡
13．仲原遺跡
14．具志原貝塚
15．九里原貝塚
16．清水貝塚
17．仲泊遺跡

第47図　沖縄諸島の先史遺跡分布図
（第47・49・51図：東京国立博物館特別展図録『海上の道』1992年より）

第48図　爪形文土器片
本島・読谷村渡具知東原遺跡（読谷村立歴史民俗資料館）

な点が多い。いずれにしても中部圏として九州地方の土器の影響を受けながらも、独自の特色ある土器群を形成している。

なお、渡具知《とぐち》東原《あがりばる》遺跡（本島・中頭郡読谷村）出土の爪形文土器について、本土との関連については問題がある。渡具知東原遺跡は読谷村《よみたんそん》の最南端部の比謝川《ひじゃがわ》河口近くの小丘陵に囲まれた標高二～三メートルの平坦な低地に位置する。昭和五十年（一九七五）と翌五十一年の二度にわたって発掘調査が実施された。その結果、九州地方の縄文時代前期の曽畑式土器とその下層から爪形文土器（ヤブチ式土器・東原《あがりばる》式土器）が出土し、沖縄先史土器最古のものであることが確認された。

爪形文土器は人の爪またはそれに類する施文具で爪形の文様を描いた土器であるが、本遺跡のものは爪形文と指頭押圧文を組合せた土器（東原式土器）で、指頭押圧文と指頭押圧時の爪痕をもつ土器（ヤブチ式土器）を含み、時期的にヤブチ式土器の方が東原式土器よりやや先行する。一般に口縁は水平で、丸底である。福岡県門田《もんでん》遺跡等九州地方の縄文時代草創期の爪形文土器（第58図参照）ときわめて類似し、その系統が考えられるが、年代的にかなりのズレがある。また、曽畑式土器より下層から発見されているが、約六五〇〇～六三〇〇年前のアカホヤ火山灰層よりは上層で出土している。

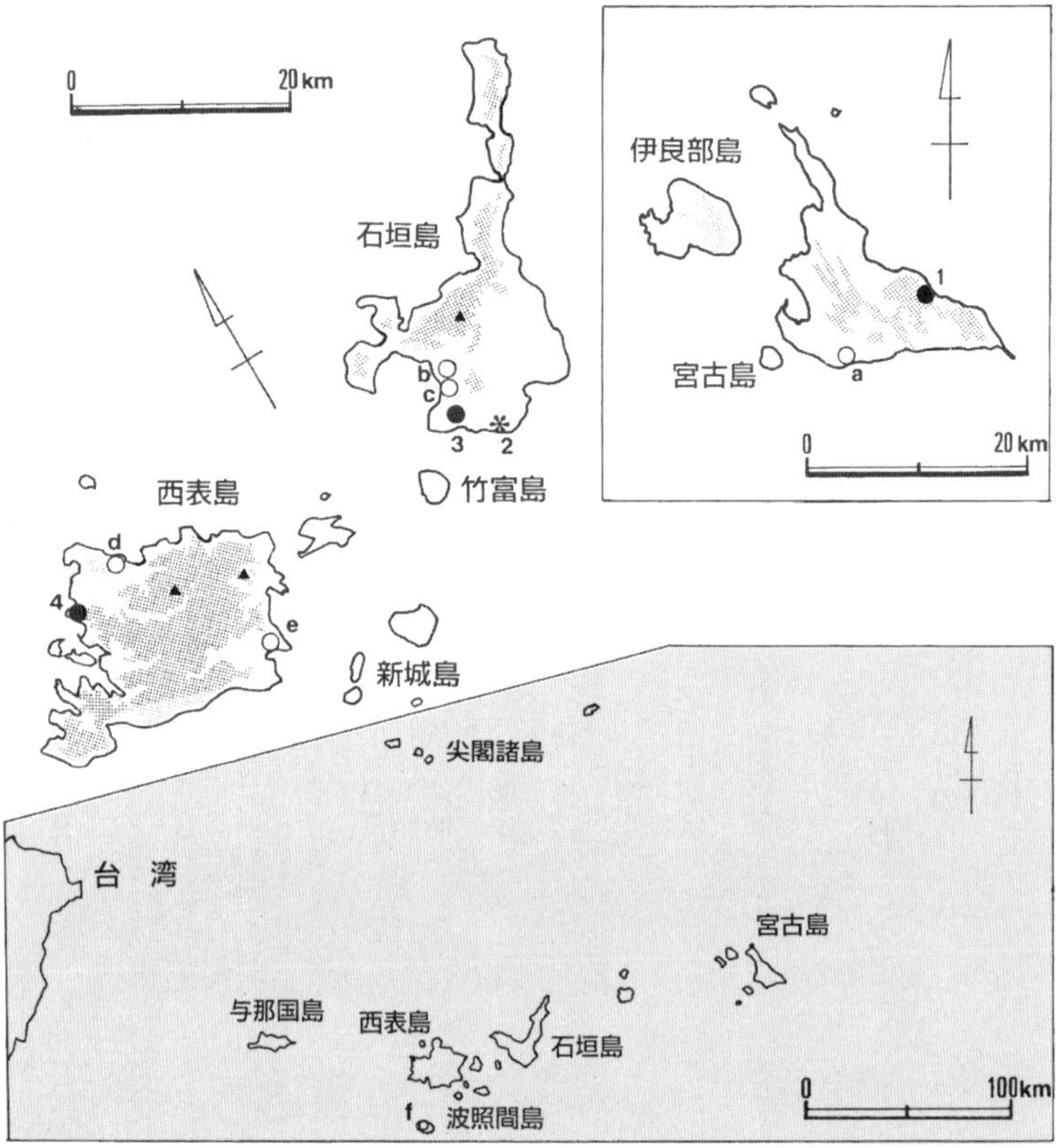

1．浦底遺跡　　　　　その他の主要遺跡
2．石垣貝塚　　　　　a．宮国元島遺跡　　　　d．船浦貝塚
3．ビロースク遺跡　　b．神田貝塚　　　　　　e．仲間第1・2貝塚
4．上村遺跡　　　　　c．名蔵貝塚群　　　　　f．下田原遺跡

第49図　先島諸島の先史遺跡分布図

第50図　外耳土器
石垣島・石垣市石垣貝塚
高19.0cm（石垣市教育委員会）

(3)　先島諸島の先史文化

先島すなわち宮古・八重山諸島の先史遺跡の調査例はきわめて少なく、先島の先史文化、とくに沖縄グスク時代併行期以前については不明な点が多い。しかし、先島の先史文化は一五〜一六世紀まで長く続くことが指摘され、その間は一応4期に分けて編年されている。

すなわち、第1期は西表島・仲間第一貝塚に代表されるように、磨製、半磨製の石斧が出土するが、無土器の文化、第2期は西表島・仲間第二貝塚、波照間島《はてるまじま》・下田原《しもたばる》貝塚に代表されるように、石器・貝器・骨角器に厚手、赤色の土器等台湾系の土器をともなう文化、第3期は石垣島・山原《やんばる》貝塚に代表されるように、石器・貝器・骨角器に鉄製品、陶磁器、外耳《がいじ》土器をともなう文化、第4期は石垣島・名蔵《なぐら》貝塚に代表されるように、鉄製品、陶磁器、パナリ焼（第45図参照）を出土する文化である。現在、第1期と第2期は年代的に逆転し、^{14}C年代で第1期は紀元七〇〇年、第2期は下田原貝塚の年代が縄文時代後期に相当する。このような先島諸島の先史文化は沖縄諸島のそれと大きく様相が異なっており、いわゆる南部文化圏を形成している。縄文文化や弥生文化の影響はきわめて薄く、むしろ台湾やフィリピン等南方の先史文化との関わりが深い。先史遺跡から南方の片刃石斧やシャコガイ製の貝斧、貝錘などが広く出土し、また半磨製石斧や磨製石斧などの石器だけしか出土しない無土器時代の遺跡の存在する点も特色である。

沖縄グスク時代併行期には外耳土器やパナリ焼、それにいち早く中国製陶磁器が搬入されている。鉄製品なども使用されているが、なおまだ石器や骨角器・貝器などがつくられており、先史文化の様相を呈している。

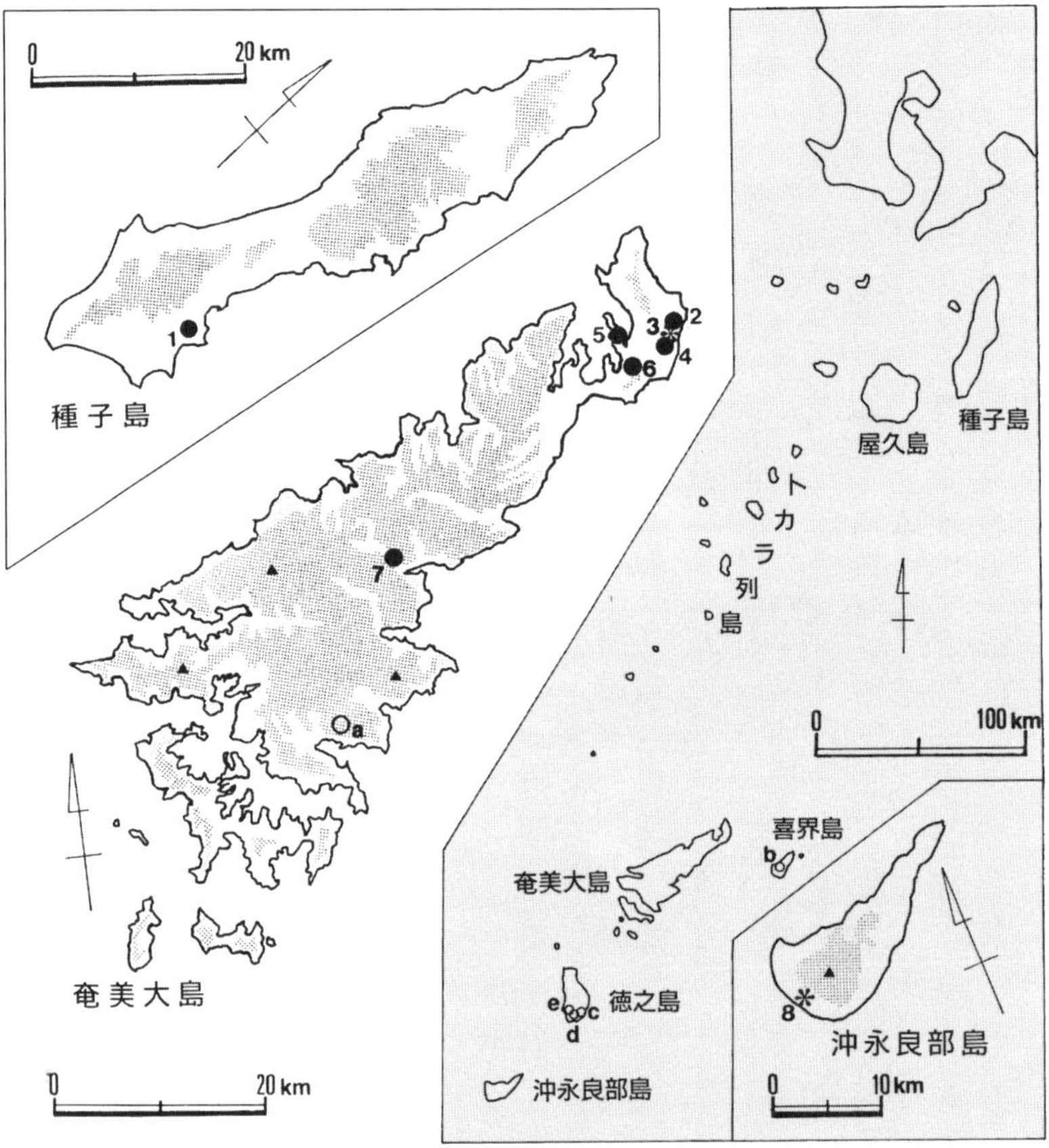

1．広田遺跡
2．マツノト遺跡
3．宇宿貝塚
4．宇宿高又遺跡
5．サウチ遺跡
6．ヤーヤ洞窟
7．川内
8．神野貝塚

その他の主要遺跡
a．嘉徳遺跡
b．赤連貝塚
c．喜念貝塚
d．面縄貝塚
e．亀焼古窯址群

第51図　奄美諸島の先史遺跡分布図

第52図　亀焼の壺
奄美大島・鹿児島県大島郡住用村川内
高15.5cm（名瀬市立奄美博物館）

(4)　奄美諸島の先史文化

奄美地域は沖縄諸島と薩南諸島との間に位置し、後者を経て九州南部に至る。こうした地理的環境にあるため、南九州より薩南諸島を経て先史時代の文物が入ってきている。しかし、最古の爪形文土器が発見されている他に、大島・宇宿高又《うしゅくたかまた》遺跡出土の条痕文土器、徳之島の面縄前庭《おもなわぜんてい》式土器、大島の宇宿下層式土器にみられるように縄文時代前〜後期に併行する奄美地域独特の土器文化も形成しているが、基本的には沖縄により近く同じ中部文化圏を構成している。やはり先島と同様、沖縄諸島に比して遺跡の発掘調査がきわめて少なく、資料的に不明な点が多い。なお、これまで類須恵器や南島須恵器とよばれた硬質灰色土器は徳之島伊仙町《いせんちょう》の亀焼《カムイやき》であることがその窯址の発見、調査によって明らかとなった。また、大島のヤーヤ遺跡や喜子川《きしかわ》遺跡のアカホヤ火山灰層下より旧石器の破片が発見されており、旧石器文化の存在の可能性が高い。

五　三内丸山時代の日本列島の文化

1　はじめに

三内丸山遺跡は、村越潔教授の報告のように、日本列島の先史時代である縄文時代前期の中頃に形成され、中期末をもって終了した遺跡である。この時期は東北地方を含めて東日本における縄文文化の最盛期にあたり、日本の新石器文化である縄文文化の特色をもっともあらわしている時期といえる。

大形竪穴住居址群や巨木を用いた掘立柱建物など、三内丸山遺跡が提起した種々の問題を考察する前提として、この時期の縄文文化の問題点について考えてみたい。

2　前期縄文文化と三内丸山遺跡

(1)　前期における自然環境の変化

縄文時代の早期から前期にかけて、大きな自然環境の変化があった。とくに、東日本においては、古東京湾が陸地の奥に進入したことに示されるように―それは関東平野の奥部に海水性貝類による貝塚の存在が示す―、いわゆる気候の温暖化による海進が起こった。当然、この現象は内陸部に今までの狩猟・植物採集に加えて、漁撈という生業が行われ、食料の対象を広げることとなった。また、同時に海と山の地域の交流が頻繁に行われるようになっ

第53図　三内丸山遺跡出土円筒土器
（青森県教育庁文化財保護課）

た。縄文人の経済活動が活発化したのである。漁撈活動地域では骨角製漁撈具の製作・使用が増大し、かつ製作技術の進歩をもたらした。狩猟・採集地域においても、気候の温暖化にともなう植物相、および動物相の多種多様化、数的増大という食料対象の広域化の現象が出現したのである。

こうした自然環境の変化による食料対象の広がり、およびその獲得技術の発達が、三内丸山遺跡のような大規模集落を生み出す背景となったと考えられる。

(2)　縄文土器の発達

東日本の縄文土器を特徴づけるものは器形にある。すなわち、早期の土器は安定性のない尖底ないし丸底の深鉢形土器であったが、前期になってはじめて、正置できる普通の平底の深鉢となったのである。しかも、世界の先史土器に類例をみない口縁部が波状をなすという「波状口縁」の普遍化があり、縄文土器を特徴づけるものとなった。しかし、三内丸山遺跡の縄文土器はいわゆる「円筒土器」とよばれる独特の深鉢で、様式的に統一性のつよい土器群であり、口縁部は波状をなさず水平である。中期の段階の「円筒上層式」になって波状口縁の円筒形深鉢となるのである。そういう意味では三内丸山遺跡を中心とする青森県周辺の前期~中期の土器は型式的に継続しており、伝統性のつよいものであった。

なお、東北地方、関東地方の両地域における前期の土器は、その前半期において植物の茎の繊維をその器壁の中に多量に混入させている点で、土器製作技術に共通性がみられる。関東地方の前期の土器は、その施文法において、「斜縄文」に加えて半截した竹管を多用して幾何学文を描く点に特徴を有する。とくに後半期では「半截竹管文」に加えて「浮線文」よばれる粘土紐の貼付文が顕著となる。この貼付式浮線文は中期円筒土器の「円筒上層式」に普遍的にみられるものである。

ところで、円筒土器は東北地方北部に分布するものであるが、北海道地方における中期の縄文土器に「北筒式」（北海道円筒式土器の略）として、また東北地方南半部から関東地方の中期縄文土器に影響を与え、「大木式《だいぎ》」（東北）、さらに「大木式」の影響を受けて「加曽利E式」（関東）の胴部が円筒形になる深鉢を成立させた点で重要である。

(3)　貝塚の形成と集落

縄文文化を特徴づけるもののひとつに貝塚の形成がある。貝塚は縄文時代早期に出現し、前期~後期にもっとも多く、晩期にも少なからず存在する。

千葉県市川市姥山《うばやま》貝塚（中期）の発掘をはじめ、千葉県松戸市貝《かい》の花《はな》貝塚（中期~晩期）・同市子和清水《こわしみず》貝塚（中期）・同幸田《こうで》貝塚（前期）などの全面発掘によって、その貝層下に竪穴住居址が存在し、集落を形成していることが確認された。つまり、竪穴住居廃絶後、そこに貝や獣骨等食物の残滓を捨て、堆積させていったのである。

千葉県松戸市幸田貝塚や同平賀貝塚など、すでに前期に大規模な環状貝塚が形成され、定着的な集落が営まれたことがうかがわれる。

(4)　大形住居の出現

大形住居はすでに前期前半頃に出現してる。縄文時代最大の住居址として知られる山形県米沢市一《いち》ノ坂《さか》遺跡では、長さ四三・五㍍の長楕円形を呈し、炉址を五ヶ所等間隔にもっている。一ノ坂遺跡以前、長く最大住居址とされていた秋田県能代市杉沢台遺跡では、長さ三一㍍、幅八・八㍍で、六ヶ所の炉址をもっており、三軒の大形住居とともに発見された。その後、栃木県宇都宮市根古屋《ねごや》遺跡（その後聖山公園遺跡と改名）では多数の大形住居址が発見され、大形住居址は単独ではなく、複数で存在することが明らかとなった。

(5)　新しい工芸技術の出現と発達

福井県三方町の鳥浜《とりはま》貝塚の発掘調査によって、縄文時代前期に著しく多数の木製品、あるいはその未加工品、さらに木製の皿や鉢、弓など漆塗の木製品が出土し、これまでの縄文文化のイメージを一変させた。続いて山形県高畠町の押出《おんだし》遺跡でも漆塗木製品の他に漆塗彩文土器（第25図参照）が発見されるにおよび、このように前期に新しく出現した飛躍的な木漆工技術が注目されるようになった。なお、押出遺跡出土の漆塗彩文土器は、赤地の漆の上に黒漆による幾何学文が描かれており、中国の彩文土器との関係が注目されている。日本の研究者は、漆工芸の出現が縄文時代早期にさかのぼる可能性があり、中国より日本の方が早く出現したとみている。中国の考古学者の安志敏氏が論述している中国長江流域地方からという考え方には否定的であり、日本国産説を主張している。

縄文時代の漆工芸技術は、その晩期に頂点を迎える。とくに青森県八戸市是川《これかわ》遺跡、同木造町亀《かめ》ヶ岡《おか》遺跡の出土品（飾り弓、飾り太刀、木製脚付杯、櫛、耳飾、腕輪、籃胎漆器などの漆塗木製品。第26図参照）はその最高峰として著名である。現代においても青森県の漆工芸は「津軽塗」として存続している。その他の地域においてもさかんに行われており、漆工芸はいわば日本の伝統産業になっている。

なお、鳥浜貝塚以後の漆工芸は、すでに赤色や黒色の顔料を加えた赤漆、黒漆という二彩の漆が用いられているが、このような彩漆をつくるためには、漆の木から採取した原液（生漆）を一定の温度に保ちながら静かにかきまぜて含まれている水分を取り除くという、「くろめ」といわれる精製工程が必要であり、すでに高度な技術の段階にあった。したがって、鳥浜貝塚以前、すなわち前期以前に漆工芸技術の出現した可能性が想定されるのである。

3　中期縄文文化と三内丸山遺跡

(1)　中期の環境と文化

日本列島における縄文時代中期は、もっとも隆盛をきわめた時代であり、遺跡の数、人口は爆発的に増加し、大小の規模の集落が営まれた。貝塚も前期以上に数多く形成された。しかも規模の大きなものが多い。こうした現象は東日本の各地においてみうけられる。とくに関東地方や中部地方において顕著であるが、東北地方においても三内丸山遺跡の発掘調査によってその存在が明らかとなった。

このような中期における縄文文化隆盛の背景は、前期の縄文海進が気候の寒冷化の開始によって海退が進行していった。このために再び陸地の増加が起こり、照葉樹林帯が拡張し、植物性食料への依存がさらにつよまったためと考えられる。海浜地帯の貝塚においても、漁撈が中心であったにもかかわらず、その堆積物である貝類に混在して狩猟された猪や鹿などの獣骨類の他に栗やその他の木の実の炭化物が多く発見されているのである。

(2)　縄文土器の隆盛期

中期縄文土器はもっとも縄文土器らしい特徴を有する。深鉢を主とする土器自体の大形化、貼付けによる「隆帯文」や各種の突飾によって繁縟で豪華な造形をなす土器に発達した。とくに中部山岳地帯が中心で、関東地方など周辺地域にみとめられる、いわゆる「勝坂式」、「井戸尻式」、「曽利式」、「阿玉台式」、「加曽利E式」といった土器群である。東北地方においても同様の傾向がみられ、単純な円筒形の深鉢から口縁部の開く深鉢に変化し、胴部もやや膨らみをもってくる。やがてその後半期にはやはり縄文を多用した大形の波状口縁の深鉢を主体とした東北地方南半部に分布する「大木8a式土器」に取って替わられる。

こうした造形豊かな大形土器を創出した背景には、定着的なムラの形成とそれを支える活発な生業に由来するものと考えられる。

(3)　中期の貝塚・集落

縄文時代中期の貝塚は、先述した千葉県松戸市貝の花貝塚や千葉市加曽利貝塚にみられるように、関東地方においては環状や馬蹄形という一定の形態を呈するものが多い。とくに大規模貝塚にその傾向が顕著である。他に点列状の貝塚も存在する。

先述したように、貝層下には住居址が存在するのであり、環状や馬蹄形という形態をとるのは、つまり貝層下の住居址群の配置を示すものである。言い換えれば、集落そのものの形態を示しているのである。

このような環状ないし馬蹄形集落の形成は、遺跡の最終的な形態としてできあがったものである。中央の広場を中心に周囲に転々と住居を移築した結果に他ならない。

貝塚を形成しない遺跡においても、中期には大規模遺跡が多く存在する。環状ないし馬蹄形集落は大規模遺跡においては一般的である。群馬県赤城村三原田遺跡のように少なくとも五〇〇軒前後にもおよぶ住居址が発見されている遺跡も存在する。これらの住居址が幾時期にわたって築造され、集積した結果であるにしても、相当大規模の集落であった可能性が高い。大規模集落は、おそらく拠点的な集落跡と考えられるのである。

拠点的な集落は半定着的ないし定着的なムラと考えてよいであろう、三内丸山遺跡は巨木を用いた掘立柱建物址を中心とした拠点的集落と考えられるが、その形成は前期中頃から中期末までの約一五〇〇年間であり、断絶することなく長期に存続した定着的ムラの典型である。

こうした定着的なムラの成立基盤については、一定の人口を維持するべく、安定した食料の確保が考えられる。とくに植物性食料の採集と保存という点が大きくかかわっていたものと推定される。三内丸山遺跡においては、禾

第54図　三内丸山遺跡全景と遺構配置図
(青森県教育庁文化財保護課)

本科系植物であるイヌビエの種子を食料としたことが推定され、大規模な遺跡の人口を養っていたと考えられている。

(4)　中期の大形住居

中期に入ると大規模集落の形成とともに超大形住居が引き続いてつくられている。富山県朝日町不動堂遺跡の長さ一七メートル、幅八メートルの小判形住居（最初に発見された大形住居址）をはじめ、全国で約二〇ヶ所ほど発見されており、現状では前期よりやや多くなっている。後期以降になると減少し、規模も縮小していくようである。

前・中期を通じてその分布をみると、関東地方の聖山公園遺跡の一遺跡を除いてすべて日本海側、そして東北地方に集中している。このような分布状況から、日本の豪雪地帯に出現したことを強調する研究者が多い。たしかに近世・近代においてそのような大形住居、ないし長屋形式の住居が東北地方に多くみられたといわれるが、縄文時代の大形住居と同様の性格のものであったかは疑問である。縄文時代の大形住居を集落共同の作業場と考える説も有力であると思われる。

中国の新石器時代においても単独的に大形住居が発見されている。これらとの比較研究が必要であり、大形住居の性格については今後の検討、研究によるものと考えられる。とくに大形住居が複数個併存している縄文時代前・中期の資料をさらに追究することが肝要であろう。このことは、中期縄文時代社会、および日本列島新石器時代の特質を明らかにすることになるであろう。

4　おわりに

以上、三内丸山遺跡との関連で日本列島の、とくに東日本の縄文時代前・中期の問題点について概観した。おそらく、三内丸山遺跡が提起している問題は、東日本全体の縄文文化と深い関係を有しているとみられるからである。まだ、結論を提出するにいたらなかったが、その概要については理解していただけたことと思われる。また、問題点についてもより明らかになったことと思われる。

六　日本先史文化の特質

日本文化の基層は縄文文化においてすでに形成されたという考え方がある。日本文化の基層が何であるかは別にしても、たしかに更新世ヴュルム氷河期が終わると、大陸より切り離されて現在の形に近い日本列島ができあがり、文化的に独自に発達する条件が整った。事実、その後縄文土器を表徴とする縄文文化が成立し、列島固有の先史文化として発達・展開していくこととなった。

北方の亜寒帯から南方の亜熱帯まで広がる完新世の日本列島に成立した縄文文化は基本的には食料採集民の文化であり、落葉広葉樹林と照葉樹林を中心とする生態系のもとに、狩猟・漁撈・植物採集を経済的基盤としてはいるが、集落の形成にみられるように定着的生活の所産として出現、発展した文化といえる。縄文文化を特徴づけている縄文土器は、定着的生活を象徴するものとして単なる容器の意味にとどまらず縄文時代における生活全体の「受け皿」として普及していったのである。とくに縄文土器は、土偶とともに世界の先史土器に比肩しうる以上に造形的に優れていると思われる。土器の口縁が波状をなすものやそこに機能を阻害するような大きな把手状の、あるいは突起などの装飾を施したものなどがあり、また体部にも繁縟な突飾を施すなど豊かな、しかし素朴な装飾や形をもつ造形美は先史土器としては類例のないものである。

縄文文化の特色としては縄文土器のほかに、土製耳飾・骨笄・硬玉製大珠等の装身具、石皿・磨石・凹石・石斧・鏃・釣針・銛・魚扠等石製、骨角製の生産用具や生活用具などの考古遺物がある。これらは大部分アジアの先史文化に共通してみられる遺物であるが、その形式は日本列島の特色をもちつつ発達、変遷を遂げている。これらの考古遺物以外に環状や馬蹄形の貝塚の形成や配石遺構などの祭祀的遺構の存在も縄文文化の大きな特色である。

最近の縄文時代の調査・研究の成果として、福井県鳥浜貝塚や山形県押出遺跡にみられるように、縄文時代前期の文化がこれまで考えられてきた以上に著しく発達した文化であることが判明してきた。各々低湿地遺跡であるため植物性資料の遺存が良く、とくに木製容器をはじめとする数多くの木製品ないし木器、および漆器の存在が明らかとなった。石製工具（石器）による木工技術、そして漆工技術が非常に早くから発達していたのであり、金属器こそまだ出現していないが豊富な物質文化が存在していたのである。これらの遺物の発見により縄文時代の早期文化のイメージは大きく変えられつつあり、このような縄文文化の形成に関する研究の進展がみられたのである。

ところで、現在土器の出現をもって縄文時代の開始とする考え方がつよい。一九五〇年、神奈川県夏島貝塚出土の撚糸文土器が放射性炭素測定法によって約九〇〇〇年前という古い年代が出され、当時世界最古の土器として注目を集めた。最近では、長崎県福井洞穴出土の隆線文土器、同県泉福寺洞穴出土の豆粒文土器等いわゆる草創期の土器が発見され、これよりさらに遡る約一万二〇〇〇年前という年代が測定されるに及び、更新世末ないし完新世初頭にその起源を求めることになった。しかし、草創期の土器は縄文土器としての特色をもつにいたらず、しかも更新世の先縄文時代後期にみられる石器をともなっているので縄文土器とするにはいましばらく検討を要しよう。この時期には先述のような縄文文化の内容が成立しておらず、むしろ東北アジアの先史時代に共通する文化的様相を示している。したがって、縄文文化の前段階の文化と考えることもできる。

いずれにしても食料採集を経済的基盤とする縄文文化は、放射性炭素測定年代による限り約一万年という長期間にわたって営まれた先史文化である。このような縄文文化は世界の先史文化においてはあまり類例をみない。いわば、停滞的新石器文化ということができる。

しかし、縄文文化の基盤である単なる採集を主とする経済活動だけでなく、雑穀やイモ栽培など何らかの農耕生産が展開されたのではないかという農耕存在論も根強いが、いまだに確たる証拠となる遺跡が発見されていないので、大半は縄文農耕には否定的である。

それはともかく、農耕の存在はコメや水田址、木製農具の発見されている弥生時代には確定的である。世界史的には、食料採集時代から食糧生産時代への移行は旧石器時代から新石器時代への移行と基本的に軌を一にしているのである。この移行は人類にとって歴史的な一大変革であり、V・G・チャイルドはその変革を「新石器革命」(The Neolithic Revolution) とよんでいる。日本においては先述のように新石器時代である縄文時代にはまだ農耕は行われておらず、弥生時代に中国大陸の華中・華南あたりから直接、または朝鮮半島を経由してもたらされたというのが従来の諸説である。すなわち、水田稲作農耕・青銅器や鉄器などの金属器を弥生時代の一大表徴とし、とくに稲作の開始をもって弥生時代のはじまりとする考え方が中心である。その後、コメが日本人の主食として定着していき、稲作農耕が日本の歴史の経済的基盤となっていったことは周知のとおりである。ところで、現在この稲作開始については二つの大きな問題が提起されている、一つは稲作の伝来地北部九州におけるその伝来の時期の問題である。もう一つは稲作の東方（とくに東北地方）への広がりの問題である。

一九七八年、福岡県板付遺跡では縄文時代晩期に属する水田址の発見をはじめとして東北地方の水田稲作遺跡が発見されるにおよび、旧来の弥生文化の開始時期の検討がなされた。縄文時代の水田、つまり「縄文水田」の存在を認めるならば、弥生文化、縄文文化の概念そのものと相反するからである。しかも、伝来、移入された初期の稲作は、畦を仕切って区画を設けた水田とそれに必要な灌漑用・排水用水路、井堰、水口を設けた本格的な、完成された水稲栽培であり、すでに発達した技術水準を示すものであるからである。

佐原真氏（奈良国立文化財研究所）は最近まで縄文時代晩期後半の土器とされてきた「突帯文土器」の段階に、佐賀県唐津市菜畑遺跡、福岡市板付遺跡等で最古の水田址、また福岡県前原町（現前原市）曲り田遺跡で同時期の集落址が発見されるため、「菜畑・曲り田段階」という時期を設定し、従来の縄文時代晩期区分から除外してそこまで弥生時代を遡らせ、それらの水田址を「弥生水田」とした。たしかに弥生土器のセットを構成する壺、大陸性磨製石器、木製農耕具等の出現が「菜畑・曲り田段階」にいたって認められる。岡山市津島遺跡、大阪府茨木市牟礼遺跡等でも突帯文土器段階に水田およびそれに付属する遺構が発見されている。

また、一九八二年、青森県田舎館村垂柳遺跡で弥生時代中期の水田六五六枚が発見され、注目された。稲は本来アジア大陸の南方の作物であるから東北地方という北の寒冷地においては適さないものであるとされてきたから、日本に伝来してから稲の品種改良に時間がかかるため、東北地方は西日本よりかなり遅れて稲作が波及してきたものとみられてきた。ところが、その後さらに青森県八戸市是川遺跡、秋田市地蔵田B遺跡で弥生時代前期に比定される「遠賀川系土器」が続々と発見されはじめ、東北地方への稲作文化の波及が意外に早いことが推定された。その矢先、これまで縄文時代最末期とされてきた青森県弘前市砂沢遺跡で水田址の発見が報じられたのである。このように日本列島の西から東・北へと水田稲作技術が急速に波及していき、農耕文化が広がりをみせたのである。稲作の普及に関しては、今後育種学の方から研究が進められていかねばならない。

このような稲作を生産的・経済的基盤とした弥生文化は、さらに大陸や半島から金属器を搬入し、新石器時代から東アジアの金属器時代へと参入していくのである。と同時に、農耕生産の発達を基盤に政治的社会の形成へと向かわせるのである。

これまで述べてきた縄文時代の文化・弥生時代の文化、すなわち縄文文化・弥生文化はヨーロッパでいう文献史料登場以前の先史時代の文化、すなわち先史文化である。いうまでもなくヨーロッパでいう先史時代は、大きくは更新世の旧石器文化と完新世の新石器文化との二段階あり（完新世初期の後氷期に過渡的な中石器時代を設けている）、それを経て青銅器時代・鉄器時代へと発達していく。こうしたヨーロッパの先史時代と比較すると、更新世の文化は旧石器文化もしくは先土器文化・先縄文文化である。ただし、ヨーロッパでいう完新世後氷期の中石器文化は細石器文化であり日本ではヨーロッパに反して旧石器文化の最終段階に位置づけされている。つまり、日本の細石器文化は完新世後氷期の文化ではなく更新世後期末の文化ということである。中国の細石器文化はヨーロッパと同様完新世初期の後氷期（板橋期）の文化とされてきたが、近年日本と同様放射性炭素年代測定法による限り更新世後期にまで遡っている（ただし、東北部等では新石器時代まで継続しているようである）。日本ではこの細石器文化の段階に土器が出現し、放射性炭素年代測定法による限り世界最古の土器とされる。すなわち、細石器文化の段階に出現した土器を縄文土器とするなら、縄文文化は一応ヨーロッパでいう新石器文化に属するが、更新世の旧石器時代に入り込む可能性がある。これまでのヨーロッパの石器時代の概念とは明らかに矛盾することになる。＊

それはともかく、縄文時代のはじまりをどのように考えるかは別にしていわゆる縄文時代草創期とされる時代には更新世末期の石器が継続して共伴しており、文化の継続性がうかがえるので、日本列島の場合、完新世後氷期はヨーロッパでいう中石器時代ではなく、明らかに新石器時代といえる。なお、中国では完新世後氷期の文化はまだ明確になっていないが、西アジアでは初期農耕文化としての無土器あるいは先土器新石器文化がある。ヨーロッパでいう新石器文化の概念は、磨製石器と土器の登場、農耕の存在がその主要なものとなっているが、日本の縄文文化は先述のように、現在のところ磨製石器と土器の登場はあっても農耕の存在が認められない変則的新石器文化で

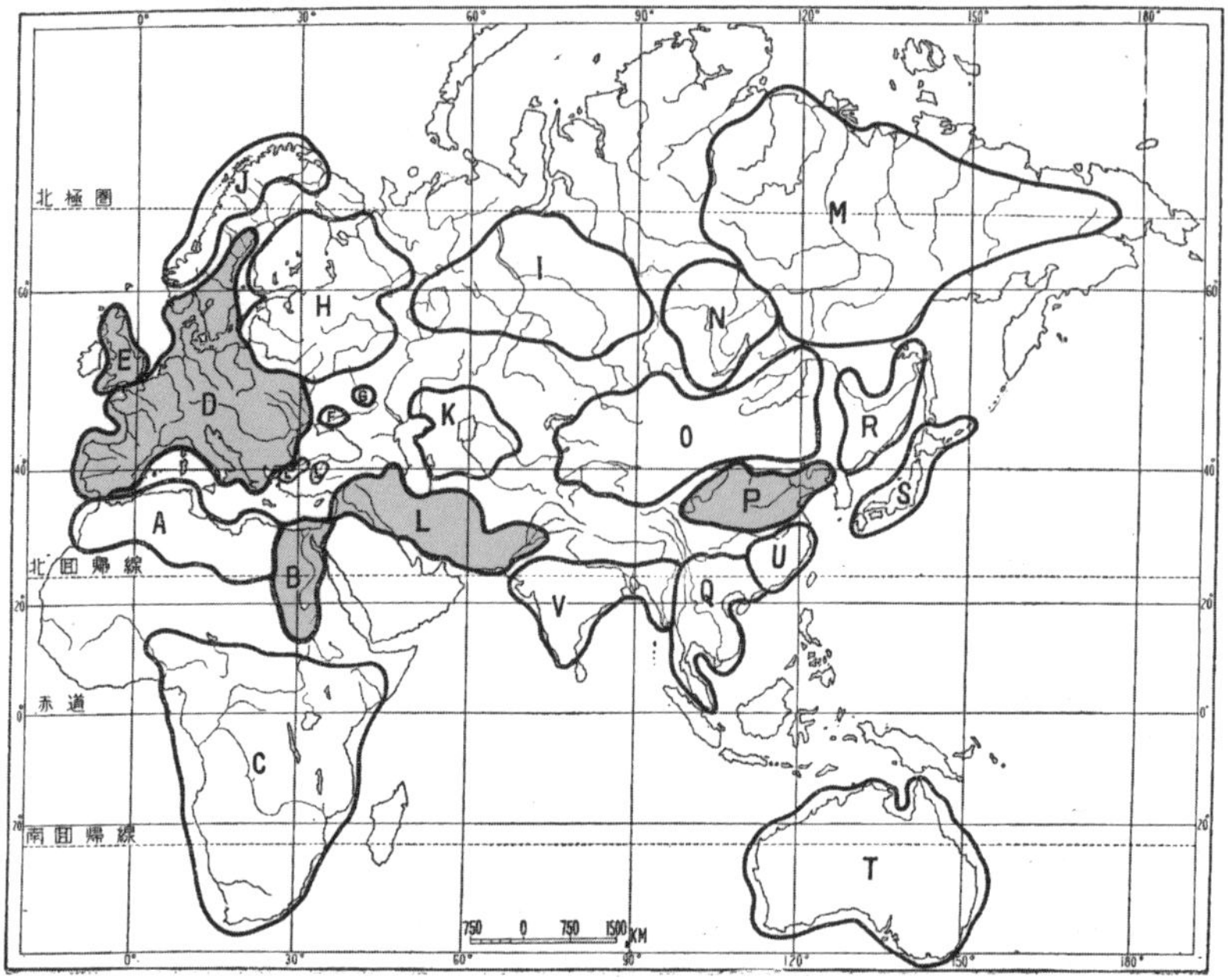

第55図　主要新石器文化分布図（前5〜2千年紀）

A 北アフリカ新石器文化（後期カプサ文化）［狩猟・採集］、前4〜2千年紀
B ナイル河流域農耕文化、前5〜4千年紀
C 内陸・南アフリカ新石器文化［狩猟・採集］、前4〜2千年紀
D 西ヨーロッパ新石器農耕文化、前4〜2千年紀
E イギリス新石器文化［農耕・牧畜］、前3〜2千年紀
F アゾフ海北部周辺種族［狩猟・漁撈］、前4〜2千年紀
G ドネツ文化［狩猟・採集・牧畜］、前4〜2千年紀
H 東ヨーロッパ森林地帯狩猟・漁撈文化（小孔文土器）、前3〜2千年紀
I ウラル文化［狩猟・漁撈］、前4〜2千年紀
J スカンディナヴィア文化遺跡［狩猟・漁撈］、前3〜2千年紀
K アラル海周辺文化（ケルテミナル）［漁撈・狩猟］、前4〜2千年紀
L イラン・両河地方・インド古代前農耕文化、前5〜3千年紀
M レナ河下流文化［漁撈・狩猟］、前3〜2千年紀
N バイカル文化［狩猟・漁撈］、前4〜2千年紀
O 中部アジア狩猟・漁撈文化、前4〜2千年紀
P 中国北部農耕文化、前3〜2千年紀
Q インドシナ文化［採集・狩猟］、前3〜2千年紀
R アムール文化［漁撈・狩猟］、前3〜2千年紀
S 日本文化［漁撈・狩猟・採集］、前3〜2千年紀
T オーストラリア新石器文化［狩猟・採集］、前4〜2千年紀
U 中国南部文化［採集・狩猟・漁撈］、前4〜2千年紀
V インド文化［狩猟・採集］、前5〜2千年紀

※アミかけ地域は農耕を有する新石器文化

（『ソヴィエト科学アカデミー版　世界史』古代1　東京書籍　1959年より）

ある。したがって、新石器文化の主要な指標を「農耕の存在」とすれば、縄文文化は新石器文化ではなくなってくる。次の弥生時代になって農耕生産が開始されているのである。本来的にいえば、弥生時代は縄文時代に続く新石器時代の後半とすべきところであるが、弥生文化はすでに鉄器と青銅器を保持している金属器文化で、かつて金石併用時代とよばれることもあった。したがって、弥生時代はヨーロッパでいう新石器文化ではないが、いまだ文献史料登場以前の先史文化の段階である。

以上のように日本の縄文文化・弥生文化はヨーロッパでいう旧石器文化・新石器文化という概念ではくくれないのである。じつは、世界における先史文化でヨーロッパの概念にはあてはまらない場合が多いのである（第55図参照）。このような日本の先史文化の特殊性について承知しているイギリスの代表的先史考古学者グレイアム・クラークは、日本の考古学において「個性的（時代ないし文化）な名称」の使用を奨めている（小淵忠秋訳『中石器時代』雄山閣、一九八九年）。クラークは「人類の文化は連続性をもちつつ継起するという基本的原理」により旧石器時代と新石器時代とは「断続」ではなく文化的連続性をもつものとして捉え、その間に設定されている「中石器時代」を重要視した。すなわち、狩猟採集から農耕・牧畜にいたるプロセスにおいて中石器時代の研究が重要であることを説き、石器時代を旧石器時代と新石器時代の二つの段階に区分する旧来の考え方に反対するのである。

このようなクラークの考え方を即日本に適用することはしないが、石器時代における先縄文文化（旧石器文化）から縄文文化（新石器文化）にいたる過程は細石器文化を介することによってたしかに文化的連続性を示している。日本の石器時代においては半定着的な集落を形成した縄文文化を基盤に農耕の弥生文化へと移行した。そして、縄文文化への発達の基礎は土器の出現にみられるように中石器的文化である（八幡一郎「日本における中石器文化的様相に就いて」『考古学雑誌』第二七巻第六号、一九三七年）細石器文化の中で醸成されたものと考えられる。今後、細石器文化の時代が更新世なのか完新世初頭の後氷期なのか、あるいは更新世から後氷期にわたる時期なのか問題となろう。いずれにしても、基本的には世界の先史時代の流れと同様であるが、日本独自の先史文化の発達・変遷を考えるべきであろう。

＊日本における「旧石器時代」という時代用語に関しては、私は東京国立博物館で長年、日本先史学の重鎮で東京国立博物館初代考古課長であった八幡一郎先生の設定した「先縄文時代」を受け継いで用いてきた。かつて、研究者の大半は「先土器時代」を使用し、一部「無土器時代」なども用いていた。一九八〇年代頃から「旧石器時代」が大勢を占めるようになり教科書もその方向で進んでいった。これは旧石器時代遺跡捏造と絡み合った現象であった。

私は先史を担当する中で、じつは自分なりの時代表記を考えていた。それは、まさしく八幡先生の言われる「中石器時代」を意識していたからである。具体的には、「旧石器時代」は局部磨製石斧が広く発見されており磨製技術が厳然として存在しているので相応しくないと思っているが、更新世の石器時代という点では「旧石器時代」という用語にはこだわらない。しかし、日本では「新石器時代」を用いてこなかったので定着している「縄文時代」を活かす方がよく、クラークのいうように「旧石器時代」・「新石器時代」ではなく日本独自の現実にあった名称が適切であろう。ただし、私と同様の考えで近藤義郎氏や故国立歴史民俗博物館の佐原真氏のいうように「旧石器時代」を「岩宿時代」とした方が良い（『日本の歴史』原始・古代1、小学館　一九九六年）という研究者もいるので、今後もなおこの問題を考えていきたい。次に「先縄文時代」に関しては、細石器文化と縄文時代草創期文化とを「中石器的文化」と考えてこの文化の時代を「先縄文時代」とすべきであろうと考えている。芹沢長介氏は「晩期旧石器」（「旧石器時代区分と遺跡」『新版考古学講座3先史文化』雄山閣出版　一九七八年）としているが、ある意味では、というか、土器の有無ではなく石器が「旧石器」を継承している点で賛同するものである。しかし、縄文土器を生み出すことになった先駆的土器の出現を評価し、縄文時代・縄文文化への過渡的な時代・文化という点で「先縄文時代」の方がより意味があるのではないかと考えている。

Ⅱ　縄文土器と弥生土器

一　縄文土器の起源

1　造形豊かな縄文土器

「じっさい、不可思議な美観です。荒々しい不協和音がうなりたてるような形態、紋様。そのすさまじさに圧倒される。はげしく覆いかぶさり、重なりあって、下降し、旋回する隆線紋。……とくに爛熟したこの文化の中期の美観のすさまじさは、息がつまるようです。つねづね芸術の本質は超自然的なはげしさだと言って、いやったらしさを主張する私でさえ、思わず叫びたくなる凄みです。いったい、これがわれわれの祖先によって作られたものなのだろうか?」（岡本太郎『日本の伝統』〔角川文庫〕角川書店　一九六四年）と岡本太郎氏が叫んだほど、縄文土器は世界の先史土器の中でも比類のない造形の豊かさ、しかも素朴な美しさをもっている。一定の様式をもちつつも器形の豊富さ、豪華な突飾、縄文を基調とした隆線文等の雄壮な紋飾、まさに立体的な造形をなしており、諸外国の先史土器のように、平板な一定の規律の中に収めようとする洗練された造形とは著しく異なっている。

このようなわが国独特の縄文土器はいったいいつ頃どのように出現したのであろうか。日本列島内で発明されたのであろうか。それともアジア大陸に起源を求めることができるのであろうか。考古学者ならずとも一般にすこぶる興味のある問題であろう。

2　土器の起源と世界最古の土器

その前に土器は世界的にいったいどのように出現したのであろうか。

土器は可塑性ある粘土で形づくり、それを素焼きした容器であるが、いろいろな大きさや形のものを自由につくることができ、また耐水性、耐火性があるので液体を入れたり、火にかけて物を煮ることができるという利点をもっている。とくに、粘土を焼くと非可塑性のものに変化してしまうことを人類が発見したことは、土器づくりへの第一歩であった。まさに、「土器の発明は人類が化学的変化を応用した最初の事件」（V・G・チャイルド）であり、画期的な発明であった。氷河時代の洪積世から暖かい沖積世に入ると農耕・牧畜という生産経済が開始されるが、この農耕がもっとも早く開始された西アジアで土器が発明され、農耕とともに世界各地に伝播したという一元的発生論がつよくヨーロッパの研究者を支配してきた。中国への彩文土器伝播説もその一例である。つまり土器は、農耕文化の開始にともなって出現したと考えられてきたのである。

しかし、その後世界各地の土器出現の状況は必ずしも農耕の開始とは一致していないことが判明してきた。西アジア最古の農耕村落跡であるイラクのジャルモ遺跡は、放射性炭素（^{14}C）年代測定によって約八五〇〇年前までさかのぼるといわれるが、ここでは精製の彩文土器が出土している。さらにこの遺跡の下層より発見された住居の床に、楕円形の穴を掘り、その内壁に粘土を塗って焼き固めた遺構があり、これが貯蔵用のものとすれば、いわばつくりつけの容器であり、土器直前の姿を示すものであろう。このジャルモ下層では農耕が開始されているにもかかわらず、土器は出現しておらず、無土器新石器文化とよばれる。

アフリカにおいても、ケニヤ＝カプサ文化あるいはマゴシ文化に属する農耕以前の食料採集民の遺跡より、約一万年前にさかのぼると推定される土器が発見されている（ここでは縄文のある土器片が出土している）。最近中国では、仰韶文化以前の遺跡が相次いでみつかっている。華北の磁山・裴李崗遺跡等がその代表的なものである。^{14}C年代によると、前者は約七五〇〇年前、後者は約九〇〇〇年前であり、いずれも農耕が行われている。ところが、狩猟・漁撈・採集経済段階と考えられる江西省万年県仙人洞遺跡や広西壮族自治区桂林市甑皮岩遺跡でもすでに土器が存在しており、^{14}C年代で約一万一〇〇〇年前という非常に古い数字が出されている。このように農耕社会以前の食料採集段階においても、すでに土器は出現しているのである。

わが国では、一九五〇年神奈川県横須賀市夏島貝塚で出土した撚糸文土器が、^{14}C年代で約九〇〇〇～九五〇〇年前という驚異的な数字が測定され、当時世界最古の土器として注目を集めた。周知のごとく、縄文時代ではまだ農耕は行われておらず、狩猟・採集段階であり、これまでの世界の常識をくつがえしたのである。その一〇年後の一九六〇年、長崎県福井洞穴より隆線文土器が細石器とともに出土したが、その^{14}C年代一万二〇〇〇年前という世界最古の数字が出され、さらに三〇〇〇年古くなるだけでなく、もはや土器の出現が洪積世末期にまでさかのぼることになったのである。

3　縄文土器起源論

^{14}C年代による限り、わが国における土器の出現は世界でもっとも古い。このことは当然縄文土器の日本自生論へと導いていく。しかし、現在明確に日本自生論を唱える研究者はいないようである。むしろ、中国やシベリア、モンゴリア等の大陸との関係を重視する考え方がつよい。将来、その方面に日本先史土器の故地が発見されることを期待している感がある。つまり、縄文土器の系統を大陸に求めようとするのであるが、一万二〇〇〇～一万年前

の大陸の文化については資料に乏しく、なお不明な点が多い。

また、周辺地区の先史文化の年代との関係で、この日本で古く出る^{14}C年代を疑問視、あるいは全く拒否する研究者もいる。日本縄文土器研究の最大の功労者であった故山内清男氏が、その代表である。山内氏は縄文土器の編年研究に取り組み、早期～晩期に五大別し、それぞれをさらに一〇段階ぐらいに分けることを提唱したが、その後、早期前半の撚糸文土器とそれ以前の隆線文土器（微隆起線文土器・細隆線文土器等）、爪形文土器、押圧縄文土器等を含めて草創期を設定し、六期としたのである。ところが、土器の出現年代、つまり縄文文化のはじまりをB.C.二五〇〇年頃とし、^{14}C年代とは大きく異なった年代を与えた。これは山内氏が大陸先史文化との系統関係を追究した結果であった。すなわち、草創期土器に伴出する植刃、断面三角形の鑽（錐）、半月形石槍等の石器が大陸からの渡来品であって、シベリアの新石器文化にみられるものであり、とくに、矢柄研磨器はB.C.二五〇〇年頃の所産であるというのが、その年代的根拠となっている（「縄紋草創期の諸問題」『MUSEUM』二二四号、一九六九年）。

こうした年代的に相対立する二つの学説は、山内氏の死とともに、また^{14}C年代が世界的に採用されるにつれて、^{14}C年代を重視する説のほうが有力になってきている。と同時に、新たに草創期の土器を縄文土器から除外する説も提唱されており、縄文文化および縄文土器概念の再検討の必要性に迫られているといえよう。

4　日本最古の土器と縄文土器

日本最古の土器群は、すでに述べたように隆起線文、爪形文土器等であり、縄文をもたない丸底あるいは平底の深鉢形の土器であった（草創期後半とされた撚糸文土器において尖底に統一される）。一九七三年、長崎県佐世保市泉福寺洞穴で、隆線文土器の下層より細石刃石器群とともに新たに豆粒文の土器が発見され、これが隆線文よりさらに古い土器であることが判明したが、まだ他の遺跡では発見されていない。器形は丸底の深鉢形と推定される。さらに、最近草創期の土器として円孔文土器・無文土器・沈線文土器、あるいは篦文・窩文土器などバラエティーに富んだ土器が発見されている。篦文・窩文土器に関しては佐藤達夫氏によって、大陸の櫛目文土器との系統関係が指摘されている（「金元龍教授著"The Neolithic Culture of Korea"を読みて—特に有紋土器の系統と年代について—」『東アジアの先史文化と日本』六興出版　一九八三年）。これら草創期の土器はいずれも丸底・平底の深鉢で、器壁が薄くつくられた煮沸用の土器である。

また、これらの土器に共伴する石器群は、九州においては細石器であり、本州においては有舌尖頭器や木葉形尖頭器（石槍）を主とするもので、文化内容に明らかな相違が見られる。^{14}C年代ではどちらもほぼ同時期であるが、この東西両文化の先後あるいは併行関係、さらに系統関係について、今後も問題となろう。

筆者は、これら草創期の土器が形態・文様・用途において、アジア大陸の先史土器通有の特性をもつと考え、アジアにおける初源的先史土器の日本型とみておき、「縄文土器以前の先史土器」と位置づけておきたい。縄文土器の最古のものとしては、新潟県室谷洞穴や小瀬ヶ沢洞穴の押圧縄文・回転縄文土器等であり、これらは次の撚糸文・縄文土器に継承されていく土器群である。しかし、先述の中国江西省万年県仙人洞遺跡で、丸底の撚糸文土器・表裏縄文土器、円窩文土器が発見されており（江西省文物管理委員会「江西万年大源仙人洞洞穴遺址試掘」『考古学報』一九六三年第一期）、日本撚糸文土器との系統関係が注目される。いずれにしても、従来早期とされてきた撚糸文土器こそ、その後の造形豊かな縄文土器を発展させたものと考える。縄文土器起源の問題は以上のような現状であり、さらに今後にその問題の追究が残されているのである。

二　縄文土器の造形―縄文の動―

1　はじめに

今から約一万二〇〇〇年前の氷河時代の終わる頃、日本列島に居住する先史人たちは粘土で容器の形をつくり野焼きした焼き物、すなわち土器をつくりはじめた。この土器の出現年代は放射性炭素（^{14}C）年代測定法によると現状では世界最古ということになる。この世界最古の土器は当初は砲弾形の鉢で簡単な粘土紐を貼りつけた文様をもつだけのものであったが、やがて土器の表面に撚紐を押圧、あるいは回転させて施した文様をもつ縄文土器が登場した。縄文のある土器は主に東日本で発達を遂げるが、あまり縄文をもたない西日本の土器や、縄文が無くても形や製作方法の共通する土器を含めて日本列島の先史土器前半の土器を縄文土器と総称している。縄文土器は、装飾性に富んだ形や文様に独自の特色をもちつつも様式的変遷をたどり、一万年にわたってつくられた。とくに、狩猟・漁撈・植物採集を基本とする生活様式を反映した装飾豊かな造形は、世界の先史土器に比類のないものとして注目されている。

その後、紀元前四世紀頃になると、大陸から水稲栽培をはじめとするさまざまな新技術が伝来し、日本列島に居住する先史人の生活様式や文化に大きな変化をもたらした。土器の世界にも西日本、とくに最初に新来の技術や文物が伝来した北部九州において、縄文土器に替わってあまり装飾を施さない、形や文様のシンプルな土器が登場した。この縄文土器に続く先史土器の後半は弥生土器とよばれ、中国・近畿・東海・東日本にも普及発達していくが、九州地方以外では文様に装飾性を残しながら―とくに関東地方以東においては縄文を固持している―やがて無文化の道をたどる。弥生土器は、容器としての機能性をより高め、装飾性を排した実用的な形を指向しているが、後に製作に回転台を導入したために左右対称の流麗な形を呈するようになる。

このように日本列島の先史土器は長い期間にわたってつくられた縄文土器と、それに続く弥生土器とがあるが、それぞれの時代の生活様式を反映した土器で、狩猟・採集のための移動を主とする生活を背景としてつくられている縄文土器の造形を「動」にたとえるならば、農耕による定着生活を基盤としてつくられている弥生土器は「静」の造形と表現できよう。いうならば、縄文の造形力、弥生の造形美と言い換えることができよう。こうした違いがあるものの、縄文土器・弥生土器ともそれぞれの造形のもつ多様な魅力と、豊かな創造力に堪能させられるのである。

2　縄文土器の造形

(1)　土器の形（器形・器種）と名称

「土器」とは土製の容器のことであり、土器の部位をあらわすのに人体になぞらえ、物を出し入れする口の部分を口縁部といい、それ以下を頸部・肩部・胴部、底を底部という。縄文土器の形は、当然のことながら基本的に土器の用途によって決まり、内容物の種類や用い方によって、その目的に適した形につくられる。たとえばやや底の深い鉢形につくられた土器は、深鉢という器形であり、また深鉢という器種でもある。縄文土器の場合、煮炊きなどの調理用の深鉢形の土器が最初に出現し、のちに水・酒などの液体や堅果類の貯蔵用を、次いで盛りつけ用の鉢形ないし浅鉢形の土器が登場する。縄文時代をとおしてこの深鉢形と浅鉢形が基本的な器形・器種となってつくられている。この基本的な器種にはいろいろな器形のものがみられる。とくに深鉢は円筒形や口縁が開くもの、口縁が大きく波形となる波状口縁をなすもの、台の付いたものなど種々の形を呈するもの、また口縁に把手状の装飾や突飾を付加するものなどがつくられ、各種の器種の中心をなしている。

中期になると大形の深鉢が隆盛し、壺形で筒状の注口をもつ注口土器が登場するがまだ普遍的な器種とはなっていない。東日本においては口縁部に孔列をともなう有孔鍔付土器や橋状の吊手をもつ吊手土器、香炉形土器など特殊な土器もつくられている。これらの土器には獣文や人面が付いたものがある。他に双口土器、双子土器、器台形土器などもみられる。

後期になると土器は小形化し、各種多様の器形・器種の土器がつくられる。注口土器や台付の土器が一般化し、普及するだけでなく、いろいろな形をした異形のものもつくられる。晩期では壺、注口土器、浅鉢、皿（台付皿もある）が普遍的となり、壺は各種の器形のものがつくられるが、その形は一律である。後・晩期の土器は飲食器の発達が著しい。したがって、先史土器の器種が出そろい、しかもそれらがセットとしてつくられていることがわかる。また、この時期には煮炊用の粗製土器と液体その他の貯蔵用の精製土器とが明確に分離されてつくられ、壺・甕（粗製深鉢）・高坏（台付皿）という弥生土器のセットがすでに形成されている。さらに日常用の土器の他に祭儀用の土器もつくられている。

縄文土器の造形が優れているのは、こうした用途のためにつくられた形を超え、かつ実用にそぐわないほどの豪華な、神秘的な装飾を施している点にあろう。

(2)　文様装飾

縄文土器の文様は時期的・地域的に異なり、かつ系統的な変遷をたどりつつ各時期の各地域に特徴がみられる。

縄文土器の施文法には、大きく浮文にするものと沈文にするものとの二種がある。浮文は粘土紐を貼りめぐらした浮線文・隆線文・隆起文、ないし粘土を帯状に貼りめぐらした隆帯文などで、沈文は沈線文・刺突文・列点文・刻目文などがあり、これらを用いて幾何学的な文様が構成される。一般に人工物の文様は、文様要素ないし単位文様の反復・くり返しによって規則的、幾何学的文様として構成されている。縄文土器の文様構成も基本的には同様であるが、中期の土器は同一の単位文様の規則的なくり返しは少なく、むしろそれを壊すようなデザインとなっており、文様としては非対称的で不安定なものとなっている。そこにかえって不思議な、神秘的な縄文土器の世界がみられるのである。また、この他に口縁を飾る突飾や把手状の装飾があり、これも縄文土器の特色となっている。

縄文土器の文様装飾は、単に文様あるいは装飾とは考えられず、縄文人のメッセージをあらわす記号、さらには物語を表現しているのではないかとも考えられる。いずれにしても縄文人の世界観を表現しているものと考えてよいであろう。なお、縄文土器の文様構成は限りなく近いものもあるが、まったく同一のものは少ない。そこで、類似する文様および文様構成、文様のパターンをもつグループを「型式」として認識すると、同じ「型式」の土器を製作する集団は同じ「文化」を共有する集団であり、同じ「社会」を形成している集団とみられる。

「縄文」は本来地文として施されたものであるが、中期に「磨消縄文」という文様手法が出現して以来、後・晩期を通じて「磨消縄文」による文様が系統的に変遷を遂げている点が特色となっている。したがって、その「磨消縄文」により構成された文様の相違によって中・後・晩期という時期区分がなされている。後・晩期になると中期の文様構成とは異なって、単位文様の規律的な反復によって構成されるようになる。ある意味では洗練された文様といえるが、単純な文様装飾の意味しかもたなくなったものとみられる。一段と優れた縄文文様といえるが、中期の縄文らしい文様からすると逆に退嬰というべきであろう。

(3)　土器様式

縄文土器は一万二〇〇〇年前に出現し約一万年という長期間にわたってつくられ、多種多様な造形が出現した。これら縄文土器の造形は時代や地域によって異なっているが、その型式・様式的研究により、草創期・早期・前期・中期・後期・晩期の六時期に分けて変遷をたどることができるようになった。すなわち、縄文土器においては共通する器形・文様・製作法によって構成される土器群を「型式」という類概念として設定し、時期・地域において実際に共存する型式群を「様式」として把握する。それはともかく、一定の時期には一定の共通する器形と文様があり、それは地域的に一定の分布範囲をもっており、それが縄文土器の造形の時期的、地域的特色を示すのである。縄文土器の造形はこのようにじつはこの「様式」によって規定されている。一見独創的・自在にみえる土器の造形も時期、地域という枠の中で形成されている様式の範囲内にあり、形や文様に必ずその様式的特徴がみられるのである。言い換えれば、土器の器形や文様によって、その土器の時期的位置、地域的分布範囲（製作・使用地）を知ることができるのである。

現在、土器様式は基本的に標式となる土器の出土した遺跡名をとっている。たとえば神奈川県相模原市勝坂《かつさか》遺跡出土の土器を標式として「勝坂式土器」という。「勝坂式土器」といえば勝坂式という一定の器形と文様を特徴とする勝坂式土器様式の土器群を指し、縄文時代中期前半の時期のものであり、関東地方西部を中心に静岡県の一部、中部地方の山梨県、長野県に分布をもつ土器ということになる。

縄文土器のすべては必ずある様式に帰せられるものであるが、まだ出土量が少なく、実態の不明のものも多い。いずれにしても土器様式の設定は土器編年の基礎であり、年代の指標・物指しとなっているとともに、遺跡および地域間の交流関係を示すものとなっている。

(4)　造形の特色

すでに述べたように縄文土器は深鉢と浅鉢が基本的な器形・器種となっているが、中頃では有孔鍔付土器・吊手土器・香炉形土器など、後半になると壺や注口土器・香炉形土器・皿・台付鉢などもつくられる。様式的に一定の形態・文様をもつ土器としてつくられるが、実際は変化に富んでおり自在につくられたものが多い。土器の口は普通水平であるが、縄文土器では四単位ないしそれ以上の単位の波状口縁につくるもの、水平の口縁に主として一個ないし偶数個の突飾を付すものや大きな把手状の装飾を施すものなどが発達する。この口縁の形、付加装飾に縄文土器の造形の特色がみられるのである。また、縄文土器の文様においても、撚紐の原体を回転させることによって施された縄文の文様そのものや、粘土紐を貼りつけた隆起文によって描かれた繁縟な幾何学的文様は、世界の先史土器の文様にみられない特徴である。さらに、同一型式の土器において限りなく類似する文様が描かれているが、同一の文様構成をもつものはほとんどない点も特色である。

3　縄文土器の変遷

一万二〇〇〇年前頃、世界最古の土器として出現した縄文土器は約一万年という長期間にわたってつくられた。この間の縄文土器の発達・展開は、その器形・文様装飾等からなる様式の変遷によって草創期・早期・前期・中期・後期・晩期の六期に分けてたどることができる。また、縄文土器のこの六期の変遷・展開は次のように位置づけることができる。

(1)　出現期の土器―草創期の土器

(2)　縄文土器の成立―早期の土器

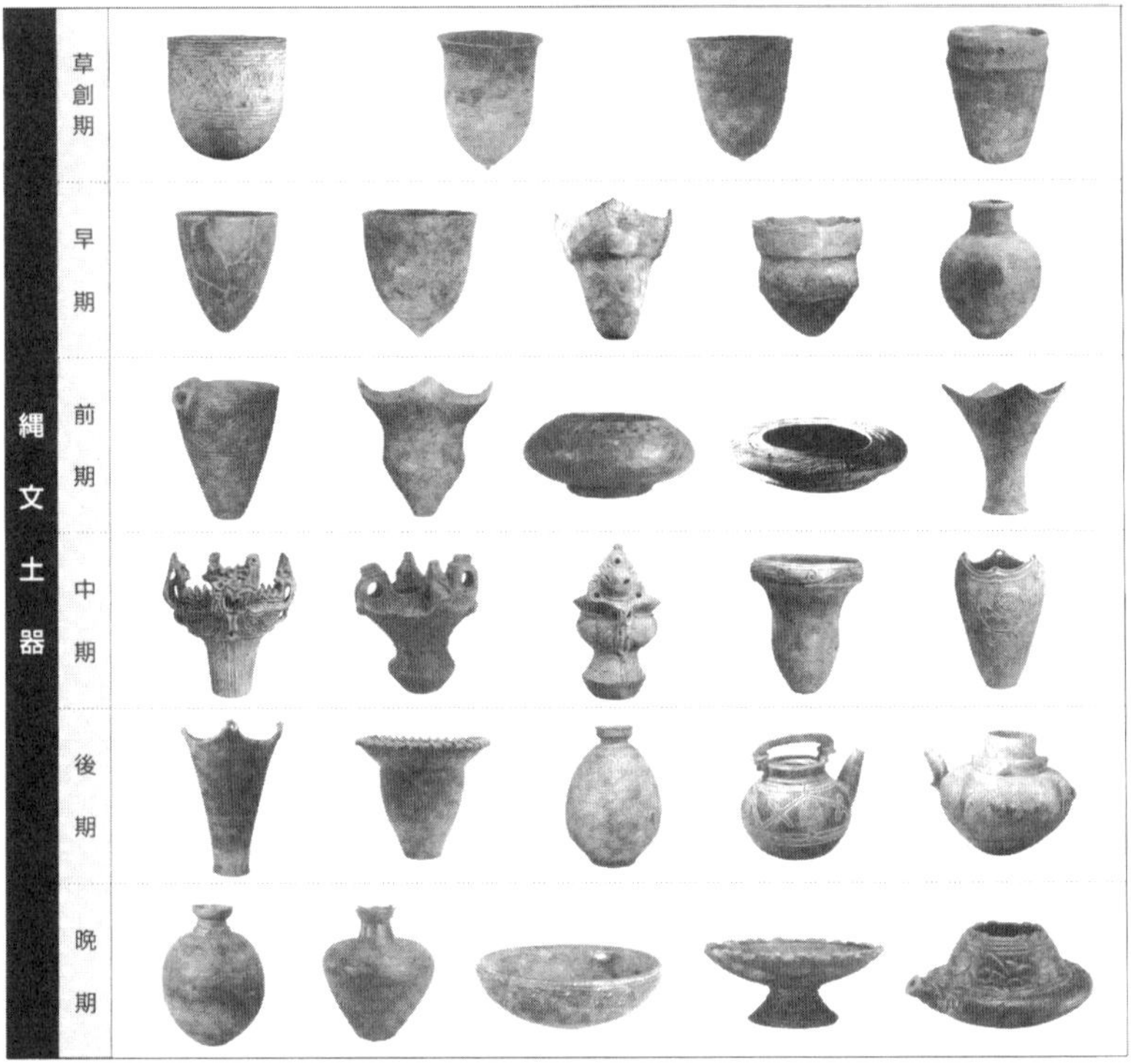

第56図　縄文土器変遷図（東京国立博物館特別展図録『土器の造形』2001年より）

(3)　縄文土器の普及―前期の土器
(4)　縄文土器の隆盛―中期の土器
(5)　縄文土器の多様化―後期の土器
(6)　縄文土器の昇華と退嬰―晩期の土器

草創期に出現した最古の土器群は主として砲弾形をした丸底の鉢ないし深鉢で、この形は早期に引き継がれるが、尖底をなすようになり、口を水平にしない「波状口縁」の土器が登場する。この「波状口縁」は世界の先史土器にはみられない縄文土器独特の形の特色を示すものである。その後、縄文土器は日本列島独自の先史土器として系統的に発達、変遷し、自律的な展開をたどることになる。

前期になると自立できる平底の安定のよい深鉢形の器として定着した。文様も各種の撚紐の回転による縄文を地文として施すようになる。片口付深鉢や、赤漆塗り土器や漆彩文土器などもつくられる。

中期の土器は大形化し、とくに関東甲信越地域においては豪華で多様、かつ不思議な文様装飾を施した土器がつくられ、縄文土器の隆盛期を迎えた。口縁に複雑な把手状の装飾や人面を表現した把手状の装飾を付した土器、火焔土器やこまかな装飾の施された「焼町《やけまち》式土器」が盛行する。また、蛇や動物を象った装飾のある有孔鍔付土器や香炉形土器・吊手土器など特殊な土器もつくられる。

後・晩期の土器は再び小形化し、多種多様な土器がつくられる。人面付などの壺や、注口土器など酒器として祭儀に使われるもの、また、食器としての浅鉢や皿などの器種が発達する。とくに晩期の亀ヶ岡土器においては黒色に焼かれたものが多く、朱漆塗りが施された祭祀用の各種の壺・注口土器も発達し、その黒と赤の造形の対比はみごとである。洗練された縄文土器としてその頂点に立つが、同時に動的な縄文土器の衰退でもある。

(1)　出現期の土器―草創期の土器

日本列島の土器の出現期にあたる草創期の土器は、隆線文土器から、爪形文、円孔文、多縄文などへと変遷する。草創期の土器は、煮炊き用の丸底や尖底の深鉢が基本となるが、平底のものも多く、鉢や小形土器などもすでに定着している。器壁が薄く複雑な文様をもつ高い技術でつくられた土器が多いことも特色のひとつで、以後の縄文土器の展開の基礎は草創期に形成されたと考えてよい。

なお、近年、日本列島を含めた東アジア各地で、隆線文土器より古い可能性のある土器の発見が相次いでおり、最古の土器をめぐる議論が活発になっている。

隆線文土器　隆線文土器の特徴は、その名のとおり器面より隆起させた線で文様を描くところにある。隆線は粘土紐を貼りつけたものが一般的だが、中にはヘラを押し当てて隆起させたものもある。隆線の太さは一チセン以上のも

第57図　丸底深鉢（隆線文土器）
東京都町田市なすな原遺跡　高23.5cm
（町田市教育委員会）

第58図　丸底深鉢（爪形文土器）
福岡県春日市門田遺跡　高18.6cm
（九州歴史資料館）

のから一ミリ程度のものまでバラエティに富んでおり、本数も一本から数十本までさまざまである。隆線上に捻りや刻みをつけたもののほか、無加飾のものも多い。器形は、煮炊きに適した深鉢が主体を占め、尖底、丸底以外に意外と平底のものが多いこともわかってきた。隆線文土器は、北は青森県から南は種子島まで、日本列島各地で数多く発見されているが、今のところ列島以外には類例がなく、その出現・拡散の経緯は謎に包まれている。

今日、資料の増加によって隆線文土器の時期差・地域差も少しずつ明らかになっている。

爪形文土器　隆線文土器の後には、爪形文・押圧縄文・円孔文などを施す土器群が各地に展開した。そのうち爪や竹管状の工具を連続的に押しつけたり、親指と人差し指の爪でつまむことで文様を描いたものを爪形文土器とよんでいる。爪形文自体は、各地の隆線文土器にすでに用いられており、また隆線上に爪形の装飾を加えることも普通に行われていた。一時、爪形文土器に類似する土器と大陸の土器との関連が取りざたされたが、爪形文土器は、基本的に隆線文土器の系譜の下で成立した土器と考えてよい。

爪形文土器も、隆線文土器と同様、本州から九州の広い範囲で出土している。九州の一部を除き、尖底、丸底の深鉢の器面全体を爪形文で埋めるものが多いが、爪形文の施文方法や構成などはバラエティに富んでいる。

群馬県太田市下宿遺跡出土の尖底深鉢（第17図参照）は、関東地方の爪形文土器の典型例で、器壁が厚くゴツゴツした印象を与えるものである。一方、福岡県春日市門田遺跡出土の爪形文土器は対照的に器壁の薄い柔らかなラインを描く丸底の深鉢で、指の腹の跡がつく九州地方に独特のよわい爪形文が全面に施される。爪形文は一部内面にもつけられている。このほか、東北地方では、器壁が薄く、文様のシャープな土器がつくられた。

なお、器面全体を文様で覆う爪形文土器を仔細に観察すると、文様の上に粘土が被る個所がみられることがある。底の方から少しずつ形をつくり、そのつど文様を施すという工程が想定でき、器壁の薄いものが多い。草創期の土器製作技術を考える上で重要である。

第59図　注口付深鉢（多縄文土器）
新潟県阿賀町室谷洞穴　高23.5cm
（長岡市立科学博物館）

回転縄文土器　縄を使った文様は、すでに隆線文土器の中に出現している。しかし、縄を土器の装飾に本格的に使いはじめるのは、隆線文土器の後に続く押圧縄文土器からである。当初、縄を押しつけることで文様を描く手法が中心であったが、次第に縄を回転させて施文するものが増加し、以後一万年以上も続く縄文施文の中心となった。これらの土器は、器面の多くを縄文で飾ることから、多縄文土器ともよばれている。

新潟県阿賀町室谷洞穴、青森県八戸市櫛引遺跡出土の多縄文土器は、回転縄文が施文の中心となった草創期終わり頃の土器で、室谷下層式土器ともよばれている。平底の深鉢や鉢が多く、口縁部に段や屈曲をもつ点に特徴がある。注ぎ口をもつものや上からみた形が隅の丸い四角形になるものなど、特異な器形も出現している。また、以後の縄文土器と比べて、器壁が驚くほど薄い点も重要な特徴のひとつである。

文様は、口縁部の段と胴部に、主に回転縄文で描かれ、一部に縄の先端、側面を押し当てた押圧縄文もみられる。二本の縄を撚った特殊な縄文や、縄文を矢羽状に組み合わせる繊細な手法が随所に用いられている。

押圧縄文・回転縄文土器は、主に東日本に中心があるが、その多くは、上記の例と同様に器壁が薄く繊細なものである。これらの土器に限らず、草創期の土器には、器壁を薄く保ちつつ尖底や丸底の器形を製作する技術や、繊細かつていねいな施文など、以後の縄文土器と遜色ない技術が用いられているものがある。土器の出現からほどなくして、日本列島の土器製作技術がきわめて高いレベルに達し、縄文人の豊かな創造性を発揮させる土壌を形成していたことがうかがわれる。

(2)　縄文土器の成立—早期の土器

早期の土器は、草創期の丸底から砲弾形ないし乳房状のより先端の尖った尖底の深鉢が中心となるが、その後半には、平底の深鉢も登場する。関東地方を中心とする東日本では撚糸文土器（第16図参照）、押型文土器（第18図参照）、竹管による沈線文土器、貝殻による条痕文・押捺文土器、隆帯文土器などがあり、撚糸文→沈線文・無文・押型文→貝殻文（沈線文・条痕文・押捺文）→隆帯文という変遷がたどれる。また縄文土器の大きな特徴のひとつである波状口縁が撚糸文土器の次の段階に出現する。また沈線文土器の新しい段階から、器壁の中に禾本科植物の繊維を混入するという特殊な技法がみられ、前期の土器まで継続する。

なお、九州の南端地域にある上野原遺跡では約九五〇〇年前の竪穴住居址五二軒が発見され、西日本において最

第60図　波状口縁尖底深鉢（貝殻条痕文土器）
青森県八戸市田面木平遺跡　高42.4cm
（八戸市博物館）

第61図　壺
鹿児島県国分市上野原遺跡　高52.3cm
（鹿児島県立埋蔵文化財センター）

古のムラとしての一大集落が形成されたことが判明したが、ここでは長楕円形の土坑から一対の壺が出土した。「平栫式《ひらがこいしき》土器」と判定されたので、最古の壺形土器ということになる。九州の南端部にいち早く壺の出現をみたことは、これまでの縄文土器観を変えることになった。

(3)　縄文土器の普及―前期の土器

前期の土器は、直立できる安定した平底の深鉢となり、大きな波状口縁をもつものが多い。器面の大半に組紐を直に回転押捺した本来的な縄文が地文として飾られる。本格的な縄文土器の出現である。縄文は斜縄文、とくに羽状縄文が盛行し、後半には竹管の刺突文、半截した竹管による押引文、平行線文等の竹管文による文様が中心となる。器形としては深鉢の他に、浅鉢、特異な形をした孔列文浅鉢、台付鉢などがみられる。また漆塗土器も発見されている。

羽状縄文土器　羽状縄文を代表するものとして埼玉県蓮田市関山貝塚、同市黒浜貝塚出土の土器を標式とする「関山式土器」や「黒浜式土器」がある。関山式土器には、深鉢形の口縁の一端に注ぎ口を設けた土器が登場する。埼玉県・千葉

第62図　片口付深鉢（関山式土器）
千葉県松戸市幸田貝塚　高22.4cm
（重要文化財　松戸市立博物館）

県等、関東の北部・西部で発見されている。なお、器壁の中に禾本科植物の繊維を混入させている。

漆塗土器　山形県高畠町押出《おんだし》遺跡出土の漆塗土器（第25図参照）は数固体あり、すでに漆工芸が縄文時代前期には行われていることを示す貴重な資料である。当該期の他の遺跡においても赤漆を用いた彩文土器の破片が発見されている。これらの赤漆塗の土器は浅鉢で、ていねいに磨かれた扁球形の体部から極端に内行する口縁部となり、底部は高台がついたもの、あるいは丸底のものである。この器形は関東地方でつくり出された孔列文の浅鉢に由来する。なお、「彩漆土器」と称される漆塗の彩文土器は他に類例がなく、中国新石器時代仰韶《ヤンシャオ》文化の彩陶にも比肩しうるほど文様、造形とも優れたものである。

(4)　縄文土器の隆盛—中期の土器

中期には粘土紐を貼りつけた装飾豊かで大形の土器がつくられる。縄文のあるものとないものが共存し、把手状の装飾、それを人面としているもの、動物文や人体文もみられ、後半期には磨消縄文土器が太平洋岸側を中心として登場する。火焔土器は把手状の装飾をより豪華で繁縟にしたものである。深鉢の他に浅鉢、台付鉢や有孔鍔付土器、吊手土器、香炉形土器のように特殊な形のものもあらわれる。

縄文土器の隆盛期である縄文時代中期の土器には造形的に優れたものが多い。とくに中部高地を中心に富山県以東の北陸地方、関東地方、東北地方のいわゆる東日本において、大形（とくに中部地方から関東地方にかけての深鉢は高さ五〇センチを超えるものが多く、最大七〇〜八〇センチ）、かつ装飾の豊かな土器がつくられた。「波状口縁」をもつものは太平洋岸の地域の土器に多いが、内陸部や日本海側ではむしろ鶏冠形《けいかんがた》火焔土器のように、口縁は水平でその頂部に大きな複雑な突飾（これを日本考古学では通常「把手」とよんでいるが本来的な「把手」ではない）をつけるものが多い。この口縁の上にある把手状の装飾が土器に豪華さを与えている。物を出し入れする口に大きな飾りを付すことは本来的な土器の機能にとっては不適であるので、なにか特殊な使用目的があったものと想像することができる。文様装飾も太平洋側では縄文を地文とし、縦や横方向の沈線を加えたやや静的な土器がつくられるが、内陸部から日本海側にかけては粘土紐を貼りつけて隆起させた隆起文ないし隆帯文による渦巻文など、幾何学的な文様を施したいわば動的な土器が中心で、縄文を用いた土器はいたって少ない。新潟県域の信濃川・阿賀野川流域の「火焔土器」や、長野県から群馬県にかけて分布する「焼町《やけまち》土器」（焼町様式の土器）は隆起文を駆使した文様装飾の最高峰を示すものである。

第63図　蛇身装飾付有孔鍔付土器
山梨県塩山市安道寺遺跡　高23.0cm
（山梨県立考古博物館）

「火焔土器」は器体の上半分に隆起文による複雑な曲線文を施し、口縁の上に鶏のトサカ（鶏冠頭）のような把手状の装飾をめぐらした、あたかも燃え盛る炎のような装飾の動的な土器である（第20図参照）。

また、長野県を中心に関東地方西部にかけて口縁上に人面把手や蛇身把手の装飾を施したもの、あるいは器体に人体文、蛇身文を描いた深鉢や有孔鍔付土器が発達する。人面文や人体文は吊り上がった目に顔面の特徴があり、当該期の土偶の顔面と同一であり、祭儀用に用いられた特殊な土器である。

第65図　把手状装飾付深鉢
長野県御代田町川原田遺跡　高48.4cm
（重要文化財　浅間縄文ミュージアム）

第64図　深鉢（円筒土器）
青森県三戸町泉山遺跡　高31.2cm
（青森県立郷土館風韻堂コレクション）

円筒土器　前期になると東北地方を中心に、背の高い円筒形を呈する深鉢が登場し、中期にいたるまで継続的につくられていく。青森県石神遺跡や三内丸山遺跡から出土した深鉢は、その円筒土器一色に彩られている。円筒土器の文様は前期では撚糸文が縦方向に施されているものが多いが、中期になると斜縄文や羽状縄文が施される。口縁は波状口縁をなすものと水平口縁に粘土帯を巻きつけていくもの等がある。この円筒土器の影響を受けて、深鉢形の土器は、北は北海道から本州一帯にかけて、筒形の胴部を呈するようになる。

焼町式土器　長野県塩尻市焼町遺跡第一号住居址から出土した土器群は、焼町土器ともよばれ、中期中葉の土器である。口縁部に環状突起を四単位以上付し、胴部上半部にも小形環状突起や橋状把手を施し、器面全体に曲隆線文が施され、その空間内に三叉文、玉抱き三叉文、刺突列点文、沈線文を充填している。もっとも繁縟な文様をもつ土器群のひとつであるが、火焔土器にも匹敵する造形の豊かさをもっている。焼町式土器は、勝坂式土器後半の時期に、群馬県から長野県北東部を中心につくられているが、福島県、新潟県、東は栃木県小山市寺野東遺

第66図　深鉢（大形土器）
山梨県塩山市殿林遺跡　高73.4cm
（重要文化財　山梨県立考古博物館）

跡でも出土している。

大形土器　関東・甲信越地域における中期の土器は、豪華な文様装飾をともないながら器高五〇センチを超える大形土器がつくられる。とくに中部高地においては、器高七〇〜八〇センチにおよぶ縄文土器としてはもっとも大形の深鉢形土器が存在する。大形土器は貯蔵用としてつくられたと考えられるが、中には埋葬用の棺として用いられたものもある。これら大形土器の製作は当該地域における縄文人の活発な生業および精神性を反映したものと考えられる。山梨県塩山市殿林遺跡出土の深鉢のように、七〇センチを超える大形品にもかかわらずその造形はていねいで幾何学的に構成された文様も整然として美しい。

人面付土器　土器に人面の装飾を付したものは中期以降多くつくられる。中期には中部・関東地方における深鉢の把手状の飾りとしてつくられ、目の吊り上がった顔面表現となっている。胴部に描かれたものは、出産の場面をあらわすものとして「誕生土器」などともよばれる（第36図参照）。後・晩期には特殊な形の土器に装飾されているものが多く、当該期の土偶の顔の表現に共通するものである。いずれにしても呪術的な祭式に用いられた土器に付されたものであろう。

火焔土器　火焔土器は把手状装飾付深鉢であり、口縁に隆起文による複雑な直線文や把手状の飾り、とくに鶏冠頭状の装飾を四単位施しているので、いかにも燃え盛る炎（火焔）を象っているようにみえるため、その名が由来する。火焔土器は「火炎土器」あるいは「火焔型土器」・「火焔形土器」*、「馬高式土器」などと称され、また「王冠形土器」を含めて「火焔土器様式」と設定されている。時期的には中期中頃に位置づけられ、その分布は新潟県域内の狭い範囲に限られるが、周辺の山形県・福島県に影響を与えている。後半には東北地方の大木式土器の影響を受けて、新潟県津南町沖ノ原遺跡出土の深鉢（第20図参照）のように変容していく。

吊手土器　釣手土器とも書く。橋形あるいは十字形・三股形の吊手がつく浅鉢形の特殊な土器である。中部・関東地方において中期に出現し、後期にもつくられる。吊手土器にもいろいろな種類がみられるが、終末期には、橋状の吊手は中央上部が途中で消失し、両側に把手状の装飾をつけた状態と同じになる。後述の香炉形土器と類似・共通し、灯火具すなわちランプとして考える説がある。

有孔鍔付土器　口縁部にタガのような鍔状の突帯がめぐらされ、その直上に小孔をほぼ同じ間隔でめぐらしたもの。中期中頃から後半にかけて長野県、山梨県を中心としたいわゆる「勝坂式土器」文化圏で盛行した特異な形の土器である（第63図参照）。人体文や人形《ひとがた》の装飾のついたもの、赤色の顔料を塗彩したものがあり、特殊な用途をもつ土器として意識されている。現在、用途に関してはいろいろ考えられているが、二説が有力である。すなわち、太鼓（陶鼓）説と酒造器（醸造器）説である。前者では、小孔を皮膜を留める紐掛けの孔と解し、後者では、小孔を発酵時のガス抜き孔と考えているのであるが、結論は出ていない。

香炉形土器　香炉の形に似ているところから名づけられているが、香炉として用いられたものとは考えられない。浅鉢形の器形の上部に半分ほどの窓のある覆部がつくものである。本来、橋状あるいは十字形・三股の吊手がつく吊手土器に含まれているものであるが、吊手がこの類とは異なるので区別しておきたい。人面のついたもの、獣頭など動物文のついたものが多く、特殊な用途の土器であろう。

第67図　獣頭装飾付香炉形土器
長野県諏訪市穴場遺跡　高22.0cm
（諏訪市教育委員会）

中期後半の土器　太平洋沿岸地域において出現した「磨消縄文」の土器（東京都小金井市中山谷遺跡出土例。第20図参照）が中心となり、内陸部へ波及していく。口縁部・胴部の複雑な装飾は衰退し、端正な形と洗練された文様をもつ深鉢へと変化する。関東地方東部に分布する加曽利E式土器はその典型である。一方、東北地方における中期後半の土器には造形的に優れたものが多い。縄文を地文として唐草状の渦文を駆使している文様がみごとである。深鉢の器形も胴のくびれた壺に近い形となるものや口縁に小さな把手状装飾を施すものがある。なお、靴形土器や双口土器・注口土器など特殊な器形をしたものもみられる。

(5)　縄文土器の多様化―後期の土器

後期には大形かつ豪華な装飾の土器は衰退し、磨消縄文を文様装飾の基調とした小形かつ黒い色調の土器が多い。深鉢には精製と粗製の区別が明らかとなってくる。粗製土器は煮炊き用であろう。深鉢の他に浅鉢・台付鉢・皿・壺・注口土器など種類が多くなり、貝や鳥など各種の自然界に存在するものを模した土製品もつくられる（第21図参照）。注口土器が多くなり、東日本一帯に普及、定着する点も特徴のひとつである。

注口土器　土瓶や急須のように器の中の液体を注ぎ出すために筒状の注ぎ口をつけた土器。中期に出現し、後・晩期に盛行する。基本的には土瓶の形をしているが、把手となる提梁付のものは少ない。また、急須形のものもみられる。その他いろいろな形のものがつくられているが、各時期によって一定の形態・文様をもつものが普及して

第68図　注口土器（後期）
青森県十和田市瀬沢　高21.8cm
（重要文化財　東京国立博物館）

第69図　朱漆塗注口土器（晩期）
青森県八戸市是川中居遺跡　高7.5cm
（重要文化財　八戸市縄文学習館）

いる。

種々の器形　いろいろな器形をなし、いろいろな口をもつ水差形土器・双口土器・双子土器・吊手土器・香炉形土器など特徴的な土器が後期に出現する。液体を注ぐ器が多いところから「まつり」の器として用いられたものであろう。

(6) 縄文土器の昇華と退嬰—晩期の土器

晩期の土器は、縄文土器の総仕上げとして器形、文様とも洗練されたものとなる。文様は後期と同様磨消縄文を基調としており、東北地方の「亀ヶ岡式土器」のように流麗な雲形文が描かれる。文様要素は入組文、三叉文などが特徴である。壺が普及、定着し、各種の小形壺・深鉢・浅鉢・台付鉢・皿・注口土器などが一般的な土器の組合せとして定着するようになり、後続する弥生土器の組合せと類似してくる。彩文のある土器や赤漆塗の土器、ベンガラなどの赤色顔料を塗彩した土器などがあり、まつりや埋葬などの特殊な目的に用いられたと考えられる。

注口土器　晩期の、とくに東北地方の「亀ヶ岡式土器」の注口土器は、幾種類かの一定の形態に統一されたものが多い。後期の注口土器と比して注口部が小さくなる点に特徴がある。器全体が黒色に磨研されたものが多く、また全面を赤漆塗したものも多い。文様は「亀ヶ岡式土器」特有の各種の三叉状入組文・羊歯状文・雲形文・工字文が時期を追って施され、それに縄文を配するものと配さないものとがみられる。

是川中居遺跡の赤い土器・黒い土器　是川中居遺跡出土の「亀ヶ岡式土器」は約一〇〇〇点以上にものぼり、壺・鉢・台付鉢・注口土器・台付土器などいろいろな器形を呈する土器がみられる。いずれも洗練された微細な文様をもち精巧なつくりの土器で、さらに赤漆で彩色を施したものも多い。また一般的には意識的に黒色にしたと思われる黒色磨研の土器が多いが、先述のように赤漆を器面全体に塗布した赤色の美しい土器がある。この黒色と赤色の土器を対比させると、そこに縄文土器造形の頂点、いわば縄文の昇華した姿をみることができる。

4　縄文の偶像―土偶・土製品―

縄文時代には焼き物として、土器の他に土偶とよばれる人の形をした塑像、土面とよばれる仮面状の土製品、土版とよばれる主に楕円形の形をした扁平な板状の土製品、周辺の自然界に存在する動物や植物を象ったもの、あるいは耳飾などの土製の装身具や匙状の器具を模したものなど、各種多様な土製品が発見されている。いずれも素朴な土製品であるが、用途のわからない形をした奇妙な土製品も多い。土製耳飾のように実用の土製品もあるが、多くの土製品や土偶は信仰や呪術の生活を反映したもので、祭儀に用いられたものと考えられる。なお、土偶や各種土製品には文様の施されたものがあり、しかも時期を同じくする土器と共通した文様をもつものが多く、その製作・使用された時期を知ることができる。

(1)　土偶

主として女性像としてつくられており、乳房・腰・腹など女性の身体の特徴を誇張して表現したものが多く、生

第70図　土偶変遷図
（大阪府立弥生文化博物館編『縄紋の祈り・弥生の心』1998年より改変）

産・豊穣・繁栄・再生の地母神ないし女神をあらわした偶像であろう。土偶は縄文時代を特徴づける遺物のひとつで、土器とともに早く草創期に出現し―中部・関東地方においては弥生時代中期までつくられ―晩期まで造形的変遷をとげている。この変遷をたどると、塑像としての造形力、および土偶のもつ意味などの発達・展開をみることができる。

出現期の土偶は造形が稚拙で、手足の表現を欠き、乳房のついた逆三角形の小形のもので、偶像の初期的姿を呈している。やがて中期になると東北地方では、顔や手足を明確にした扁平な板状のもの（板状土偶）、あるいは手足が十字形となる奴凧のような十字形土偶となった。他の地域では肉厚の土偶がつくられるがまだ写実性を欠き、五体を満たしているものはない。中期中頃から五体を表現するもの、手足がやや写実的となる有腕有脚の立像、さらに中空の立像が登場するが、顔の表現は写実的なものと人の顔とはかけ離れたものとがある。とくに後・晩期には各種の中空の立像が主流を占め、より人間の形に近い写実性のつよいものとなる。しかし、顔の表現には目・鼻・口・耳など人の顔として写実的に表現されたものと、遮光器土偶の様にデフォルメされたものがあるが、遮光器土偶が流行したのはあくまで神像としてつくられたからであろう。時期をとおして縄文人の願望の実現を目指した呪術の器としてつくられ、用いられたものと考えられる。

(2)　土偶の誕生―最古の土偶

三重県飯南町粥見井尻遺跡出土の土偶は縄文時代草創期にさかのぼる、日本列島最古の土偶である。手足や顔の表現がなく、人物像とは思えないような単純な形をしているが、乳房の表現によって女性の姿を象ったものであることがわかる。縄文時代の土偶は、以後一万年の長きにわたり、一貫して女性像であることが明らかとなっている。粥見井尻遺跡出土例は、その起源が縄文時代初頭にまでさかのぼることを示した重要な資料である。

第71図　草創期の土偶
三重県飯南町粥見井尻遺跡　高6.8cm
（三重県埋蔵文化財センター）

第72図　早期の土偶
上：大阪府東大阪市神並遺跡　高2.3cm
（東大阪市立郷土博物館）下：鹿児島県国分市上野原遺跡　高5.5cm（重要文化財　鹿児島県立埋蔵文化財センター）

なお、愛媛県の上黒岩岩陰遺跡では、自然礫に乳房を強調した女性像を線刻したものが出土している。女性像を用いる呪術的行為が、草創期の段階からすでに広い地域に定着していたことがうかがわれる。

(3)　早期・前期の土偶

手足の表現のない土偶　早期・前期になると土偶の出土例が若干増加し、かつ日本列島各地で出土するようになる。しかし、土偶がきわめてめずらしい遺物であることに変わりはない。

早期の土偶も、基本的には草創期のものと同様の単純なものが多い。三角形（千葉県成田市木の根遺跡出土例。第31図参照）や四角形（大阪府東大阪市神並遺跡出土例）、バイオリンのような形（茨城県利根町花輪台貝塚出土例）など、胴の形にいくつかの種類がみられるが、手足や顔が表現されたものはない。ただ、木の根遺跡出土の土偶には、上下に小さい孔が

第73図　中期の土偶 1

板状土偶　右・中：岩手県雫石町塩ヶ森遺跡　高15.1;8.7cm　（(財) 岩手県文化振興事業団埋蔵文化財センター）、左：青森県青森市三内丸山遺跡　高32.8cm（重要文化財　青森県教育庁文化財保護課）

穿たれており、胴部以外の部分を組み合わせていた可能性も指摘されている。

なお、早期の土偶には、文様をもつものがいくつか知られているが、早期中頃には土器と共通する複雑な文様を表裏に施す土偶もつくられた。また、鹿児島県国分市上野原遺跡出土の土偶の腹部には、アバラ状の文様がつけられている。肋骨を表現したものとも考えられる。

前期にいたっても、手足や顔のない単純なものが中心になる点は変わりない（埼玉県さいたま市松木遺跡出土例。第31図参照）。しかし一方で、短い手足を表現したものや、下腹部の膨らんだ妊娠表現をもつものなど、より人物像らしい土偶もあらわれはじめている。また、東北地方にみられる顔や胸にくぼみのある土偶や、中部地方の顔に円孔が並ぶ土偶など、より地域性がはっきりするようになり、同時に各地で中期の土偶につながる要素が芽生えてくる。

(4)　中期の土偶

板状土偶　中期の東北地方では、北部を中心に平面的な板状の土偶が多数つくられた。岩手県雫石町塩ヶ森遺跡出土例は、万歳をしたような短い手にO脚の短い脚をもつ、どことなくユーモラスな形をした板状の土偶である。頭は四角く突出し、鼻と眉のような突起がつけられる。明確な顔の造作はみられないが、目や口にあたる位置に小さな孔を貫通させることで顔を表現しているようにみえるものもある。縄文時代前期末～中期前葉の岩手県・宮城県一帯に特徴的な土偶の形で、この地域では中期になっても明確な顔表現をもつものが少ない。

一方、東北地方北部では、十字形をした脚表現のない土偶が発達した（青森市三内丸山遺跡出土例など）。前期以前の土偶にはみられなかった顔表現が定着し、顎の尖った三角形の顔に、目、鼻、口、眉などを比較的リアルに表現したものが多い。その表情や各部分の表現方法はまちまちであるが、多くが口を丸く開けており、なにかを訴えかけているようでもある。

逆に身体は人体の特徴がむしろ失われる傾向がある。中には手裏剣の形のように、顔、手、身体の大きさが等しくなったものや、顔が胸の位置につけられるものもみられる。また、刺突文や縄を押しつけた模様など、土器の文様と共通する手法で全身を加飾するものも多い。リアルな顔の表現とデフォルメされた身体のミスマッチによって、一種不気味な雰囲気を漂わせている土偶である。

自立する土偶　縄文時代中期には、前期までの平面的な土偶のほかに、自立するタイプの土偶が登場した。これによって、土偶の造形が立体的になり、縄文人の豊かな創造性が一気に開花することになる。

自立する土偶を代表するのは、中部地方から東北地方南部にかけて分布する「出尻土偶」とよばれるものであろう。太い二本脚でしっかりと立ち、尻を後方に突き出す姿勢からこの名がつけられた。

「縄文のヴィーナス」の愛称で親しまれている長野県茅野市棚畑遺跡出土の土偶も、このタイプの典型例である（第85図参照）。冠帽を被ったような頭のほかには文様をもたず、ふくよかな女性の身体を柔らかい曲線と滑らかな器面で表現したその姿は、まさに土偶の美を代表するものといえる。腹部や腰のまわりを強調した安定感のある身体と吊り目の顔は、中部地方や関東地方の出尻土偶の特徴である。

一方、東北地方の出尻土偶には、宮城県川崎町中ノ内A遺跡出土例のように顔の表現を欠いたものがみられる。これらは棚畑遺跡出土例とは対照的に、乳房や腰などに女性の要素を残しつつも、人体像としてギリギリのところまでデフォルメを進めた独特の美しさをもっている。

中期の自立した土偶には、これら出尻土偶の他にも、さまざまな形のものが生み出された。山梨県南アルプス市鋳物師屋遺跡出土例は胴の部分が鈴になった土偶である。脚をもたないことで、逆にパンッと張った妊婦の腹部のイメージが強調されたようである。胴から下を欠く山梨県御坂町上黒駒遺跡出土例も、立体的な頭部の造作から立像土偶の上半身とみてよい。鋳物師屋遺跡・棚畑遺跡出土例と同様、関東地方や中部地方に特徴的な吊り上がった目が表現されている。

第74図　中期の土偶 2
自立する土偶　山梨県南アルプス市鋳物師屋遺跡　高25.5cm（重要文化財　南アルプス市教育委員会）

(5)　後期の土偶

筒形の土偶　縄文時代後期になると、土偶の数が急激に増加しはじめ、それとともにじつに多様な形の土偶がつくられるようになった。

神奈川県横浜市南区稲荷山貝塚、群馬県中之条町壁谷遺

跡、茨城県那珂町戸立石遺跡出土例は、こけしのような形をした手足のない土偶で、胴の形から筒形土偶とよばれている。顔を斜め上方に向けた円形に近い板状の頭部をもっており、柔和な表現をたたえたものが一般的であるが、中には顔の表現のないものもみとめられる。後頭部には、把手のような縦方向のブリッジがつく例が多く、あるいは吊り下げられることがあったのかもしれない。筒形の身体は中空につくられ、土器と共通する文様が描かれることが多い。文様と組み合わさるように複数の円孔が穿たれることもある。後期前半の関東地方に特徴的な土偶のひとつである。

ハート形土偶とふんばる土偶　関東地方から東北地方では、後期になると、顔を斜め前方に向け、肩を張り、脚をがに股に開いてふんばる姿勢の土偶がつくられる。群馬県吾妻町郷原出土の有名なハート形の土偶は、後期前半に盛行したこうした姿勢の土偶の仲間である。

これらの多くは、立像としてつくられた土偶であるが、腰や臀部を強調した豊満な姿の中期の土偶とは対照的に、腰がくびれたスマートな体躯をもつものが多い。頭部は、通常板状を呈しており、概して無表情あるいは遠くをみつめたような穏やかな表情をもつ。ハート形土偶は、人物像としての柔らかさのない定形化した無機質的な雰囲気に特徴があるが、時間の経過とともに表現の自由度が増していき、顔の表情を含め、より人間に近い姿のものがつくられるようになった。

これらの土偶の身体は基本的に中実であるが、中には山梨県韮崎市後田遺跡出土例のような中空で大形のものも存在する。身体には土器と共通する文様が描かれているもののほかに、無文あるいは簡単な沈線や刺突文などで飾られるものもみられる。群馬県安中市天神原遺跡出土例はハート形土偶に比べると、すいぶんと人間らしい姿になっており、手足の先には指まで表現されている。

逆三角形の身体の土偶　東北地方北部では、後期になっても板状土偶の伝統がつよく残り、青森市三内丸山遺跡出土例などのような、扁平な逆三角形の身体に小さな頭がつく土偶がつくられていた。同時に、東北地方南部のハート形土偶やふんばる土偶の影響を受け、青森県野辺地町有戸鳥井平4遺跡出土例のように短いがに股の脚のついた立像土偶もあらわれはじめ、ハート形土偶のように顔を斜め前方に突き出し、肘から先を下方に曲げた腕のつく青森市近野遺跡出土例のようなものもみられるようになる。これらは、肩の張ったその姿勢から、いかりの土偶とのニックネームがついている。

秋田県大館市塚ノ下遺跡出土例は文様をもたないややスマートな体形のいかりの土偶である。身体は扁平な板状であるが、立てられるように足先が拡がっている。いかった肩から斜め前方に突き出る小さな顔には、鼻や口の表現がなく、天然アスファルトを塗った大きな目のみが、睨むようなつよい眼差しを発している。簡素な造形の中に、力強さと豊かな表情をもたせた優品である。

なお、胴が逆三角形にならず、ふくよかな体躯をもつ岩手県西根町上斗内Ⅲ遺跡、秋田県大曲市中通町出土例は、頭の形などから、山形土偶との中間的様相をもったものと考えられる。

山形土偶　後期中頃の関東地方一帯では、おにぎりのよ

第75図　後期の土偶 1
右：ふんばる土偶　群馬県安中市天神原遺跡　高19.8cm（群馬県立歴史博物館）、左：逆三角形の身体の土偶　青森県野辺地町有戸鳥井平4遺跡　高32.0cm（野辺地町立歴史民俗資料館）

第76図　後期の土偶 2
右：山形土偶　千葉県佐倉市江原台遺跡　高11.9cm（重要美術品　明治大学博物館）、左：しゃがむ土偶　青森県八戸市風張(1)遺跡　高20.0cm（重要文化財　八戸市博物館）

うな三角頭が特徴の山形土偶がつくられた。

スリムな身体が多かったハート形土偶やふんばる土偶に比べて、乳房や腹部がずいぶん豊かになり、概して頭の大きいずんぐりした体形になる。ただ、乳房や腹部を除けば、横からの姿勢が扁平になる傾向があり、そのため頭も身体の上にまっすぐのることが多い。立たせることにこだわっていないような造形ともいえる。

顔面は、丸い顎のラインを強調した中に、太い眉毛とそこから下がる鼻をつけ、横長の粘土粒を貼りつけた上に線を引いて目や鼻を表現するのが特徴で、腫れぼったい目と厚い唇のユーモラスな表情が多い。中にはキューピー人形のように手のひらをチョンと立てたものなどもあり、不思議な愛らしさを漂わせている。

しゃがむ土偶　後期の中頃から晩期の前半にかけて、東北地方を中心に、腰や膝を曲げるポーズをとった土偶がつくられた。屈折土偶とよばれるものだが、その姿勢には膝を軽く曲げる程度のものから、膝を抱えるものまでさまざまである。
青森県田子町野面平遺跡、福島市上岡遺跡、青森県八戸市風張(1)遺跡出土例は、いずれも腰と膝をつよく曲げてしゃがみこんだような姿勢の土偶である。前二者は、胸の前にもってきた右手に左手をからめる共通したポーズをとる。一方、後者は祈りを捧げるかのように合掌している。頭の形状はそれぞれ異なるが、いずれも山形土偶に似た比較的リアルな顔の表現である。ポーズをとらせるために伸びた手足や細い身体と相俟って、人間的な姿の造形になることも特徴のひとつといえる。なお、晩期に下る青森県大畑町二枚橋(2)遺跡出土例は、あたかも正座をしているようなポーズをとっている。

屈折土偶は、その特徴的な姿勢から、しゃがむ姿を写したものとされることが多いが、背中が平面的につくられたものがあることから、横に寝かせて脚を上げたお産の姿とみる意見もある。民俗例にみる座産なども考慮すれば、やはり出産時の姿を写したものと考えるのが妥当かもしれない。新たな生命の無事な誕生を祈る気持ちが、こうした造形を生み出したのではなかろうか。

(6)　晩期の土偶

ミミズク土偶　山形土偶の後を受けて、後期後葉から晩期前葉に関東地方で発達した土偶である。大きな頭とまん丸の目と口。顔の輪郭はハート形に縁どられていることが多い。その風貌からミミズク土偶の名がついた（埼玉県岩槻市真福寺貝塚出土例）。頭には沈線を加えた大きな突起がいくつもつくのが一般的である。これは髷をあらわすものと思われるが、同じ時期の土器にも同様の突起がついており、当時の髪型をリアルに伝えたものではない。また、滑車形の耳飾を装着しているような大きな耳がつくのも重要な特徴のひとつである。

小さな身体は、胸のあたりに乳房の表現がわずかに残るものの、全体に幾何学的な線で構成されている。頭も身体も扁平になっており、もはや自立は不可能である。豊かさや柔らかさをもつ女性像の印象が微塵も感じられないほどにデフォルメが進んでいる。

ミミズク土偶は、その愛らしい表情とユーモラスな姿で人気の高い土偶である。豊かでふくよかな体躯の山形土

第77図　晩期の土偶
遮光器土偶　宮城県田尻町恵比須田　高36.0cm（重要文化財　東京国立博物館）

偶から、一転して人間の身体構造を無視した様式的な美を生み出す力。縄文人たちの豊かで自由奔放な創造性の真髄がここにある。

遮光器土偶とその後の土偶　土偶の形を問われて、もっとも多くの人が思い浮かべるのが、この遮光器土偶であろう。人間離れした大きな目に、ずんぐりした身体、太く短い手足。頭には複雑に結った髷のような飾りがつき、身体中が雲のような渦巻文で覆われる。われわれの理性的判断を超越して、みる者の脳裏に焼きつくあやしげな魅力に満ちた土偶である。

遮光器土偶は、主に晩期前半の東北地方でつくられた、様式化の進んだ土偶である。大きな目が、雪原の照り返しから目を守るイヌイットの遮光器に似ていることからこの名がついたが、この特徴的な目の表現は、後期の土偶の目が巨大化したものであるらしい。また、大きく広がる肩や腰、手首や足首が細く締まる太い手足から、衣服の復元なども行われているが、様式化された姿が現実の世界を反映している可能性は低い。宮城県田尻町恵比須田出土例や青森県木造町亀ヶ岡遺跡出土例は、きわめて精巧につくられた大形中空の優品で、遮光器土偶ばかりでなく、縄文時代の土偶の総大将ともいうべき風格を漂わせている。

晩期の後半になると、典型的な遮光器土偶は急速に姿を消し、その流れを引きつつも、顔や身体の表現に自由度を増した、さまざまな形の土偶がつくられるようになった。宮城県蔵王町鍛冶澤遺跡出土例にみられるような髷表現や、山形県真室川町釜淵遺跡、青森県碇ヶ関村程森遺跡出土例のパンツをはいたような表現も、この時期に特徴的なものである。一方、この時期には、山梨県大泉村金生遺跡出土例のように（第33図参照）、二本の脚以外、人間の身体の特徴をどこにも留めていないほどにデフォルメが進行した土偶もつくられている。

(7)　土面・土版・その他の土製品

土面は中期頃からつくられ、後・晩期の東日本で盛行する。仮面状の土製品と実用の土製仮面との二種類があるとみられるが、大部分は仮面とは別に特殊な儀礼に用いられたと考えられる仮面状の土製品が多い。土版は後・晩期の東日本で盛行したもので、普通幾何学的な晩期の文様をもつものが多いが、一方の端部に人面を表現したものがみられ、土偶との関連性がみとめられる。その他の土製品も後・晩期の東日本で盛行したもので、猪・熊・犬など具体的な動物の姿をあらわしたものや魚・貝・茸などの食物をあらわしたものなどがあり、自然界との関わりの深い生活様式をうかがわせる。これらの土偶・土製品は縄文土器とともに原始の素朴な、あるいは神秘的な土の造形物として見応えのあるものである。

土面　縄文時代後期・晩期の人間を表現した土製品の中には、土面とよばれる一種の仮面が存在する。出土例の少ない遺物であるが、東北地方を中心に分布する傾向があり、東海地方、近畿地方などにも類例が知られている。土面は、実際の顔の大きさに近く、目や口に孔のあいたものと、小形で孔のないものの大きく二つのタイプに分けられる。前者は、紐を通す孔をもつものが多く、実際に顔にあてたと考えられる。岩手県一戸町蒔前遺跡出土例のような、道化の表現ともとれる鼻の曲がったものなどもみられるが、長野県波田町中下原遺跡出土例（第34図参照）のように概して装飾性や人面としての表情に乏しいものが多い。これらの仮面に表情を与えるのは、仮面を被った人物の瞳であり、演技だったからであろう。

第79図　熊形土製品
青森県弘前市尾上山遺跡　高8.3cm（青森県立郷土館風韻堂コレクション）

第78図　人面付土版
長野県松本市エリ穴遺跡　長15.8cm（松本市立考古博物館）

一方、小形で孔のないものは、青森県大畑町二枚橋(2)遺跡ほかの出土例のように遮光器土偶の顔に似た装飾性の高いものが多い。紐をかける孔のあるものもあり、額などにつけていた可能性が考えられる。

なお、東北地方の縄文時代後期にみられる実物大の鼻・耳・唇形の土製品は、紐通しの孔の存在から、木や編物などでできた仮面にとりつけた部品と考えられている（第34図参照）。同時期の土偶の頭部である岩手県盛岡市萪内遺跡出土例（第33図参照）は、こうした仮面を被った姿を表現したものといわれる。当時は、こうした焼き物以外の仮面もつくられていたのであり、土面の出土例の少なさは、こうした事情とも関係している可能性がある。

土版　土版は、縄文時代晩期の東北地方や関東地方でつくられた、四角形や楕円形の粘土板に渦巻や幾何学的な文様をつけた土製品である。その用途は明らかではないが、上部に紐を通すような孔をもつものがみられることから、護符として身につけられていた可能性が指摘されている。なお、東北地方では、石製の岩版がまず出現し、次第に土製の土版へと変化するようである。

土版の中には、顔や人体を表現したものが知られている。その表現は、沈線による単純なものから、土偶の表現に近い立体的なものまでバラエティに富む。千葉市花見川区内野第1遺跡出土例は顔が大きい、ユーモラスな表情の土版である。また、長野県松本市エリ穴遺跡出土例のような乳房の表現をもつものなどもみられ、これらは土偶に近い意味をもっていた可能性も考えられる。

動物形土製品　東日本の後・晩期には土偶の他、いろいろな動物像を象った動物形土製品がつくられる。動物の種類の判別が不明のものもあるが、犬や猪・熊など明確に表現されたものが多い。いずれにしても日々に接する身のまわりの動物や食料とした動物をつくっているが、鹿や鳥とはっきりわかる土製品はまだ発見されていない。狩りに関わる「まつり」や儀式用に用いられたのであろう。なお、ヨーロッパ（東欧）では、ドルニ・バストニーチェ遺跡の後期旧石器時代の住居址から熊形や狼形の土製品が出土しており、動物形土製品は、土器より早くつくられている。

＊最初に発見された新潟県長岡市馬高遺跡から出土したものを「火焔土器」（重要文化財）とし、それ以外の周辺出土のものを「火焔型土器」ないし「火焔形土器」として区別されている。

三　弥生土器の造形—弥生の静—

1　弥生土器の器形・器種

縄文土器の後に続く弥生土器は、一般的に無文の土器として北部九州にあらわれ、東に向かって普及し、各地において前期・中期・後期と三時期にわたって変遷・展開する。壺・甕・鉢・高坏という器種がセットとなっているが、とくに精製土器としての壺と粗製土器としての甕が中心をなしている。

壺は東日本の縄文時代晩期には広く普及していたが、北部九州の縄文時代にはなかった器種であり、弥生時代直前の晩期終末に突然出現した。「夜臼式土器《ゆうすしき》」がそれであるが、朝鮮半島の無文土器にみられる磨研壺にその起源を求める説がある。この時期を弥生時代早期とする傾向にあるが、九州地方の特色であるのでここでは前期の中に含めておきたい。それに引き続いて有段をなす口縁部をもつ壺があらわれ、これを標式として「板付式土器《いたつけしき》」とよばれる前期の土器が設定される。この時期の壺は基本的には無文であるが、朱による彩文や線刻による重弧文などの文様が施されている。器面の良く磨かれた精製の土器で、液体貯蔵用ないし穀物貯蔵用の器として重要な役割を担ったために、前期後半から中期頃の祭祀や墓への供献土器としても用いられた。祭祀や墓への供献土器は、聖なる土器として丹（ベンガラ）や朱（水銀朱）が全面に塗布されている。壺は、九州以外でも中心的な器種としてつくられ、それぞれの用途に応じて長頸壺、細頸壺、短頸壺、無頸壺等の各種がつくられた。また、各地でつくられ

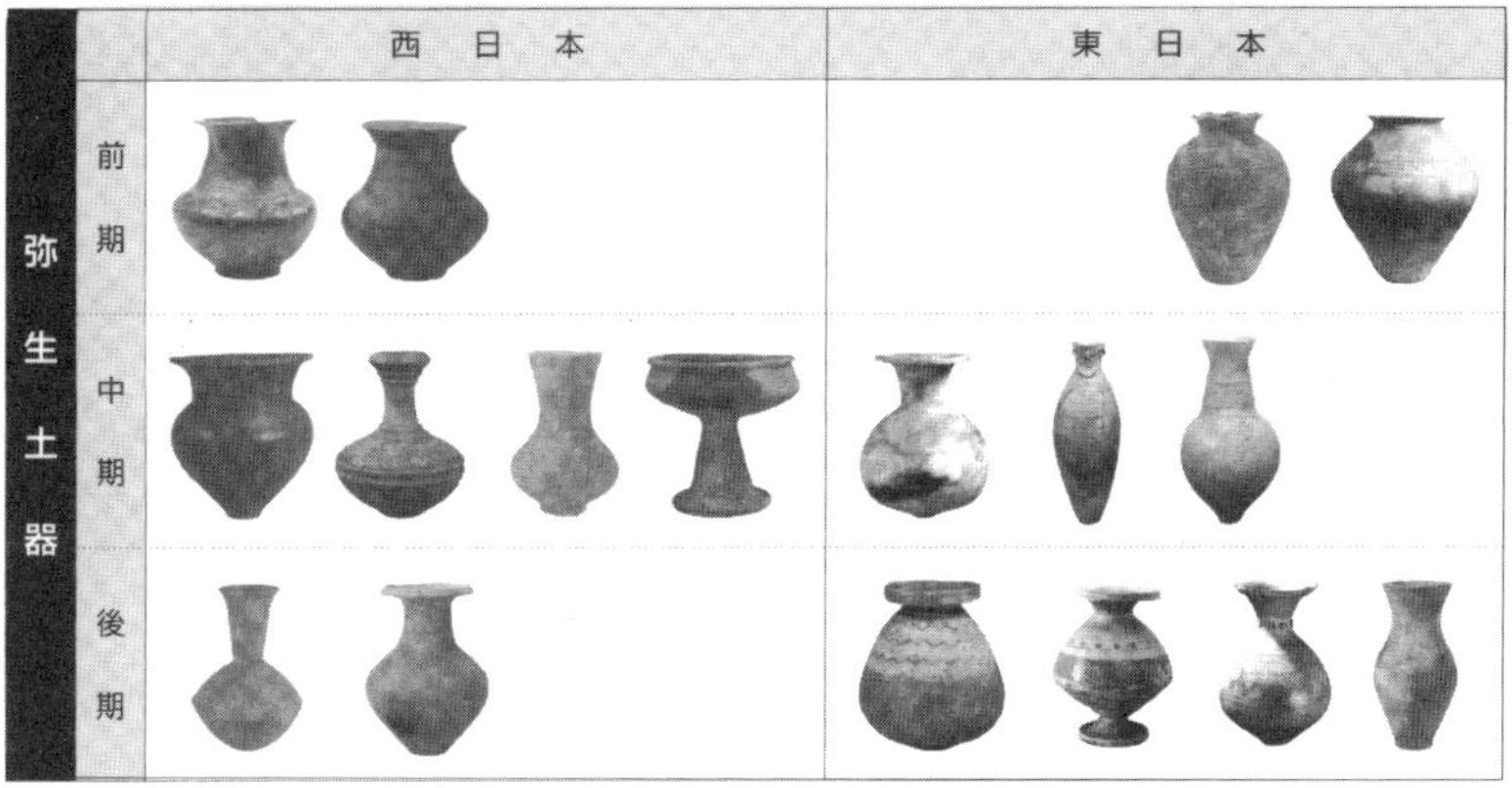

第80図　弥生土器変遷図（東京国立博物館特別展図録『土器の造形』2001年より）

た壺は文様で装飾され、丹や朱による赤色の彩色（赤彩・丹彩・朱彩）が施され、聖なる土器として用いられた。

甕は基本的に縄文時代の深鉢の形態を呈しているが、専用の煮沸器としてつくられた。時期が下るにしたがって口縁で短くくびれ、広口の壺形を呈するようになる。いずれにしても器面を飾る必要はなく、むしろ熱を伝えやすくするためあえて粗製土器としてつくられたのである。

高坏は、縄文時代前・中期に台付土器が登場しているが、後・晩期に底の浅い鉢（浅鉢）や皿に脚台をつけた「台付鉢」が普及するようになる。この台付鉢は形態的に弥生時代の高坏と同一であるので、高坏は縄文のものの継続といえ盛りつけ用の器として祭祀に多用された。高坏同様台付、脚付の土器も祭祀用につくられたものであろう。祭祀用としては他に注口土器や器台がある。器台は主に壺を載せる台で、台付土器と同じ意味をもつものと考えられる。

2　弥生土器の変遷と地域的特色

弥生土器は縄文土器と比べてより機能性を高め、器形の統一化・斉一化、文様の装飾性を排除していく方向にあり、甕のように煮沸器においてはとくに装飾的文様は施さない。一般的に縄文土器の文様にみられた

第81図　彩文小形壺（九州地方の弥生土器）
佐賀県唐津市菜畑遺跡
高14.7cm〔前期〕（唐津市教育委員会）

第82図　壺（近畿地方の弥生土器）
大阪府柏原市船橋遺跡　高19.3cm〔中期〕
（大阪府立弥生文化博物館）

突飾は減少するものの、九州以外の地域においては装飾文様を依然として残している。ただし、後・晩期の縄文土器のように平板化したものとなっている。弥生土器はまだ古墳時代の土師器のように時期的な斉一性よりも地域的伝統性がつよくあらわれており、大きくはいち早く弥生土器化した西日本と縄文土器に固執しその伝統を残す東日本とに分かれる。さらに西日本は、九州、中国、四国、近畿地域、東日本は北陸、東海、中部・南関東、北関東・東北地域に分かれて様式的展開・変遷をしていく。

　九州地方の弥生土器の特色は先述したように、端正な壺の出現とその展開にある。文様も初期の壺には線刻や彩色による簡単な幾何学文を描くだけで、その後は無文となる。前期後半頃から埋葬用の壺棺・甕棺が登場し、とくに甕棺は成人埋葬用として超大形化したものがつくられる点で他の地域とは異なっている。中期に広口壺、袋状口縁の細頸壺、甕、高坏、筒形器台などに丹や水銀朱で器全体を赤く塗彩した祭祀用の土器が盛行する点も特色である。

　中国地方の九州寄りの響灘沿岸地域は九州地方の土器圏にあるが、他の地域では近畿地方と九州地方の土器の影響を受けながら

第83図　朱彩壺（東海地方の弥生土器）
愛知県名古屋市高蔵貝塚　高32.6cm〔後期〕
（重要文化財　東京国立博物館）

第84図　壺（関東地方の弥生土器）
茨城県下館市女方遺跡　高37.5cm〔中期〕
（東京国立博物館）

独自の土器圏を形成している。とくに後期には特殊壺・特殊器台など大形化した墳墓への祭祀・供献用土器がつくられ、これらはのちの壺形埴輪・円筒埴輪へと発展する。

近畿地方も前期には九州地方の土器（これを遠賀川式《おんががわしき》土器という）の波及をみるが、中期になると独自の地域色を形成していく。大阪府船橋遺跡出土の弥生土器に典型的にみられるように、回転台の導入による櫛描文土器の盛行である。とくに壺は回転台により流れるような端麗な形を呈する。

東海地方においては初期は縄文系の土器に遠賀川式土器の影響を受けたにもかかわらず、伊勢湾沿岸地域を中心に地域色のつよい土器がつくられた。とくに壺は下半部に最大径を有する下膨れの形を呈するようになる。この独特の下膨れの壺をはじめ中期以降になると関東地方南部までの東日本各地に大きな影響を与えた。ただ中部高地の中・後期においては他地域にみられない櫛描文の甕が普及している。東海地方の後期においては、愛知県高蔵《たかくら》貝塚出土の壺に代表される「パレススタイル」とよばれる朱彩櫛目文の華麗な下膨れの壺がつくられる。また、愛知県朝日遺跡出土の朱彩櫛目文土器にみられるような高坏以外に脚や台のついた造形的に優れた土器が盛行している。なお、関東地方南部においては東海地方の影響を受けつつ細かい縄文を施した下膨れの朱彩の壺が系統的につくられている。これらは、パレスタイルの壺とともに造形的に優れたもので、弥生土器の造形美の最高峰のひとつである。

北関東から東北地方南部にかけては縄文土器の伝統をつよく残した縄文系の土器が古墳時代にいたるまで系統的につくられていく。とくに「亀ヶ岡式土器」の壺の形態が長く維持され、文様も縄文や磨消縄文が執拗に施されている。甕や鉢の類も縄文土器特有の波状口縁を続けて採用しているが、このように縄文に固執した地域においても造形的には弥生化していくのである。ただ、壺の、とくに口頸部の形態は、じつは九州地域の「夜臼式土器」や「板付式土器」の壺の形態ときわめて共通・類似しているのであり、両者の関係は深いものとみられる。

また、北関東地域においては前期から中期にかけて特殊な墓制として再葬墓がつくられ、二次葬の風習が普及していた。この再葬墓に棺として背の高いやや長頸の壺が用いられている。壺の口のところを人の顔につくった「顔壺」（人面付壺）もみられる。壺を人体とみたてたのであろう。この壺棺に副葬された小形の壺や鉢があり、磨消縄文が施されたり、赤彩の施されたものが多い。

3　弥生土器の造形の特色

弥生土器の造形的特色は、基本的に生活の器として装飾性より機能性を高めるための形態を目指した点にある。そのため、より統一された器形を呈するようになる。技術的には土器製作に回転台を導入することにより、端正かつ流麗な器に形づくられる。しかし、すでにのべたように一見西から東へ波及していったとされる弥生土器化は、すぐに地域的特色を発揮していくのである。とくに、東日本においては東に行けば行くほど縄文土器の伝統をつよく残存させている。「弥生土器」の名の由来する東京都文京区弥生出土の土器自体、東海地方の独自の弥生土器の影響を受けつつ縄文土器の伝統を継承した土器である。

なお、農耕祭祀を中心とする「まつり」が頻繁になるにつれ、あるいは「まつりごと」の儀式が整えられ発達するにつれ、食生活のための調理用の土器の他に、祭に使う専用の土器がつくられるようになる。北部九州の筒形器台のように特殊なものもあるが、壺を中心とする祭用の飲食器がつくられ、それらに聖なる意味を込めて丹ないし朱を施し、赤い器となった。聖なる赤い土器は、器の形にマッチして造形的な美しさがあらわれている。

四　土器の色──縄文土器・弥生土器──

1　土器の誕生

今から約一万二〇〇〇年前、更新世末期の氷河時代終わり頃日本列島に土器が登場した。土器とは粘土で容器の入れ物の形をつくり、野焼きした素焼きの焼き物である。

これが縄文土器のはじまりであり、放射性炭素（^{14}C）年代測定法によると現状では世界最古の年代が与えられている。この土器の出現は世界史的には「旧石器時代」から「新石器時代」に移行した指標となっている。柔らかい粘土で自由自在に形をつくり乾燥させ、それをいったん焼き上げるとこの形を変えることができない固い焼き物になるという、粘土の不可塑性を知ることによって出現したのである。土器の発明は人類が最初に化学的変化を認識し利用して製作した道具ということができる。道具といっても土器は生産にかかわる道具ではなく生活用具の一種にしかすぎない。言い換えれば生産の受け皿としての土製の容器ということができる。基本的に土器は入れ物で、物を貯えるために用いられ、後に食器としての銘々器、盛りつけ用の器として普及した。しかし、土器がもっとも効果的であり、他の材質に替えられないのは、火にあてても木や竹など植物性のものと違って燃えないところにある。そこで煮沸器・炊飯器としてもっとも多くつくられた。縄文土器では深鉢、弥生土器および古墳時代以降の土器では甕とよばれるのがこれである。ちなみに中国の新石器時代の土器では釜とよばれている。じつは世界最古の縄文土器の出現は、底が丸いあるいは尖った砲弾形をした深鉢形の土器として、すなわち火にかけると熱効率の高い形をした煮沸器として登場したことが知られているのである。

成形したものを焼くと、温度の上昇によりまず二〇〇度で粘土中の混合水が脱水され、七〇〇度で結晶水が脱水され、さらにそれ以上の加熱によって粘土中の炭素が酸化し、炭酸塩や硫酸塩が分解されて、乾燥した粘土とは異なる形の変わらない焼き物、すなわち土器ができるのである。一般的に七〇〇～八〇〇度ほどの温度で焼かれたもので野焼き（酸化焔焼成）でできたものである。一一〇〇度以上になると粘土に含まれるアルミナ（Al_2O_3）はムライトという結晶となり、無水硝酸（SiO_2）も一部クリストバライトという結晶になり、いわゆる「焼締《やきしめ》」の現象が起こって陶質土器、すなわち陶器となるのである。このためには温度を上げる窯が用いられる。

2　縄文土器の形と色

縄文土器は一万年前から約一万年という長期にわたってつくられた。世界の先史土器にはみられない造形力豊かないろいろな形をつくりだしたが、基本的には生活の器として深鉢、浅鉢、壺、土瓶・急須の形をした注口土器が加わり、セットをなすようになった。ところで縄文土器の由来となったのは、土器の表面につけられた文様が縄目のようにみえたからであるが、実際には撚紐を直に器面に押しつけて回転させたことによって施された文様である。しかしこの縄文がなくても形や製作方法の共通する土器を含めて、日本列島の先史土器を縄文土器と総称するのである。縄文土器は現在、草創期（B.C.一万～七〇〇〇）・早期（B.C.七〇〇〇～五〇〇〇）・前期（B.C.五〇〇〇～三〇〇〇）・中期（B.C.三〇〇〇～二〇〇〇）・後期（B.C.二〇〇〇～一〇〇〇）・晩期（B.C.一〇〇〇～四〇〇）と六期に区分され、系統的に変遷していることがわかっている。そして一定の型式の土器は時期と分布範囲を同じくして、時期的、地域的特色を示している。中期の中頃になると縄文土器は大形で装飾の豪華なものがつくられる。「火焔土器」とよばれるものはその頂点に立つもので、口縁の周囲に付加された把手状の複雑な文様が、あたかも燃え盛る炎のようにみえるところから名づけられた。新潟県十日町市笹山遺跡から出土した「火焔土器」は現在、縄文土器として唯一の国宝となっている。後期になると再び小形化し、多種多様な器形のものがつくられるようになる。とくにこの時期には注口土器や香炉形土器、台付の土器が一般化し、飲食器の発達も著しい。それらは煮沸用の粗製土器と貯蔵用の精製土器とに明確に分離されてつくられる。また、祭儀や墓葬に関わる特殊な土器もあらわれるが、これらには赤色顔料を塗彩し聖なる器としているものが多い。晩期は縄文土器の集大成として、器形・文様ともに洗練された優れた造形がつくられ、縄文土器の昇華した姿といえる。後・晩期の土器の文様は中期にあらわれた「磨消縄文」という手法で文様を構成したものが基調となり、流麗な幾何学的文様となっている。

縄文土器の色は基本的には茶色あるいは褐色を呈するものが多いが、野焼きの際粘土に含まれている鉄分の酸化により発色したものである。しかし、出現期の土器は煮沸専用の器で黒ずんだり、灰色に近い褐色を呈する。以降はだんだん明るい褐色系統の土器がつくられるようになるが、後期になるとまた黒色系の土器が多くなる。とくに晩期には黒光りする黒色磨研の土器が多くつくられるようになるが、意識的に蒸焼きにし炭素を吸着させたものであろう。またまれに黒漆塗したものもみられる。三〇〇〇年前に焼成された直後の土器の色はおそらく酸化焔焼成よって赤褐色、茶褐色を呈しているが今日とは少々異なっていたのではないかと思われる。なお野焼きされた素焼きの土器は焼きムラである黒斑の部分がみられるので逆に黒斑のある土器は野焼きされた証拠である。

3　聖なる土器

ところで前述のように縄文土器は赤色顔料を器体に塗布したものや、赤色顔料によって文様を描いた「赤い土器」があり、前者が一般的である。縄文土器における赤色塗彩は早期に出現している。おそらく北海道の釧路市東釧路貝塚出土の早期の絡条体圧痕文土器（撚紐を丸い軸にコイル状に巻いたものを回転させずそのまま押圧してつけた文様で、北海道最古の土器群）に施された赤色塗彩が最古であろう。今から約七〇〇〇年前のことである。赤色顔料にはベンガラ（弁柄）とよばれる酸化第二鉄（Fe_2O_3）と辰砂・朱砂とよばれる水銀を含む水銀朱（HgS）の二種類があり、後者は鮮やかな朱色を呈する。縄文時代においては前者が主流である。ベンガラは赤鉄鉱などを粉末にしたものと褐鉄鉱などを焙焼させて発色させ、粉末にしたものなどがある。また簡単に手に入る赤い粘土を材料としたものも多いと思われる。口縁の下に鍔状の突帯をめぐらし、鍔の直上や鍔に小孔を穿ちめぐらした特殊な土器である有孔鍔付土器は土製太鼓あるいは酒を発酵させる醸造器ではないかと考えられているが、この有孔鍔付土器やそれに類似する短頸壺などに、ベンガラによる赤色塗彩が施されている。また棺として用いられたと思われる深鉢形土器にも赤彩が施されている。赤色塗彩が本格的になるのは東北地方の後・晩期においてである。東北地方では後期に改葬が行われ、大きな壺の中に骨を入れて土坑の中に再び埋納するという風習がみられる。壺はいったん器体の上部で横に切断し、骨を埋葬後再び上部口縁部側を蓋として覆ったり、時には別の壺のものを蓋としたりしている。この埋葬用の壺にはベンガラが塗彩され、神聖な器であることを示している。

晩期になると朱の鮮やかな水銀朱と漆を用いて塗彩するようになる。青森県八戸市是川中居遺跡出土の木製の飾り弓、飾り太刀、腕輪、耳飾、藍胎漆器など赤漆を全面に塗布した漆工芸品が多く出土するとともに、赤漆塗を器全面に施した土器も多く出土しており、赤漆塗土器の代表的なもの、かつ造形的に優れたものとなっている。

4　弥生土器の登場と器形

紀元前四世紀頃になると、大陸から直接、あるいは朝鮮半島を経て水稲栽培や青銅・鉄の金属器製作などさまざまな新しい技術が伝来し、日本列島に居住していた縄文人の生活様式や文化に大きな変化がもたらされた。土器の世界にも大きな変化をもたらした。これまでの縄文土器とは異なる弥生土器が登場した。とくに最初に新来の技術や文物が伝来した北部九州において、朝鮮半島の新石器時代に盛行する磨研された無文の壺の影響によると思われる壺が出現した。これを弥生土器のはじまりとしている。この壺は東に向かって普及していき、「遠賀川式土器」とよばれた。しかし、弥生土器の実体は中国、四国、近畿、東海、北陸、中部、関東、東北など各地域においてそれぞれ地域色のつよいものがつくられている。九州では無文の土器としてつくられていくが、他の地域ではそれぞれ特色ある装飾を施した土器がつくられている。

弥生土器は、水・酒などの液体や穀物の種子を保存する等の貯蔵器としての壺、煮炊き用の甕、盛りつけ用の鉢や高坏が基本的なセットをなしている。日常生活のための容器としての機能性をより高め、装飾性を排した実用的な形を指向している。そのため左右対称のシンプルな形につくり上げたが、回転台の導入という成形技術の発達により、流麗な美的造形となった。

5　弥生土器の色

弥生土器の色は一般に縄文時代の後・晩期の土器とは違って煮沸用の甕を除いて明るい褐色系統に焼き上げられ

ている。しかし日常の容器とは別に祭祀用の土器、埋葬用の甕棺などがつくられており、それらは縄文土器と同様聖なる土器として赤色塗彩が施される。まず北部九州の弥生時代のはじめから中頃にかけて埋葬用の甕棺と墓前祭祀用の土器があらわれ、それぞれ赤色塗彩がなされている。それらは丹塗磨研土器とよばれて顔料に丹（ベンガラ＝Fe_2O_3）を用いている。こうした赤色塗彩の土器は埋葬用土器として九州以外でも盛んにつくられ、とくに後期になると東海・中部・関東・東北地方など東日本一帯に普及する。東海地方の「山中式土器」や中部地方の「箱清水式土器」などとよばれる土器はその代表的なものである。

6　赤い土器の終焉

縄文土器・弥生土器の色は前者は後・晩期になると意識的に黒色の色調を指向するが、後者では褐色など明るい色調の土器をつくり出そうとしている。しかし両者に通ずるのは祭祀あるいは墓の埋葬に関わる土器は神聖なものとしてベンガラや水銀朱で赤色塗彩して「赤い土器」をつくっていることである。「赤い土器」は弥生時代の終わり頃ないし古墳時代前期までつくり続けられるが、基本的にその後はなくなる。素焼きの土器自体も土師器として斉一化した器形、および装飾のない無文の褐色一色のみの土器となり、神聖さが消滅してしまう。

＊中国では先史土器を土器の基本的色調で識別して呼称している。たとえば紅陶（赤色磨研土器）、黒陶（黒色磨研土器）、褐陶、白陶、灰陶（灰色粗製土器）など。

五　縄文土器・弥生土器を観る—特徴と鑑賞の視点—

1　はじめに

今から約一万二〇〇〇年前の氷河時代の終わる頃、日本列島に居住する先史人たちは粘土で容器の形をつくり野焼した素焼きの焼き物、すなわち土器をつくりはじめた。この土器の出現年代は放射性炭素（^{14}C）年代測定法によると現状では世界最古ということになる。この世界最古の土器は、当初は砲弾形の鉢に簡単な粘土紐を貼り付けた文様（隆線文）をもつだけのものであったが、やがて土器の表面に撚紐を押圧（押圧縄文）、あるいは撚紐を丸い棒状の軸にコイル状に巻き付けた原体を回転させて施した文様（撚糸文）をもつ縄文土器が登場した。その後、土器の表面に撚紐を回転させて施した文様（真正な縄文）のある縄文土器は主に東日本で発展を遂げるが、あまり縄文をもたない西日本の土器や、縄文が無くても形や製作方法の共通する土器を含めて日本列島の先史土器前半の土器を縄文土器と総称する。

一万二〇〇〇年前に出現した縄文土器は、約一万年という長期間にわたってつくられ、多種多様な造形が出現した。これらの縄文土器はその様式的研究により、草創期・早期・前期・中期・後期・晩期の六時期に分けて変遷をたどることができるようになった。すなわち、縄文土器においては時期、地域によって共通する器形・文様によって構成される土器の様式が設定される。そして、一定の時期には一定の共通する器形と文様があり、それは地域的に一定の分布範囲をもっており、それが縄文土器の造形の時期的、地域的特色となっている。縄文土器の造形はこのようにじつはこの「様式」によって規定されており、一見独創的にみえる土器の造形も時期、地域という枠の中で形成されているのである。どんな縄文土器もある様式の範囲内にあり、形や文様に必ずその様式的特徴がみられる。言い換えれば、土器の器形や文様によって、その土器の年代的位置、地域的分布範囲を知ることができるのである。したがって、土器様式の設定は土器編年の基礎であり、年代の物指しであるとともに地域間の交流の実態を示すものとなる。

2　縄文土器の器形と器種

土器様式は基本的に標式となる土器の出土した遺跡名をとって、たとえば神奈川県相模原市勝坂遺跡出土の土器を標式として「勝坂式土器」とする。「勝坂式土器」といえば勝坂式という一定の器形と文様を特徴とする勝坂式土器様式の土器群を指し、縄文時代中期前半の時期のもので、関東地方西部を中心に静岡県の一部、中部地方の山梨県、長野県に分布をもつ土器ということになる。

当然ながら縄文土器の形は基本的に土器の用途によって決まる。すなわち、容器としての土器は内容物の種類や用い方によって、その目的に適した形につくられる。たとえば、やや底の深い鉢形につくられた土器は深鉢という器形であり、また深鉢という器種でもある。縄文土器の場合、煮沸用（後に貯蔵用を兼ねる）の深鉢形の土器が最初に出現し、次いで盛り付け用の鉢形ないし浅鉢形の土器が登場し、縄文時代を通じてこの深鉢形と浅鉢形が基本的な器形・器種となっている。とくに深鉢は円筒形や口縁が開くもの、口縁が大きく波状となる波状口縁をなすもの、台の付いたものなど種々の形を呈するもの、また口縁に把手状の装飾や突飾を付加するものなどがつくられ、各器種の中心をなしている。中期になると、大形の深鉢が隆盛し、壺形や筒状の注口をもつ土器も登場するが、まだ普遍的な器種とはなっていない。後期になると土器は小形化し、各種多様の器形・器種の土器がつくられる。注口土器や台付の土器が一般化し、普及するだけでなく、しかもいろいろな形をした異形のものがつくられる。晩期では壺・注口土器・皿が普遍的となり、壺は各種の器形のものがつくられるが、その形は一律を呈している。したがって、後・晩期の土器は飲食器の発達が著しく、先史土器の器種が出そろい、しかもそれらがセットとしてつくられることがわかる。また、この時期には煮沸用の粗製土器と液体その他貯蔵用の精製土器とが明確に分離されてつくられ、さらに日常用の土器の他に祭儀用の土器もつくられている。

3　縄文土器の文様装飾と造形美

縄文土器の造形が優れているのは、こうした用途のためにつくられた形を超え、かつ実用にそぐわないほどの豪華な繁縟かつ神秘的な装飾を施している点にあろう。

縄文土器の文様は時期的・地域的に異なり、かつ系統的な変遷をたどりつつ、各時期・各地域に特徴がみられる。浮文は粘土紐を貼りめぐらした浮線文・隆線文・隆起文、ないし粘土を帯状に貼りめぐらした隆帯文などで、沈文は沈線文・刺突文・列点文・刻目文などがあり、これらを用いて幾何学的な文様が構成される。一般に人工物の文様は、文様要素ないし単位文様の反復・繰り返しによって規則的、幾何学的文様としてつくられる。縄文土器の文様構成も基本的には同様であるが、中期の土器は同一の単位文様の規則的な繰り返しは少なく、むしろそれを壊すようなデザインとなっており文様としては非対称的な、不安定なものとなっているが、そこに不思議な、神秘的な縄文土器の世界がみられるのである。またこの他に口縁を飾る突飾や把手状の装飾があり、これも縄文土器の特色となっている。

なお、縄文土器の文様装飾は、単に文様あるいは装飾とは考えられず、縄文人のメッセージをあらわす記号、さらに物語を表現しているのではないかとも考えられる。いずれにしても縄文人の世界観を表現しているのであろう。

4　隆盛を極めた中期の土器

縄文土器の隆盛期である縄文時代中期の土器には造形的に優れたものが多い。とくに中部山岳地帯を中心に富山県以東の北陸地方、関東地方、東北地方のいわゆる東日本において、大形（とくに中部地方から関東地方にかけての深鉢は高さ五〇《センチ》を超えるものが多く、最大七〇～八〇《センチ》）、かつ装飾の豊かな、豪華な土器がつくられた。「波状口縁」をもつものは太平洋岸の地域の土器に顕著であるが、内陸部や日本海側ではむしろ鶏冠形火焔土器のように口縁は水平でその頂部に大きな複雑な突飾（これを日本考古学では通常「把手」とよんでいるが、本来的な把手ではない）を付けるものが多い。この口縁上の把手状の装飾が土器に豪華さを与えているのである。物を出し入れする口に大きな飾りを付すことは本来的な土器の機能にとっては不適であるので、何か特殊な使用目的があったものと想像することができる。文様装飾も太平洋岸側では縄文を地文とし、縦や横方向の沈線を加えたやや静的な土器がつくられるが、内陸部から日本海側にかけては粘土紐を貼り付けて隆起させた隆起文ないし隆帯文による渦巻文など幾何学的な文様を施したいわば動的な土器が中心で、縄文を用いた土器はいたって少ない。新潟県域の信濃川・阿賀野川流域の「火焔土器」や、長野県から群馬県にかけて分布する「焼町土器」（焼町様式の土器）は隆起文を駆使した文様装飾の最高峰を示すものである。

「火焔土器」は、「火炎土器」あるいは「火焔形土器」・「火焔型土器」、「馬高式土器」、また「王冠形土器」を含めて「火炎土器様式」とも称されている。器体の上半に隆起文による複雑な曲線文を施し、口縁上に鶏のトサカ（鶏冠頭）のような把手状の装飾をめぐらした、あたかも燃え盛る炎のような装飾の動的な土器である。

また、長野県を中心に関東地方西部にかけて口縁上に人面把手や蛇身把手の装飾を施したもの、あるいは器体に人体文・蛇身文を描いた深鉢や有孔鍔付土器が発達する。人面文や人体文は吊り上がった目に顔面の特徴があり、当該期の土偶の顔面と同一であり、祭儀等に用いられた特殊な土器である。

中期に出現した「磨消縄文」により構成された文様の相違によって中・後・晩期という時期区分がなされている。後・晩期になると中期の文様構成とは異なって単位文様の規律的な反復によって構成されるようになる。ある意味では洗練された文様といえるが、単純な文様装飾の意味しかもたなくなったともみられる。縄文文様の昇華といえるが、中期の縄文らしい自在な文様からすると、逆に退嬰というべきであろう。縄文土器の終末期にあらわれた「亀ヶ岡式土器」は「磨消縄文」による流麗な雲形文を描き、しかも赤漆塗りの技術をともない、その頂点に立つものである。このように縄文土器は、装飾性に富んだ形や文様に独自の特色をもちつつも様式的変遷をたどり、一万年にわたってつくられた。とくに、狩猟・漁撈・植物採集を基本とする生活様式を反映した装飾性豊かな造形は、世界の先史土器と異なる縄文土器の特徴となっている。

5　弥生土器の誕生・器種と特徴

紀元前四世紀頃になると、大陸から水稲栽培をはじめとするさまざまな新技術が伝来し、日本列島に居住する先史人の生活様式や文化に大きな変化をもたらした。土器の世界にも変化がみられ、西日本、とくに最初に新来の技術や文物が伝来した北部九州において、縄文土器に替わってあまり装飾を施さない、形や文様のシンプルな土器が登場した。この縄文土器に続く先史土器は弥生土器とよばれ、中国・近畿・東海・東日本にも普及発達していく。九州地方以外では文様に装飾性を残しながら―とくに関東地方以東においては縄文を固持している―やがて装飾を施さない無文化の道をたどる。弥生土器は、容器としての機能性をより高め、装飾性を排除した実用的な形を指向しているが、製作に回転台が導入されると左右対称の流麗な形を呈するようになる。

弥生土器は、壺・甕・鉢・高坏という器種がセットとして定着する。壺は東日本の縄文時代晩期には広く普及していたが、北部九州の縄文時代にはなかった器種であり、弥生時代直前の晩期終末期に突然出現した。「夜臼式土器」がそれであるが、それに引き続いて有段の口縁部をもつ「板付式土器」とよばれる小形の壺が登場した。この時期の壺は基本的には無文であるが朱による彩文や線刻による重弧文などの文様が施されている。その後それぞれの用途に応じて長頸壺、細頸壺、短頸壺、無頸壺等の各種がつくられるようになった。壺は器面のよく磨かれた精製の土器で、液体貯蔵用ないし穀物貯蔵用の器として重要な役割を担ったために、祭祀や墓への供献土器としても用いられた。祭祀や墓への供献土器は聖なる土器として丹（ベンガラ）や水銀朱が全面に塗布されている。

甕は基本的に縄文時代の深鉢の形態を呈しているが、専用の煮沸器としてつくられた。時期が下がるにしたがって口縁で短くくびれ広口の壺形を呈するようになる。いずれにしても器面を飾る必要はなくむしろ熱を伝えやすくするためにあえて粗製土器としてつくられた。

縄文時代前・中期に台付土器が登場しているが、後・晩期に底の浅い鉢（浅鉢）や皿に脚台を付けた「台付鉢」が普及するようになり、この台付鉢は弥生時代の高坏と同一の形であるので、高坏は縄文土器の系統で盛り付け用の器として祭祀に多用された。高坏同様台付、脚付の土器も祭祀用としてつくられたものである。祭祀用としては他に注口土器や器台がある。器台は主に壺を載せる台で、台付土器と同じ意味をもつものと考えられる。いずれも神に捧げるための神聖な土器である。

弥生土器の造形美は、各種の壺をはじめ朱塗土器など特殊な土器で、日常容器とは異なる祭祀・埋葬（墓）に関わる土器において発揮されている。

6　縄文の「動」・弥生の「静」

このように日本列島の先史土器は長い期間にわたってつくられた縄文土器と、それに続く弥生土器とがある。両者はそれぞれの時代の生活様式を反映した土器で、狩猟・採集のための移動を主とする生活を背景としてつくられた、装飾性豊かな縄文土器の造形を「動」にたとえるならば、農耕による定着生活を基盤にしてつくられた流麗ではあるが簡素な弥生土器は「静」の造形と表現できよう。いうならば、縄文の造形力、弥生の造形美と言い換えることができよう。こうした「動」と「静」の違いがあるが、縄文土器・弥生土器ともそれぞれの造形のもつ多様な魅力と、豊かな創造力に堪能させられる。

六 〝縄文のヴィーナス〟—長野県茅野市棚畑遺跡出土の大形土偶—

この土偶は高さ二七センチの大形の土偶で、その造形の美しさに加えて豊かな女性の姿態を示しているところから「縄文のヴィーナス」という愛称でよばれている。現在、縄文時代の遺物では新潟県十日町市笹山遺跡の火焔土器とともに国宝となっている。

昭和六十一年（一九八六）、長野県茅野市米沢所在の棚畑遺跡の発掘調査によって発見されたものである（『棚畑—八ケ岳西山麓における縄文時代中期の集落遺跡—』茅野市教育委員会、一九九〇年）。棚畑遺跡は縄文時代中期の遺構を中心としている。中期の遺跡は台地の縁辺に沿って形成された集落跡で、竪穴住居址一四六と約六五〇近くの墓穴と推定される土坑が発見されている。集落は双環状に配置された竪穴住居群から南北二つの環状集落に分けられるという。南側の環状集落は北側の環状集落よりも規模が大きく、中央部に大きな円形の広場があり、その北・東側に墓坑とみられる多数の土坑が密集し、墓域を形成していると推定される。

これらの土坑群中にあって広場のほぼ中央部付近で発掘された土坑内から「ヴィーナス」が出土したのである。この土坑は長さ七九センチ、幅七七センチでやや不整の楕円形を呈し、一八センチほどの深さであった。土偶は土坑の壁際に、完全な形で発見された。頭を西、足を東に向けて横臥した状態で出土したので、土坑内の空間部分に埋葬されたと推定される被葬者に副葬されたものの可能性が高い。

しかし、本来的な土偶製作の目的としては生命の再生や豊穣の祈願、あるいは安産祈願、護符、形代等のためと

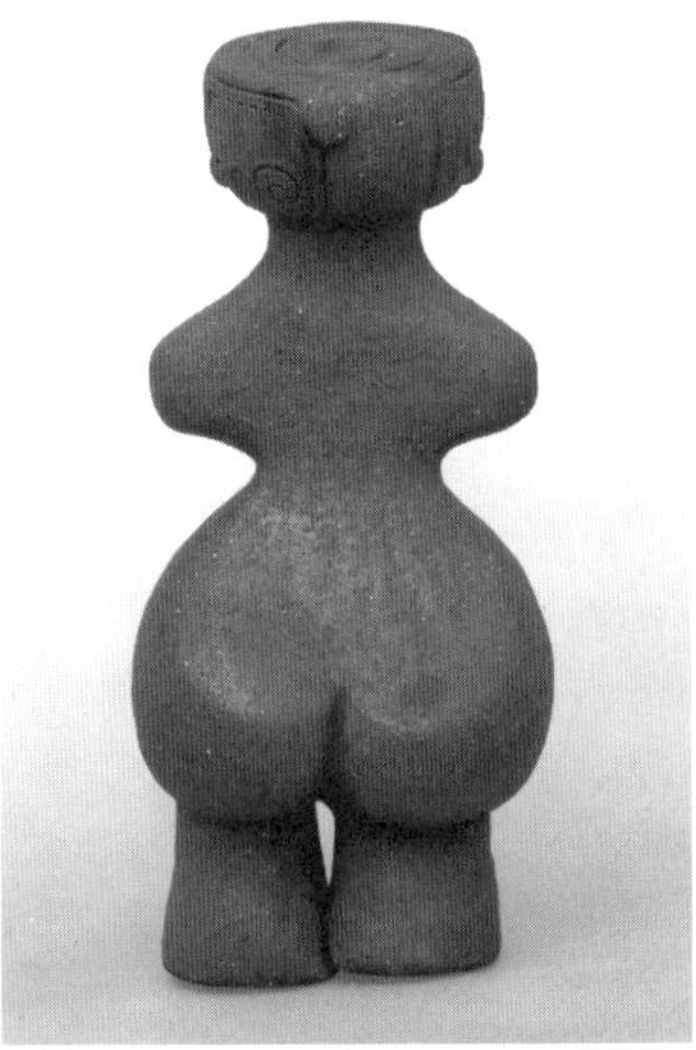

背面

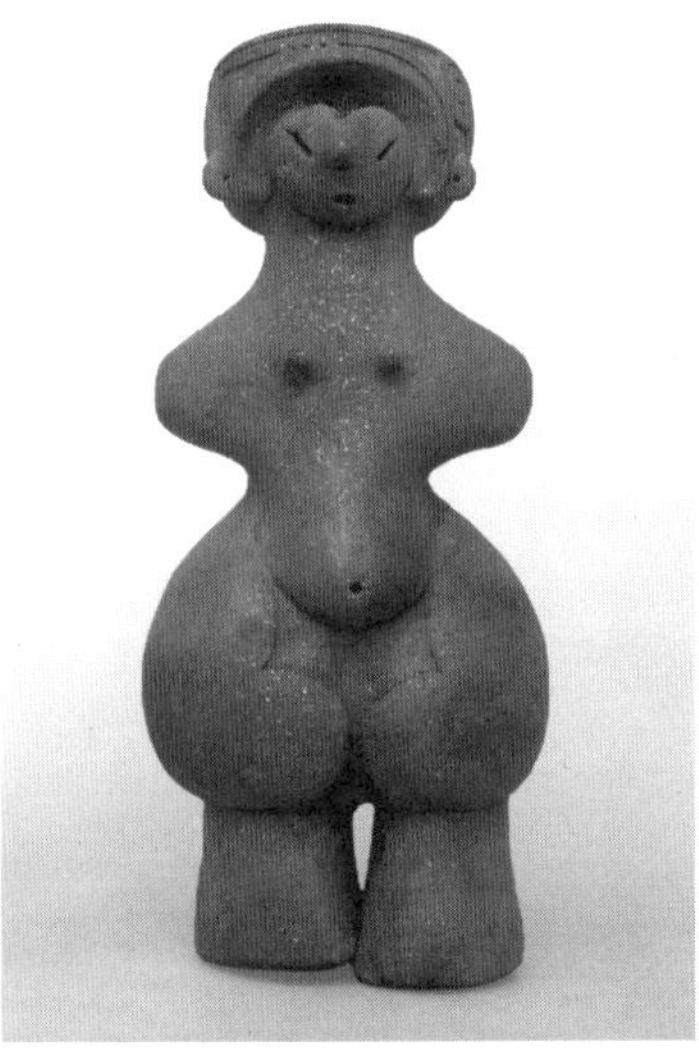

正面

頭頂部

頭頂部側面

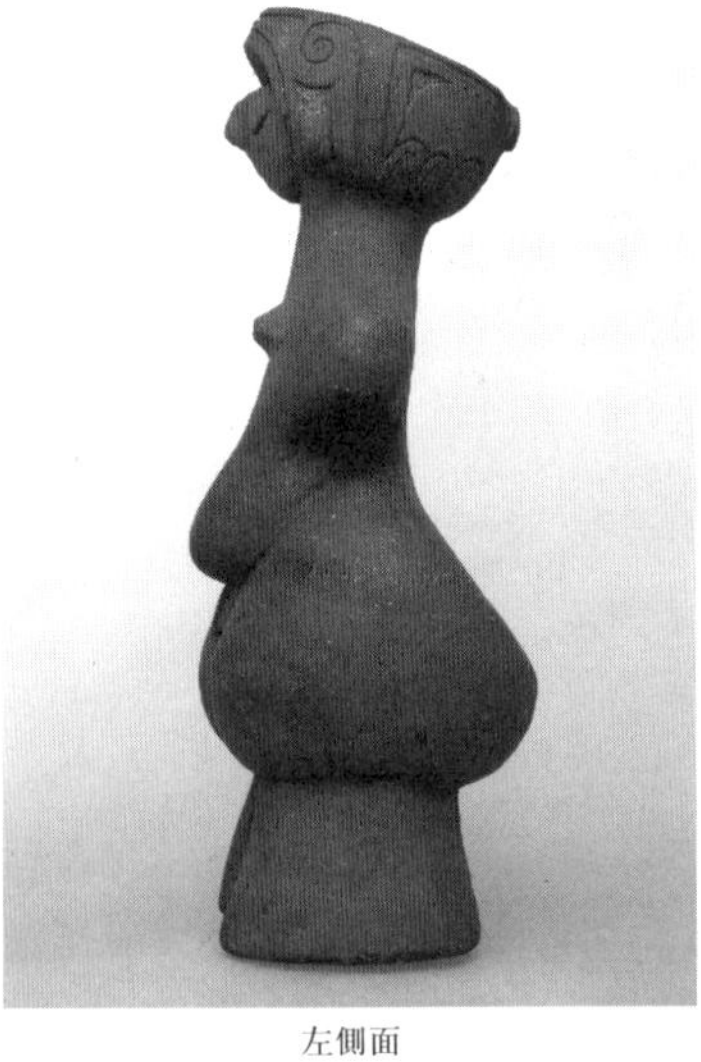

左側面

第85図　棚畑遺跡出土の土偶

長野県茅野市棚畑遺跡　高27cm〔縄文時代中期〕（国宝　茅野市尖石縄文考古館）

いう多種多様な考え方がある。

土偶の肌の表面には光沢があり、ところどころに意識的に混入させたと思われる金雲母の輝きがみられる。頭部は円形で、冠帽を被った形につくられ、頭頂部は平らになっている。この冠帽状のものにのみ文様がみられ、頂部に沈線による渦巻文が施され、側面にも沈線による蕨手状の渦巻文をはじめとする各種の幾何学文が描かれている。とくに後側面には凹凸文が上下に一個ずつ描かれ、上下合わせると凹凸が一つにおさまるようになっている点が注目される。すでに凹凸という意識が成立していたことは興味深い。冠帽状の下端には両耳に耳栓状の耳飾を表現したとみられる突起があり、その中央に針穴状の穴があけられている。顔はハート形の輪郭の中に切れ長の吊り上がった目が刻みこまれ、鼻梁のはっきりとした鼻の突起（その先端は針先で刺したような二個の小穴で鼻穴としている）があり、口はおちょぼ口に刻まれている。顔全体に「吊り目」のわりにはあどけなさがうかがわれる。

腕は左右に短く広げたままの形で、手先の表現はみられない。胸部には粘土の小突起によって左右二つの乳房があらわされている。腹部は垂れ気味に突出し、その先端に臍穴が描かれているが、その膨らんだ形状からみて妊娠している状況を表現したものとみられる。臀部は逆ハート型に大きくつくられ、うしろに出張った、いわゆる「出尻」形となっている。脚は短く太く、円錐台状につくられているが左右にやや高さの相違がみられる。このような臀部から脚にかけての造作から下半身に重量感のある安定した立像となっている。

総じて本土偶の形態的特徴は、立像形、大きな冠帽状の頭部、「吊り目」に特徴的な顔、妊娠を示す膨張した腹部と大きく誇張された「出尻」の臀部等にみとめられる。とくに「吊り目」と「出尻」は時期的地域的に限定された特徴で、土偶の様式を形成しているものである。すなわち、縄文時代中期の中部地方から関東地方西部にかけて盛行した土偶の特徴と言い換えることができる。したがって、本土偶は様式化されたもののひとつであるが、とくに冠帽状の被りものの表現に他に類例をみない個性がうかがわれると同時に、全体的な造形の素朴なすばらしさが他の追随をゆるさないのである。

なお、土偶は早く縄文時代早期に頭や手足の表現のない、乳房を有する三角形状の半身像から出発し、やがて頭や手を表現した十字形の板状の土偶を経て画期的な立像の土偶が登場してくるが、まだ手は左右に広げたままの状態の時期があり、これが中期の土偶である。本土偶もこの立像出現期のものに他ならず、土偶造形史上重要な位置を占めている。

Ⅲ　先史時代の中国と日本

一　山形県羽黒町発見の石鉞

商の王侯貴族の墓から「まさかり」の形をした青銅製の鉞（銅鉞）が発見されている。器身は扁平で、刃部がその両端で外方に張り出して円刃（弧刃）を成し、柄が刃と同一方向、すなわち横方向に付けられるものである。鉞は「戉」の形声字で『説文』に「戉大斧也」とあり、商代では首斬り用のまさかりとされるものである。刃部の大きな戉を刃部を下にして玉座の前に置いた形が「王」の字形で、「斧鉞」の語意のとおり、戉を用いた王の懲罰権をあらわしたものであった。[1]それ故に戉は王の指揮権を示す儀器となり、さらに王が将軍に征討を命ずるときにその符信として与えた軍器、あるいは人を刑する刑戮の具となったという。[2]

この銅鉞の祖形は商に先行する新石器時代の大汶口文化や良渚文化の石鉞、玉鉞に求めることができる。[3]石鉞・玉鉞は、基本的に両刃の扁平な石斧の形をしており、器身の上方に円孔を穿つものである。いわば「扁平有孔（磨製）石斧」・「扁平穿孔（磨製）石斧」と称するべきものであるが、[4]木を伐るための肉厚両刃の磨製石斧とは異なるものである。[5]扁平という点では「錛」ともよぶことができるが、錛は基本的に片刃であるので、両刃の鉞とは異なる。また、量博満氏が述べているように、錛は縦方向に柄が付けられた直柄の農耕具であり、[6]柄と刃線の方向が平行となる鉞の着柄方法とは相違している。[7]

石鉞・玉鉞の形態は基本的には同じで、器身が、基部より刃部の幅の方がやや長い梯形を呈するものが多い。ただ、玉鉞は器身がきわめて薄く、石鉞の方がやや肉厚であるという扁平の度合いの異なる点が指摘できる。この厚さの相違は加工技術上材質の相違に基づくものであろう。

いずれにしても、石鉞・玉鉞は刃部が曲刃（円刃あるいは弧刃）を成すものが多いが直刃のものもあり、基部は水平な平基（方基）、緩やかな弧形を成す円基、基部の両端を方形に欠いた有肩基等がある。[8] 穿孔（円孔）は両側から穿たれたものが多く一孔のものが大部分であるが、二孔、さらに三孔を有するものもある。この円孔は基本的には柄に装着するための緊縛用の紐通し孔であるが、円孔に特別に意味があるものと考える説が強い。[9] 円孔はすでに仰韶文化期の石斧にその出現がみとめられるので、石鉞の起源は当該期頃に求められるものと推定される。[10] したがって、石鉞は玉鉞より先行して出現し、伐木用の肉厚の石斧から戦闘用の扁平な有孔石斧、すなわち闘斧へと変化したものを石鉞と考えておきたい。[11] 玉鉞に関しては良渚文化に盛行し、石鉞同様、二里頭文化、早商文化、商文化へと受け継がれている。各時期とも墓に副葬されたもので、被葬者の権威を示す特殊な玉斧（斧鉞）と考えられるのである。

ところで、近年日本において、山形県羽黒町から本石鉞が発見され、[12] 筆者も実見する機会を得た。中国産の典型的な梯形をした扁平有孔両刃の「石鉞」そのものであって、伐木用の磨製石斧ではない。平基曲刃式で、円孔は両面穿孔であり、両面とも上口が大きくなっている。驚くべきことは、円孔の直下に甲骨文字に限りなく近いひとつの刻文を有しており、一般の石鉞とは異なるものである。石鉞の形態・型式は、朱延平氏[13]や蔡鳳書氏[14]などおおかたの中国研究者が述べているように、山東省の大汶口文化の所産と考えられている。

しかし、この時期においては土器面に線刻された記号はみとめられるにしても、文字は登場していない。ましてや本例の刻文のように甲骨文字、もしくは甲骨文字に近いものは、二里頭文化以降に出現したものと思われる。[15] したがって、この刻文が後世の追刻でない限り、大汶口文化期の石鉞とは考えがたい。

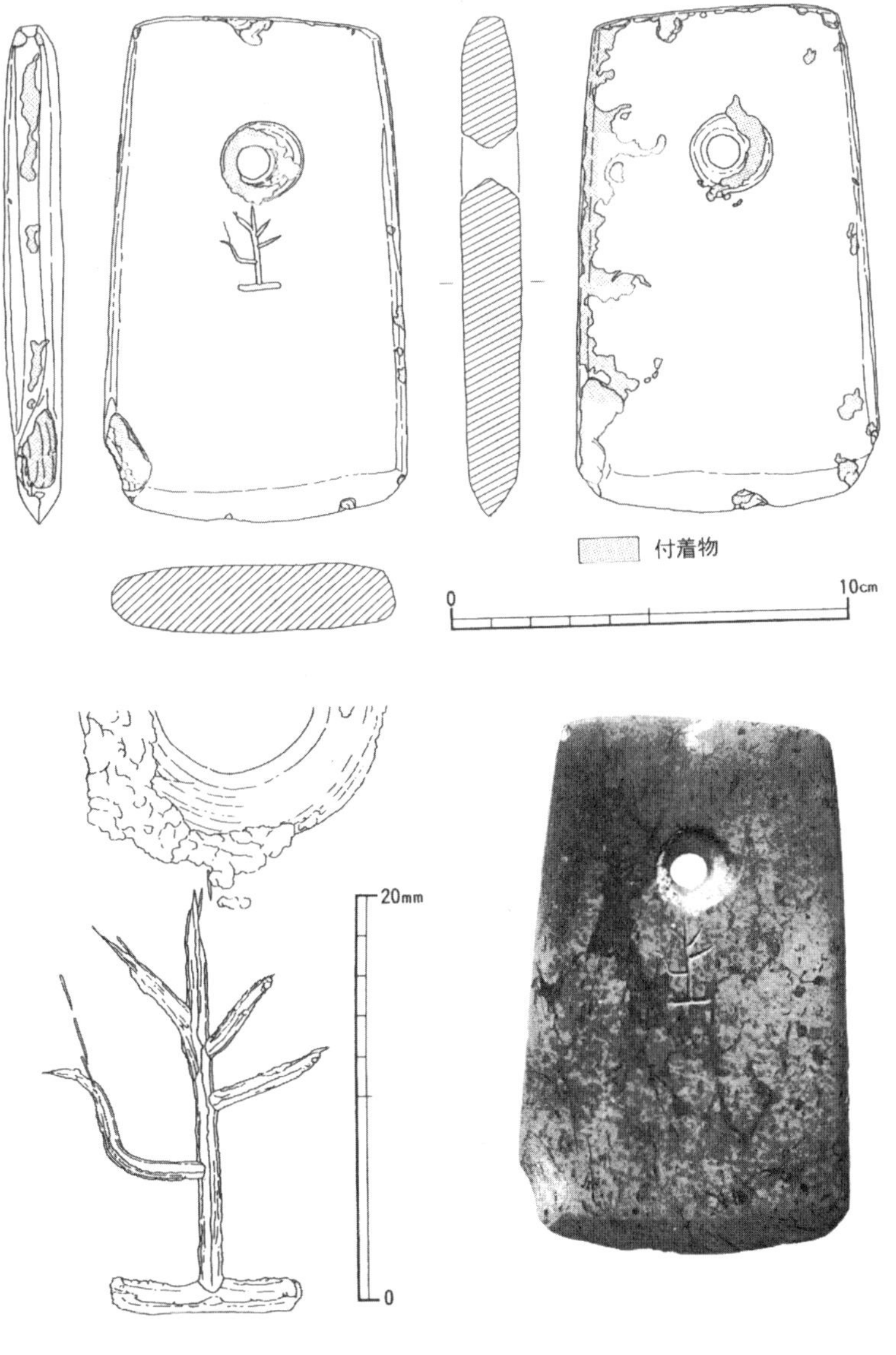

第86図　羽黒町発見石鉞

上：実測図、下右：写真、下左：刻文部分拡大図（佐藤禎宏「中川代遺跡と庄内地方の縄文中期」『縄文時代の渡来文化』2002年より）

石鉞の型式分類等については稿を改めたいが、前述のように石鉞自体は二里頭文化、早商文化、商文化へと継承されており、とくに商代においては青銅器の生産・発達が著しく、銅鉞などの銅利器も登場しているが、基本的に斧などの生産用具はいまだ石器である。安陽市小屯遺跡などでは平基直刃・曲刃の梯形をした石鉞が出土しているように、この型式の石鉞は二里頭文化、早商文化においても普遍的に存在しているのである。

二里頭文化期以降の平基直刃・曲刃式梯形石鉞の円孔について注目すると、じつはその穿孔方法に二里頭文化期以前と以後では相違がみられるのである。二里頭文化以前、すなわち新石器時代においては、両面から穿たれた円孔はその孔径と孔の上口の径とが近似するが、青銅器の出現した二里頭文化以降では、概して孔の上口は大きいが実際に穿たれた孔径はきわめて小さくなっているものが多い(16)。

このような穿孔のあり方からすると、山形県発見石鉞はまさしく二里頭文化以降の穿孔形式の可能性が高く、その点では刻文との矛盾はみとめられない。つまり、商代のものであれば刻字があっても問題はないが、二里頭文化期のものであればきわめて貴重な刻字資料となろう。また、本刻文が単なる記号ではなく、文字のひとつである可能性を示すとすれば一大発見となろう。

註

（1）白川静「第二章　融即の原理」『漢字の世界1　中国文化の原点』（東洋文庫二八一）平凡社　一九七六年
白川静『字統』平凡社　一九八四年
林澐「説〝王〟」『考古』第六期　一九六五年
（2）白川静　註（1）の文献に同じ
諸橋轍次『大漢和辞典』巻五・巻七　大修館書店　一九五八・一九五九年

（3）岡崎敬「鉞と矛について」『東方学報』二三　京都大学人文科学研究所　一九五三年
佐川正敏「中国新石器時代武器深浅―黄河・長江下流域を中心に―」『加藤稔先生還暦記念東北文化論のための先史学歴史学論集』今野印刷　一九九二年
岡村秀典「中国新石器時代の戦争」『古文化談叢』三〇　九州古文化研究会　一九九三年
楊美莉「中国古代的「玉兵」」『故宮文物月刊』一五二～一五四号　国立故宮博物院（台湾）　一九九五・一九九六年
林巳奈夫「有孔玉・石斧をめぐって」『史林』第七九巻第五号、史学研究会　一九九六年
佐川正敏「王と鉞」『考古学研究』第四三巻第二号　考古学研究会　一九九六年

（4）町田章氏がすでに「扁平有孔石斧」として、「集団内での権威と身分を象徴するもの」と解している（「江蘇省邳県新石器時代墓葬考」『関西大学考古学研究年報』第二号　関西大学考古学研究会　一九六八年）。

（5）「石鉞」の名称・定義に関しては次の各論文がある。
牟永抗「浙江新石器時代文化的初歩認識」『中国考古学会第三次年会論文集』文物出版社　一九八一年
紀仲慶「略論古代石器的用途和定名問題」『南京博物院集刊』（建院五十周年論文専号）一九八三年
傳宪国「試論中国新石器時代的石鉞」『考古』一九八五年第九期
張明華「良渚王戚研究」『考古』一九八七年第七期
王巍「商文化玉器渊源探索」『考古』一九八九年第九期
徐其忠「山東地区史前文化的鉞」『考古』一九九五年第七期
量博満「中国新石器時代の鉞について」『日中文化研究』第一一号　勉誠社　一九九六年
蒋衛東（中村真一・高木晃訳）「良渚文化の鉞」『古代学研究』一四五号　古代学研究会　一九九九年

（6）註（5）の量論文に同じ。中国では両刃でも、鏟としている場合が多い。

（7）鉞の着柄方法は佐原真氏のいう「縦斧」と同じである（『斧の文化史』［UP考古学選書六］東大出版会　一九九四年）。

（8）註（5）の蒋論文では「帯肩石鉞」と称しているが、「有肩石鉞」と称するものもある。
（9）註（3）の林論文、（5）の量論文、量博満「渦頭状V字形文について」『上智史学』四二　一九九七年、などがある。
（10）『西安半坡』文物出版社　一九六三年
楊美莉「中国古代墓葬的「玉兵」」『故宮学術季刊』第一三巻第二期　国立故宮博物院（台湾）　一九九六年
（11）石鉞の用途・意義に関しては註（3）の佐川論文・岡村論文とほほ同様である。
（12）浅川利一・梅本成視「山形県の縄文遺跡から出土した中国古代の有孔石斧について」『多摩考古』第二五号　多摩考古学研究会　一九九五年
（13）註（12）の文献に同じ
（14）蔡鳳書『中日交流的考古研究』斉魯書社出版　一九九九年。ただし、蔡氏は山形発見石鉞を片刃として図示され、「穿孔石鏟」としている。
（15）蔡氏は刻文に関しては、良渚文化や竜山文化の玉器に刻された「冠飾」の可能性を述べている（註（14）の文献）。
（16）中国社会科学院考古研究所編『偃師県二里頭　一九五九～一九七八年考古発掘報告』（中国田野考古報告集考古学専刊丁種第五九号）中国大百科全書出版社　一九九九年、他

二　栃木県湯津上村出土の玉斧

中国の伝統的産業のひとつである「玉」の製作はすでに新石器時代にはじまり、透閃石・陽起石すなわち軟玉を用いた真玉や、蛇紋岩・滑石・玉髄等を用いた仮玉（偽玉）あるいは似玉を含めて種々の玉器が発見されている。「玉玦」や「玉環」などの装身具がその主流であるが、扁平で斧形をした有孔の「玉鉞」なども存在する。これらは新石器時代後期の大汶口文化や良渚文化など華北から華中にかけて、すなわち黄河流域、長江流域、あるいはその間の淮江地域において盛行し、墓の副葬品として出土する。

一方、東北地域においては大汶口文化や良渚文化に先行する時期の紅山文化ないし先紅山文化（査海・興隆窪文化）の遺跡から「玉玦」や「玉環」・「玉管」・「玉珠」などの装身具、「匕（匙）形器」とよばれる長い靴箆状のものを含む「玉箆」（扁平な斧形をした有孔の垂飾）が出土している。これらとともに、「玉斧」・「玉錛」・「玉鑿」・「玉鑿」など石製の工具を玉としたもの（第87図）があるが、基本的に「玉鉞」は存在しない。ただし、夏家店下層文化に属する内蒙古自治区赤峰市大甸子遺跡では「玉鉞」・「石鉞」が出土している（中国社会科学院考古研究所編『大甸子』中国田野考古報告集考古学専刊丁種第四八号他）。「玉斧」は肉厚両刃の石斧を玉としたもの、「玉錛」は肉厚の片刃石斧を玉としたもの、「玉鑿」は片刃・両刃ともつかないつくりで、扁平な幅広の斧形をした石鋤を玉としたもの、「玉鑿」は細身直方体で片刃の器である。「玉鉞」と異なっていずれも孔を有さないものである。したがって、「玉斧」は本来孔を有さないものであるが、ただし、扁平な長梯形を呈する両刃の「有孔石斧」は存在す

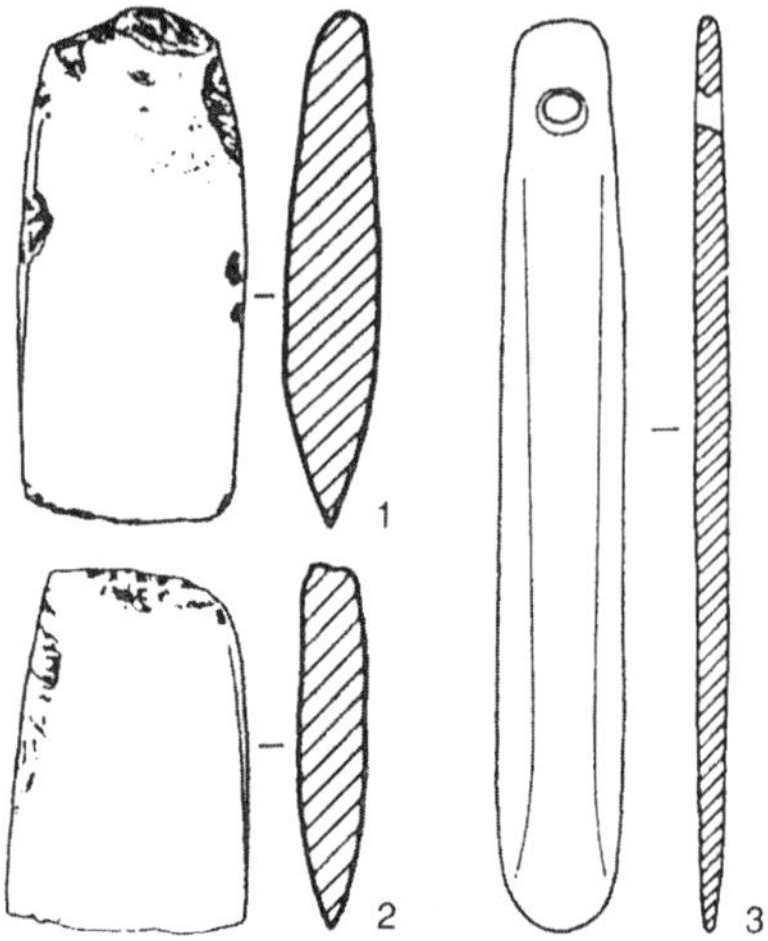

第87図　中国遼寧省査海遺跡出土の玉斧（1・2）**と玉篦**（＝玉匙：3）

る。なお、濱名弘二氏が中国の「有孔石斧」を斧形の「形態をそのまま表現する名称」としているが、「斧」としての定義が明確ではなく、「石鉞」と「有孔石斧」との区別がなされていない（「武器形遺物副葬墓の再検討―有孔石斧副葬の意義―」『中国考古学』第三号）。

ところで、日本においても縄文時代の遺跡から「玉斧」とよばれる斧形の硬玉製品が少なからず発見されており、長崎元廣氏の「縄文の玉斧」の論考がある（「縄文の玉斧」『信濃』三六‐四）。長崎氏は、六二遺跡八一例の出土資料から有孔の玉斧をA類・B類、無孔の玉斧をC類と大きく三分類された。A類は、かつて八幡一郎氏が「玉篦」としたもの（「玉篦」『人類学雑誌』五八‐八）、B類は、定角状磨製石斧にその祖形を求められるもの、C類は、無孔で硬玉製の定角状磨製石器というべきものとされる。長崎論文で「玉斧」に「王篦」を含めたり、川崎保氏は「玉斧」を「玉篦」とは区別しているが、また「玉篦」を「篦状垂飾」とも区別していたり（「縄文時代の篦状垂飾について―福井県坂井郡金津町桑野遺跡出土資料を中心に―」『信濃』四九‐四・五＊）、麻柄一志氏は「玉斧」を「有孔石斧」として「ヘラ状垂飾」とは区別している（「石刃鏃文化の石製装身具」『富山市日本海文化研究所報』二〇号）。「篦状垂飾」について論じている藤田富士夫氏は「玉斧」との区別があるとしている（「ヘラ状垂飾についての一考察」『画龍点睛』山内清男先生没後二五年記念論文集）。したがって、日本における「玉斧」は、概して「硬玉製有孔磨製石斧」と称されるもののようである。

日本の「玉斧」の中でもっとも代表的なものは重要文化財に指定されている栃木県那須郡湯津上村湯津上出土の東京国立博物館所蔵品である。本品は、硬玉製で、緑の部分が多い美しい優品であり、翡翠の名に相応しいものである。両側の少し外に張る梯形をした扁平な石斧状を呈し、刃部は直刃に近い緩やかな曲刃をなし、基部も方基に近い緩やかな弧状をなす。器の中央から基部寄りに、両面から円孔を穿っている。器の側辺周囲を面取りしており、斧とは異なるが、長崎元廣氏の「玉斧」の分類ではB３類に属する。高七・五センチ、刃部長三・七センチ、基部長二一・四センチ、最大厚七・六センチ、孔径八・九〜七・三ミリ、重量五六・四六グラムを測る（第88図）。

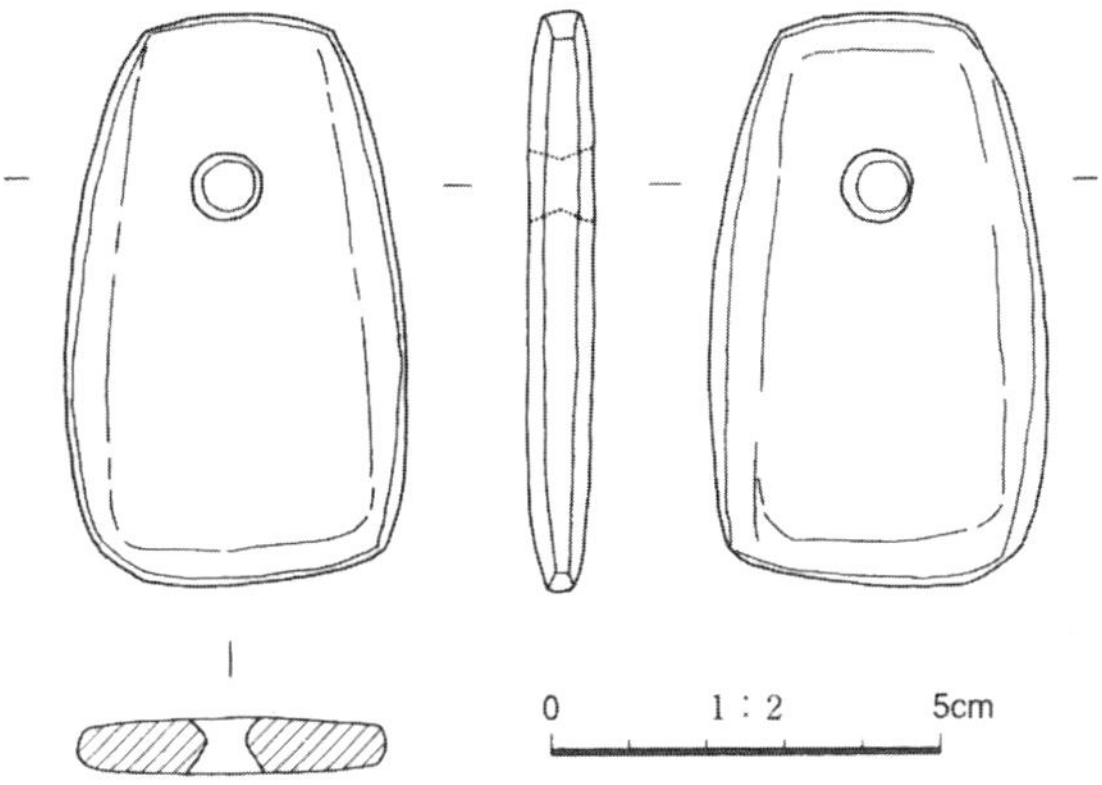

第88図　栃木県湯津上村出土の玉斧

本品は、中国の「玉斧」と比較すると明らかに異なる。「玉斧」という名称は一般には理解しやすいものであるが、華北から華中にかけて盛行した「玉鉞」と形態的に同一であるから「玉鉞」とよぶべきものである。事実、湯津上出土の「玉斧」は中国新石器時代大汶口文化において山東省から出土している「玉鉞」の形態・型式と同一である（徐其忠「山東地区史前文化的鉞」『考古』一九九五年第七期他）。したがって、「玉斧」は、厳密には長崎分類のC類に限り、B３類をのぞく他は「玉箆」ないし「箆状垂飾」とすべきであろう。かつて、八幡一郎氏が広い視野から「箆状垂飾」を「玉斧」とせず「玉箆」としたのは氏の慧眼である。

なお、出土地の詳細については不明であるが、小字で「坊の内」付近から発見された可能性が高い（『湯津上村誌』）。

＊後に中国河北省以南出土の斧状の玉器・石器を「篦状垂飾」とは別に「斧状垂飾」としているが（川崎保「東アジアの中で見た玦状耳飾の起源と展開」『長野県の考古学Ⅱ』長野県埋蔵文化財センター研究論集Ⅱ）、これには「有孔石斧」、「玉鉞・石鉞」、「玉錛・石錛」が混在しているので適切ではない。

参考文献

浅川利一・安孫子昭二編『縄文時代の渡来文化―刻文付有孔石斧とその周辺』雄山閣　二〇〇二年　他

追記　「玉斧」の出土地に関しては、上野修一氏が「栃木県内遺跡出土大珠について（続）」（『栃木県の考古学』塙静夫先生古稀記念論文集　二〇〇三年）で、渡辺龍瑞氏の調査（「那須の先史硬玉資料」『古代文化』第一四巻第三号　一九四三年）により、湯津上村の岩船台遺跡から出土したようであると述べている。

三　中国東北部の新石器時代玉文化

1　中国の玉

「玉は崑崙にあり」といわれるように和田（和闐とも書く、古代では于闐）の崑崙山に産する淡緑・淡青・黄緑・深緑色、あるいは乳白色半透明の軟玉（Nephrite）を材料とした中国の玉生産は、その起源は古く新石器時代にまでさかのぼることが知られる。

本来美しい色とりどりの石（「彩石」とよばれる）一般を「玉」とよんでいたのであるが、後に軟玉、すなわち透閃石・陽起石など角閃石系の石材が主流となり、これを「真玉」とし、軟玉と異なる美石（蛇紋石・葉滑石・葉蝋石・松緑石・高嶺石・瑪瑙・石英など）を「仮玉」（「偽玉」あるいは「似玉」ともよぶ）として区別した。古来、真玉は先の崑崙山一帯から産出する「和田玉」のほかに、陝西省藍田県藺渓産出の「藍田玉」、河南省南陽市独山産出の「南陽玉」などが知られてきたが、近年では「岫岩玉」を産出する遼寧省岫岩県のほかに数ヶ所産地の可能性が検討されている。

2　新石器時代の玉文化

中国玉文化の始原期である新石器時代においては、「玉石混交」で真玉・仮玉による石製品が出土しているが、真玉による玉器は、その中期の仰韶文化に出現し、中・後期の大汶口文化・良渚文化に盛行する。さらに、二里頭文化を経て商周、春秋戦国、秦漢代へと発達し、真の玉文化が確立されていく。このような古代玉文化の流れにあって、近年その起源に関する新たな展開があり、しかも後述するように中国東北部新石器時代玉文化と日本の縄文時代における玉との関連が問題視されるようになってきた。

従来、真玉・仮玉を含めての中国新石器時代の玉器の出土分布は基本的に黄河流域、長江および淮河流域を中心とする地域、すなわち華北・華中を中心としているが、華南や広くその周辺地域にもおよんでいる。遠方では西蔵自治区拉薩市曲貢遺跡から玉錛や同自治区昌都県卡若遺跡から玉斧が出土している。また、近年発見の内蒙古や東北地域を加えるとかなり広範囲にわたっているのが実情である。

黄河流域、すなわち華北黄土地帯の玉文化は、細かくは上流地区の馬家窯文化（前三五〇〇～二〇〇〇年）、斉家文化（前二〇〇〇～一〇〇〇年）、中流地区の仰韶文化（前五〇〇〇～三〇〇〇年）、下流地区の竜山文化（前三〇〇〇～一五〇〇年）、海岱地区の大汶口文化（前四三〇〇～二四〇〇年）において形成された。また、長江流域の玉文化は、中流域・三峡・江漢地区の大渓文化（前五〇〇〇～三五〇〇年）とそれに続く屈家嶺文化（前三五〇〇～二八〇〇年）、石家河文化（前二八〇〇～二四〇〇年）、江淮地区の河姆渡文化（前五〇〇〇～三〇〇〇年）、馬家浜文化・崧澤文化（前四〇〇〇～三三〇〇年）、良渚文化（前三三〇〇～二〇〇〇年）において形成された。華南においては、広東省の石峡文化（前三七〇〇～二〇〇〇年）に多数の玉器の出土がみられる。

3　紅山文化の玉器

先述のように、近年これらに加えて中国東北部においても玉文化が形成され、しかも玉器の起源に関わることが明らかとなってきた。東北部の玉文化は、遼寧省、内蒙古自治区の遼河流域、さらには北方の吉林省・黒龍江省にまで広がっている。とくに遼河流域地域における紅山文化（前五〇〇〇～三〇〇〇年）に独特の玉文化が形成されている。

中国東北部遼西地区の遼河流域に形成された紅山文化は、戦前日本が発掘調査を行なった内蒙古自治区赤峰市紅山後遺跡を中心とする新石器時代中期の文化である。紅山文化が注目をあびるようになってきたのは一九七〇年代のはじめであった。一九七一年、内蒙古自治区赤峰市翁牛特旗三星他拉村から大形玉龍が出土し、一九七三年には遼寧省阜新県胡頭溝村の二基の石棺墓から亀形・鳥形・梟形など動物を象った玉器や鈎雲形玉器など一八点の玉器が出土し、さらに一九七九～一九八二年、遼寧省喀左県東山嘴の建築址から双龍首璜形玉飾と緑松石製梟形飾、同年遼寧省凌源県三官甸子城子山遺跡の三基の墓から錐形玉器など一四点の玉器、一九八一年と一九八三年に行われた遼寧省建平県牛河梁遺跡の発掘で獣形玉飾・獣面文玉飾・鈎雲形玉器・箍形玉器（馬蹄形筒形器）・玉璧や動物形玉器など四〇点におよぶ多数の玉器、しかも工芸技術の秀逸なものが発見されるにおよび、紅山文化は一個の独立した玉文化を形成していることが明らかとなってきたのである。これらの発見を踏まえて一九九〇年代より紅山文化玉器の研究が活発に進められていった。紅山文化玉器の内容を明らかにするとともに華北・華中の玉器、とくに商周玉器に継続発展していく良渚文化の玉器との比較研究もなされるようになり、新石器時代玉文化の研究は著しく進展した。

紅山文化の玉は、主として用具、装身具、儀礼用ないし宗教用と思われるもので、①牛河梁遺跡に代表される大形・中形の墓と祭壇とを組み合わせた遺跡、②阜新県胡頭溝の積石塚や凌源県三官甸子などの墓址、③喀左県東山嘴遺跡の祭壇址、④翁牛特旗三星他拉村などの遺跡から出土している。

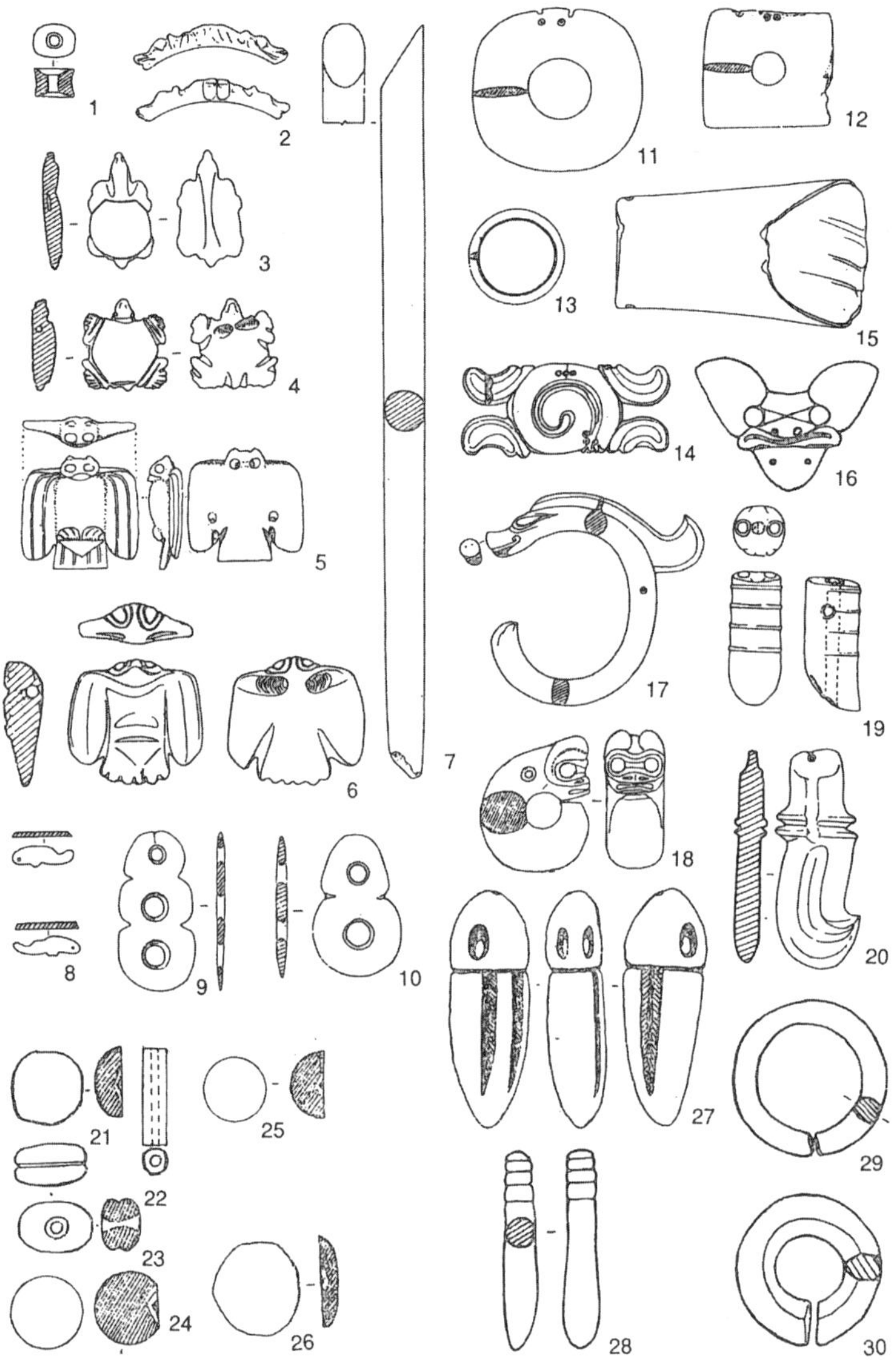

第89図　紅山文化の玉器

1 珠，2 双龍首璜，3・4 亀，5 梟，6 鳥，7 棒形器，8 魚形耳飾，9 三連璧，
10 双連璧，11 璧，12 方璧，13 環，14 鈎雲形器，15 箍形器，16 獣面形器，
17 龍，18 豚龍，19 蝉，20 鈎形器，21・24～26 墜（垂飾），22 管玉，
23 紡錘形珠，27 魚，28 棒形器，29・30 玦

これらの遺跡から出土した紅山文化の玉器は、

①工具・生活用具・武器：斧・鉞・棒形器など

②装身具：珠・墜・管・串・環・玦・鐲・璜・璧・方円形璧・箍形器（馬蹄形筒形器）・鈎形器・Y形器・臂飾・双連璧・三連璧・玉豚・玉虎・玉熊・玉蚕・玉梟・玉鳥・玉亀・玉魚・玉龍

③儀礼および宗教用具：鈎雲形器・櫛歯獣面玉・玉獣首・双獣首三孔器

などである。良渚文化の玉琮などの礼器はなく、鳥・梟・魚・亀・豚などの鳥獣形の玉器を主とし、鈎龍、豚龍形玦、獣面Y形器、鈎雲形器、馬蹄形箍形器、双連璧・三連璧、双獣首、三孔飾などが紅山文化の玉器群を構成し、その特徴となっている。また、墓の副葬品として一定の組合せがあり、豚龍形玦、鈎雲形器、馬蹄形箍形器、梟・鳥・亀などの玉器がその組合せの中心となっている。なお、玉玦をはじめ装身具などに良渚文化と共通する玉器がある。

これら紅山文化の玉器は主として遼寧省岫岩県一帯産出の「岫岩玉」、すなわち蛇紋岩を用いたもので、真玉ではないとされてきた。近年、中国地質科学院地質研究所の聞廣氏が牛河梁遺跡出土玉器四〇点をはじめ、東山嘴遺跡、胡頭溝遺跡出土玉器など四九点の玉器の分析を行ったところ、そのうち三一点、すなわち六三％が透閃石軟玉であるという結果が得られたのである。現在、岫岩県細玉溝が軟玉の産地として確認されている。

4　先紅山文化の玉器

内蒙古自治区赤峰市敖漢旗宝国吐郷興隆窪村の興隆窪遺跡は一九八三年から一九九二年まで第五次にわたって発掘調査が行なわれ、竪穴住居址六六口と竪穴と灰坑一七三口、墓址一一基が発見された一大集落跡で、しかも紅山

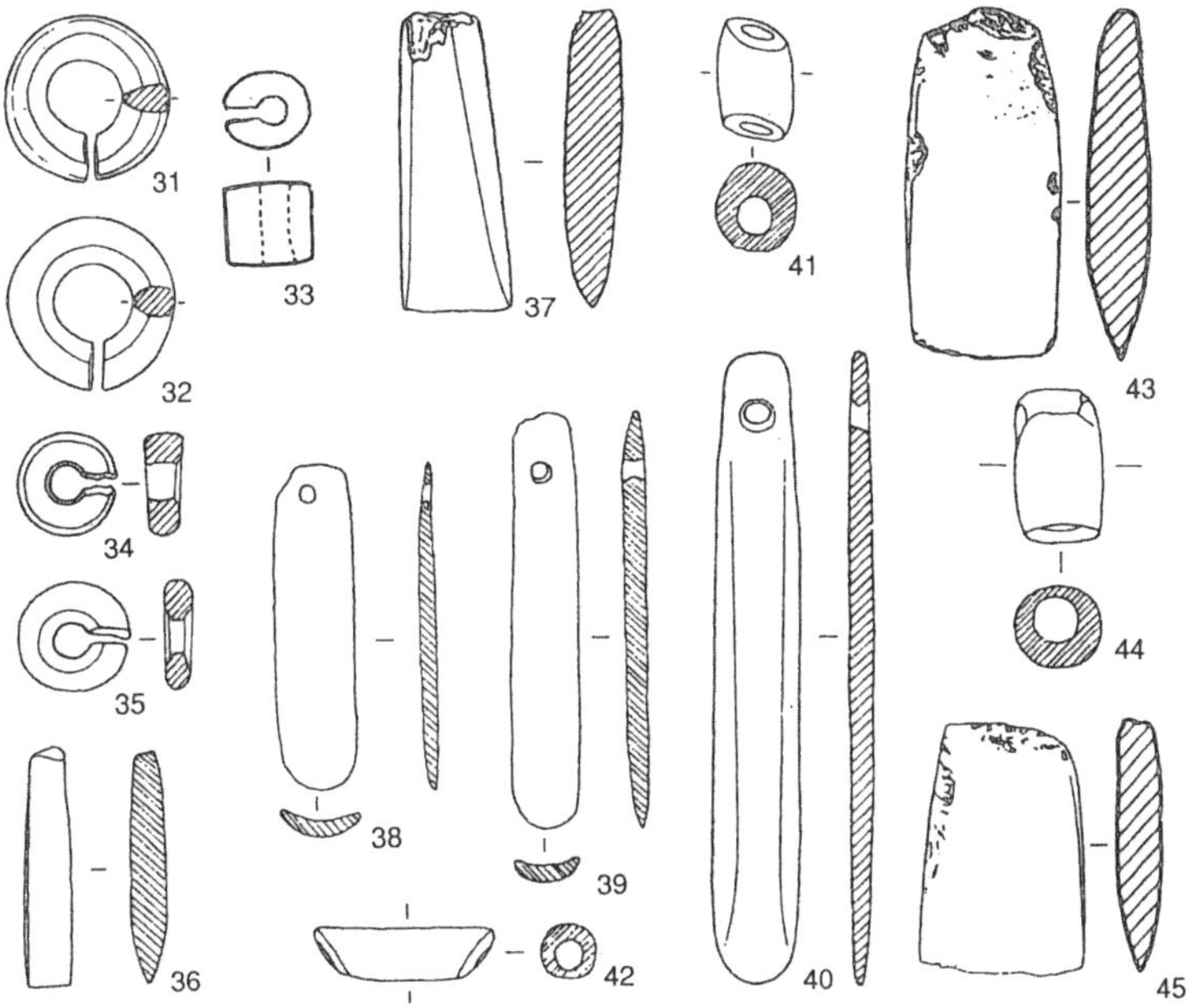

第90図　先紅山文化の玉器

31～35 玦、36 鑿、37 錛、38～40　匙形器、41・42・44 菅、43・45 斧

文化に先行する遺跡であることが判明した。住居址内に設けられた墓址内から玦、匙形器、彎条形器などの玉器が出土し、中国新石器時代の玉としてはもっとも古い時期のものとなった。やや遅れて遼寧省阜新蒙古族自治県沙拉郷査海村の査海遺跡は一九八七年から一九九四年まで第七次にわたって発掘調査が行われ、竪穴住居址五五口、灰坑四一口、室内墓址五基と居住区中心の墓址一基が発見され、やはり大集落跡で紅山文化に先行することが判明した。査海遺跡から玉玦、匙形器（玉箆）、玉管、玉環、玉斧、玉鑿など二七点の玉器が出土した。これらの玉器を出土した先紅山文化の年代は前六〇〇〇～五〇〇〇年の新石器時代中期とされる。

先紅山文化の玉器は斧・錛などの工具が顕著であるが、装身具として玦と匙形器との組合せが中心となっているようである。玉材は、すべて陽起石・透閃石製すなわち軟玉製であると鑑定されている。したがって、真玉としては最古期のものであり、前六〇〇〇年前後と考えられている。

ところで、先紅山文化の象徴的な玉器である玦は墓址における被葬者の両耳部に一対で出土する例が多く、日本縄文文化の玦状耳飾と同様である。先紅山文化の玉玦は型式的に二種類あり、一種は一般的な玦の形である円環C字形で、さらに断面が長方形・三角形・円形ないし楕円形を呈するものなどの種類がある。もう一種は円柱状（円筒形）C字形を呈するものであるが、前者が多く出土している。

この玉玦と匙形玉器（玉箆）との組合せは、日本でも福井県あわら市桑野遺跡で発見されており、縄文時代前期初頭頃に位置づけされている。したがって、年代的にも先紅山文化のそれらと矛盾はないので、日中双方でその関連性がつよく考えられるにいたっている。（註）今後、縄文時代の玉（硬玉以外のものを含めて）に対する中国東北部新石器時代の玉文化の影響について検討されていくであろう。

註

木下哲夫「福井県桑野遺跡の石製装身具」浅川利一・安孫子昭二編『縄文時代の渡来文化』雄山閣　二〇〇二年
藤田富士夫「日本列島の玦状耳飾の始原に関する試論」前掲書
郭大順「玉之路和縄文人的文明信息―日本北陸、東北地区文物考察」遼寧省文物考古研究所・日本中国考古学研究会編『東北亜考古学研究―中日合作研究報告書』文物出版社　一九九七年
鄧聰「東亜玦飾四題」『文物』二〇〇〇年第一期

参考文献（主なもの、発掘調査報告書は省略）

浜田耕作「支那古玉概説」『有竹斎蔵古玉譜』一九二五年

藤田富士夫「玉器の始原と製作技術」『しにか』六‐七　大修館書店　一九九五年
聞廣「古玉叢論(一)　全世界最早的真玉器」『故宮文物月刊』一一‐三　一九九三年
牟永抗・雲希正（中国玉器全集編集委員会）編『中国玉器全集　1原始社会』中国美術分類全集　河北美術出版社　一九九二年
鄧淑蘋『国立故宮博物院蔵　新石器時代玉器図録』国立故宮博物院（台湾）　一九九二年
鄧聰（香港中文大学中国芸術研究所）編『東亜玉器』香港中文大学中国芸術研究センター　一九九八年
黄宣佩「略論我国新石器時代玉器」『上海博物館集刊』第四期（建館三五周年特輯）　一九八七年
楊美莉「試論新石器時代北方系統的環形玉器」『故宮学術季刊』一二‐一　国立故宮博物院（台湾）　一九九四年
任式楠「中国史前玉器類型初析」『考古学専刊甲種第二二号　中国考古学論叢』中国社会科学院考古研究所四〇周年記念　科学出版社　一九九五年
郭大順「中夏千年文明的象証―牛河梁紅山文化壇廟塚―」『牛河梁紅山文化遺址与玉器精粋』文物出版社　一九九七年
孔徳安「論我国新石器時代玉器」『考古学集刊』第一二集　中国大百科全書出版社　一九九九年
呂軍・欒兆鵬「紅山文化玉器研究綜述」、王煒「紅山文化与良渚文化玉器比較研究」『北方文物』二〇〇〇年第三期
劉国祥「遼西古玉研究綜述」『故宮博物院院刊』二〇〇〇年第五期
劉国祥「牛河梁玉器初歩研究」『文物』二〇〇〇年第六期
楊伯達「中国和田玉玉文化叙要」『中国歴史文物』二〇〇二年第六期
唐延齢・陳葆章・蒋壬華『中国和闐玉』新疆人民出版社・台湾地球出版社　一九九四年

四　中国の先史土偶

中国先史時代における人像は彩文陶上の絵画として描かれたり、壺を人体にみたてた人頭壺として表現される。また、「陶人像」、「陶塑人像」、「人形陶塑」、「人形塑像」、「雕（彫）塑人像」等々と称される素焼きの彫像、すなわち「土偶」としても存在する。しかしながら、後者の土偶は典型的な仰韶文化や竜山文化においてはその類例は少なく、あまり発達した様子が認められない。西アジアや、同じアジアの東縁に位置するわが国の縄文時代に盛行した土偶は中国では本来つくられなかったとみるべきである。したがって、わが国の縄文土偶のように時期によって一定の様式をなすといった状況はみられない。散発的に発見された資料を集成してみても形態的・型式的類似性を求めることはできないのである。

強いて日本の縄文土偶に形態的に近い資料をあげれば、現状では以下に紹介する程度の資料しか存在しないと思われる。

①　陝西省宝鶏市北首嶺遺跡出土品

下層文化（仰韶文化半坡類型）期の灰坑（袋状土壙）内の堆積土層中より出土したもの。大きさなどの詳細は不明。胴下半を製作しない上半身像であるが、頭部を欠損。腹部に置かれた両手とも沈刻によって指を表現。やや肉厚であるが板状を呈する。^{14}C年代測定ではB.P.五七五〇〜七一〇〇という年代が出され、最古の資料となっている。

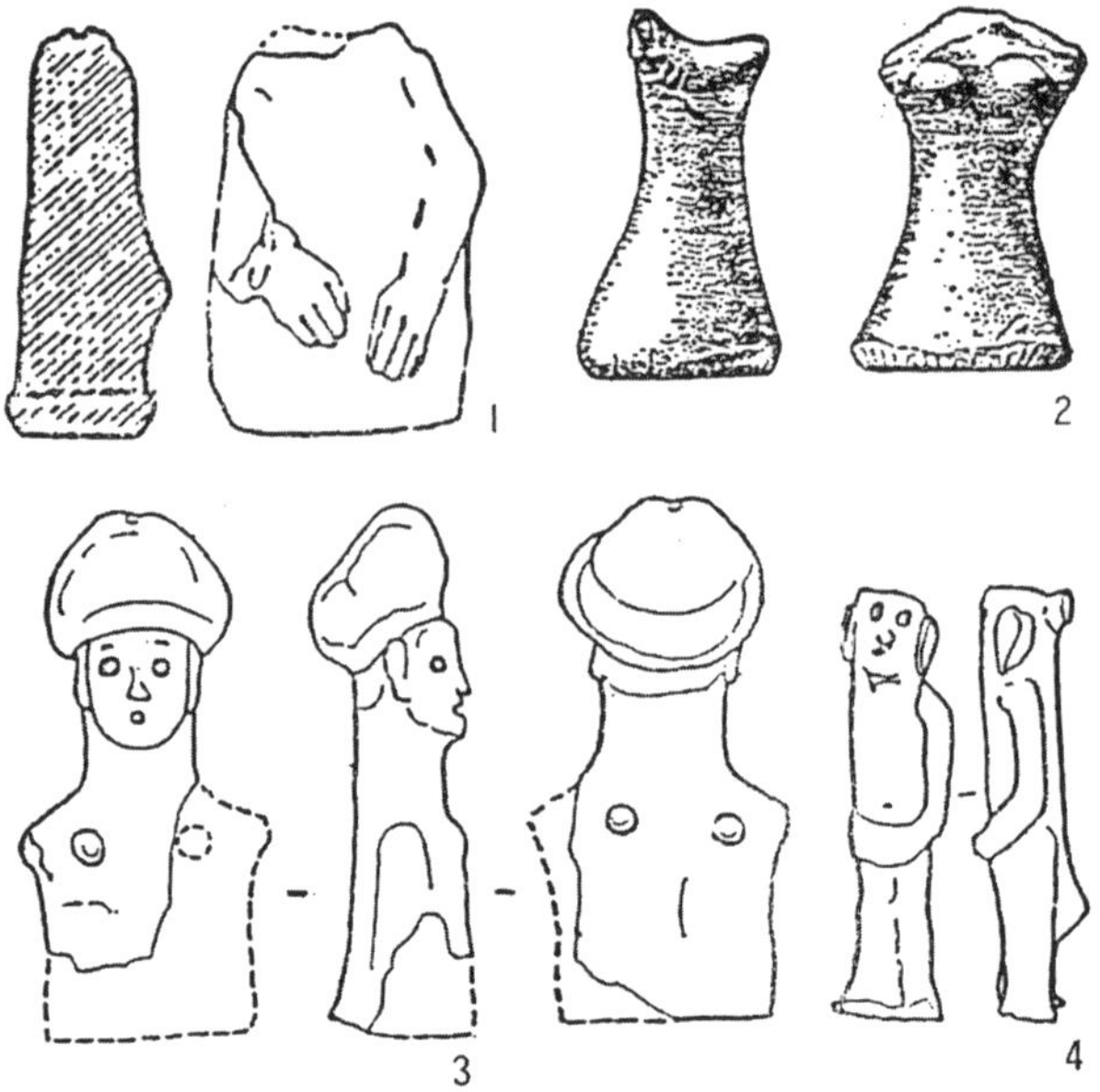

第91図　中国出土の先史土偶
1 陝西省北首嶺、2 赤峰市西水泉、3 陝西省鄧家庄、4 河南省不召寨

② 陝西省臨潼県鄧家庄遺跡出土品

一期文化（仰韶文化廟底溝類型）層中より出土。胸の一部が残存する上半部のみの半欠品。両腕のない上半身像と推定される。現存高は六・四センチ。長野県棚畑遺跡出土の縄文土偶のように頭に円帽を被り、両髪を耳までたらし、顔に目・鼻・口の表現がある。また胸と背中に二個乳房をあらわす小突起がみられる女性像である。

③ 内蒙古自治区赤峰市西水泉遺跡出土品

紅山文化の遺跡より出土したもの。仰韶文化後崗類型に相当する時期で、^{14}C年代測定でB.P.五五〇〇という年代が出されている。頭部を欠損する上半身像で、その現存高は三・八センチである。肩の表現はあるが、両腕はない。胸に二個の突起があり、乳房を表現している。下端部は臀部を肥厚させ、その裾部に線刻をめぐらしている。女神像と推定されている。肉厚で板状ではないが縄文の板状土偶に近い表現のものである。

以上のほかに詳細は不明であるが、河南省澠池県不召寨遺跡出土の全身土偶があり、また遼寧省喀左県東山嘴遺跡では紅山文化晩期の祭祀遺跡と推定される石壁のある方形基壇の建物跡が発見されており、その周囲の土層中より二〇数点の全身像の残欠品が出土している。後者の破片はすべて肢体部分だけで、頭部は発見されていない。これらは小形の妊婦像と大形の女神像とに分類される。前者は両肢、隆起した腹部、肥大した臀部などの破片で残高約六センチほどのものである。後者は人の約二分の一の大きさにつくられたものと推定され、約二二×一二〜一八センチほどの中空の破片となっている。今から約五五〇〇年前頃のものと考えられる。

なお、浙江省余姚県河姆渡遺跡の約五〇〇〇年前の層から人頭部だけの彫像が発見されているが、甘粛省ではこの発見例が非常に多く特色ともなっている。山東省濰坊県姚官庄遺跡や陝西省扶風県姜西村では人面を表現した土面、甘粛省玉門市では人形の土製容器（土偶形容器ないし容器形土偶）、湖北省天門市からは象形や兎形などの動物形土製品（動物土偶）が発見されている点が注目される。

このように中国新石器時代の土偶例は少ないが、半身像と全身像とがあり、故意に頭部を欠いたと思われるものがみとめられる。また妊婦を表現したもの、女神を表現したものがあり、その用途を推察することができる。人頭像を土偶とみなすか否かは別にして、意図的につくられ、盛行した様子がうかがわれる。土偶の分布の特徴としては陝西省以北、しかも紅山文化期の遺跡に多く、稲作農耕地帯にはほとんどみられないのである。なお、中国の先史土偶の出現とその発達についてたどることは現伏では不可能であろう。

参考文献

張広立・趙信・王仁相「黄河中上游地区出土的史前人形彩絵与陶塑初釈」『考古与文物』一九八三年第三期他

Ⅳ　弥生時代から古墳時代へ

一　弥生時代終末期の西日本―古墳時代への胎動―

1　問題の所在

近年、弥生時代から古墳時代にかけての重要な考古資料の発見が相次いでおり、弥生時代から古墳時代へ文化的発展の様相が明らかになりつつある。古墳時代の表徴であり、かつ時代区分の指標となる定型的前方後円墳の出現にいたる過程については、近藤義郎氏の吉備地方の調査成果を踏まえた先駆的な研究をはじめ、都出比呂志、寺沢薫、森岡秀人、福永伸哉、赤塚次郎氏ほかが形態論的に試みている。しかしなお、巨大な前方後円墳とそれ以前の弥生時代の墳墓（墳丘墓）とは大きな較差を生じせしめている。近藤義郎氏が指摘するように、その「隔絶」こそ社会の大きな変革を示すものと考えるべきであろう。いったい、このような前方後円墳および古墳時代を生み出した社会的基盤はどのようなものであったろうか。弥生時代から古墳時代への変換、発展の実態とはいかなるものなのであろうか、筆者の注目するところである。たしかにこうした課題に考古学からどの程度迫りうるものか困難は多いが、都出比呂志氏によって先駆的研究がなされており、その研究の継続と発展が望まれる。

氏によれば、現在三世紀後半に出現したとみられる前方後円墳が象徴するものは前方後円墳を頂点とする政治秩序の形成であり、ここにこの時代の政治原理の象徴物にちなんで前方後円墳体制とよぶ古墳時代が成立したのである。そして、古墳時代は政治的結合体の首長と広範な共同体成員との支配・被支配関係による階級社会をなし、古代国家成立期と位置づけられる。かつて筆者は「古代資料研究の方法」を検討するために、「考古資料と政治・軍事」（『新版古代の日本⑩　古代資料研究の方法』角川書店　一九九三年〔本書Ⅳ―二に収録〕）を執筆し、不備な点は多々あったが学史的整理を行い、同時に文献のごく限られた時代にあって、考古学によってこのような歴史的課題に迫るための方法を考えていくことを提起しようとしたのである。

こうした観点から弥生時代をみる時、弥生時代終末期、すなわち古墳出現前夜におけるとくに西日本の社会の様相に注目する必要がある。近畿地方の弥生文化がどのような過程を経て出現したのか不明であるが、ともかく近畿地方の弥生時代において政治的社会を成立せしめ、政治的集団関係において先進的地域を形成した後、後期においては少なくとも北部九州の弥生時代当初の先進性を吸収し、北部九州との政治的連合をはかったか、ないしは邪馬台国が畿内に所在したのであれば北部九州を服属、支配したことは歴史的事実として考えることができよう。したがって、弥生時代後期における畿内と九州地域との政治的関係がどのようなものであったのか、また当然その中間地域の弥生時代後期の動向が問題となろう。

山陽・山陰・四国地域各々における弥生時代後期の遺跡、集落、生産址、墓址などの様相がまず把握されなければならない。その前提として弥生終末期の土器と古墳時代初期の土器（土師器）との識別という基礎的作業が資料的に必要となろう。

今回、このような点に留意し西日本各地域相互の関係、動向についてみていくことにしたい。

2　弥生終末期の近畿地域―先進的地域

近畿地域の弥生人はどこからきたのか、また弥生文化がどのようにして成立したのか不明であるが少なくとも西方すなわち北部九州地域からの新来の稲作農耕技術と金属器文化（とくに生産用具としての鉄器生産）の影響がつよく左右したものと考えられる。奈良県唐古・鍵遺跡や大阪府池上曽根遺跡における集落の形成に象徴されるように環濠をもつ拠点的集落として急速に成長していった状況がうかがえる。すなわち、大阪平野と奈良盆地とも農耕可耕地として広大であり、農耕技術の発達にともないさらに可耕地を拡大させていき、人口も増大させたのである。こうした農業生産の発達を基盤に農業共同体の結合が進み、おそらく各所に拠点的集落が形成され、相互の政治的関係を発達させ、さらに政治的「大結合」のもとに地域国家的社会を成立せしめたと推定したい。この場合拠点集落を「弥生都市」と考える向きもあるが、実態はいわゆる中国や西アジアにおける都市国家概念とは異なるようである。

ともあれ近畿地域の弥生時代は農業生産力を基盤に経済的な先進地として発達していくとともに、共同体の大結合のもとに政治圏を拡大し、その内部組織を強固なものとしながら軍事組織を確立し、国家的成長を遂げていったものと考えられる。その間大阪平野よりも共同体結合の強固な奈良盆地に政治体制の中心が形成されたものと思われる。

さらに、このように成長しつつあった近畿地域の政治勢力はまず吉備政治勢力と同盟を結び、さらに武力を背景として、その地理的位置から半島と大陸との交流を促進していた北部九州地域勢力との政治的経済的連合を図ったのであろう。農耕生産に必要な工具、武器などの鉄器を第一に、半島や大陸との交易による物品の確保を狙ったものと思われる。こうした過程の中で弥生後期における北部九州と近畿地域の政治勢力の逆転が起こったのである。それまでの弥生前期や中期には外来系文物がみられなかったが、後期になると急激に増大する現象はこのような背景を示すものである。

近畿地域の弥生時代終末期は邪馬台国時代であったか否かは別にして、古墳時代に移行すべく西日本地域との政治的同盟関係を確立し、古墳出現前夜の条件をすでに整えていたのである。しかしながら、なお弥生終末期の代表的首長墓である纒向型前方後円墳と定型前方後円墳との懸隔は大きいといわざるを得ない。

3　弥生終末期の山陽地域―近畿との同盟・連合

山陽地域は横に長い水田可耕地が広がり、東から吉井川、旭川、高梁川・小田川、芦田川、沼田川、太田川など、岡山県から広島県にかけて多くの河川が貫流し、瀬戸内海に流入している。それらの水系流域に形成された沖積平野には弥生時代の、とくに後期の遺跡が多数存在する。旭川と吉井川の下流域に挟まれた地域が吉備の中心地であり、弥生時代後期の遺跡が多数存在するが、その中で長期にわたって発掘調査が行われてきた百間川遺跡群では当該地域における弥生時代後期の生活の実態がわかるような成果があがっている。後期の水田址も津島遺跡、南方遺跡などで発見され、木製農具や木製の生活用品が大量に出土している。しかし、中国山地と瀬戸内海との距離が短く、川の長さが短いため急流となって平野部に降ってくるので頻繁に洪水が起きやすい。事実、その痕跡が確認されている。こうした河川をいかに制御したのか、あるいは制御する技術があったのか問題となろう。後期の集落も数多く発見されているが、当然この河川の制御と水田の経営をめぐって集落間に政治的関係を生じせしめ、共同体間の政治的・経済的結合を促進させたものと思われる。のちの吉備政権を生み出す状況が進行していったのである。

こうした状況を反映して墓制の独特の発達がある。小規模の方形や円形の区画墳丘墓（台状墓）が複数集合して群や列をなす墓群が出現し、さらに政治的結合体の首長墓とみられる前方後円形の墳丘墓の存在が特色となっている。とくに丘陵上に造営された倉敷市楯築《たてつき》墳丘墓や総社市立坂墳丘墓、総社市宮山墳丘墓などの大形墳丘墓の出現は、近畿地域との同盟関係を有する首長層の存在を示すものと考えられる。墳丘墓から出土する特殊器台や特殊壺は葬送祭祀に係わる特殊な供献土器ないし棺に転用されたものであるが、やがて古墳時代の近畿地域の前方後円墳に埴輪として採用されていく点をみれば、近畿地域の首長層との連携の深さを想起させるのである。したがって、前方後円形墳丘墓自体近畿地域の纒向型前方後円墳への影響を与えたといっても過言ではないであろう。その意味では吉備地域は近畿地域とともに古墳出現の原動力となった地域というべきであろう。

4　弥生終末期の山陰地域―独自の世界

山陽地域と同じ中国地方の山陰地域は、山陽地域とは別に近畿政治勢力とはやや距離を置き、独自の世界を形成していたように思える。当地域の弥生土器は鼓形器台に象徴的なように独自性がみられる。元来、山陰地域においては生産基盤となる平野部が少なく、しかも鳥取平野、倉吉平野など規模が小さく、大きな政治勢力形成の基盤に乏しい地域である。しかし、中海・宍道湖周辺の出雲地域に米子平野と出雲平野を合わせた比較的大きな水田可耕地が広がっている。当然、この出雲地域を中心とする政治勢力が出現し、展開したものと考えられるが、集落址としては米子平野の鳥取県大山町と淀江町にまたがる妻木晩田《むきばんだ》遺跡の大集落、松江市田和山《たわやま》遺跡の環濠集落が存在する。環濠集落としては鳥取平野に位置する弥生終末期の青谷上寺地《あおやかみじち》遺跡を見逃せない。戦闘の行われた痕跡を示す遺跡である。当該期のこの地域の特色はなんといっても四隅突出型墳丘墓（方形台状墓）という墓制にあろう。この方形墓は古墳時代にいたっても方墳として継続されていく。明らかに吉備や近畿地域とは異なる独自性を貫いている。

なお、青谷上寺地遺跡では約三〇〇点にのぼる鉄器が出土しており、集落内での鉄器生産を行った可能性が指摘されている。鉄器生産の点では九州地域と近畿地域との関係が問題となろう。加茂岩倉遺跡や荒神谷遺跡出土の銅鐸や青銅器が弥生時代前期末から中期に盛行したもので、出雲地域での製造の可能性もあり、出雲地域は後期以前から金属器生産をめぐる特殊な位置にあったと考えられる。

5　弥生終末期の四国地域―近畿・山陽・九州との交流

四国地域はその地理的位置から徳島は近畿地域と、香川は近畿ないし山陽地域と、愛媛はその北部は山陽地域、西部は九州地域との交流関係をもっていたことは容易に推定されよう。

南部の高知平野をのぞくと東に徳島平野、北東部に讃岐平野、北西部は東予に海岸部に沿う狭い平野が連なり、さらに松山平野がある。これらの平野には弥生後期後半には多くの集落遺跡が発見されている。各地域の集団間の結合が進み、政治的社会の成立を迎え、先の周辺地域との交流が行われたのであろう。とくに、中期に盛行した独特の平形銅剣の分布域の中心である讃岐平野に大きな政治勢力が出現し、やがて近畿地域の政治勢力との関係を深め岩清尾山《いわせおやま》古墳群の成立をみたと考えられる。

6　弥生終末期の九州地域―近畿との同盟下に

九州とくに北部九州地域では直方平野、福岡平野、筑紫平野など比較的大きな平野のほかに唐津平野などがあるが、これらの地域は『魏志』倭人伝に登場する邪馬台国時代の国々に比定される可能性があり、現実的に伊都国、奴国は福岡平野に、末盧国は唐津平野に確定されている。

本地域にのみ弥生早期が設定されているのは、いち早く水田による稲作農耕の開始された地域だからである。前期には東方へ農耕文化を広めたとされる。鉄器や青銅器などの金属器、勾玉・管玉などのガラス製品も伝来し、生産を開始した地域でもある。このように農耕生産を中心とする各種の生産を基盤に社会的・経済的発達とともに集団間の統合が進む中で政治的社会が確立していく。それを示唆するように甕棺墓の盛行の中から中期には福岡市吉武高木遺跡や吉野ヶ里遺跡に墳丘墓まで登場する。金属器の生産、普及を背景に墳墓の副葬品として青銅器・鉄器を出土するものが多い。当該期にこうした豊かな副葬品をもつ墳墓は九州地域をおいて他にはみられない。吉野ヶ里遺跡は筑紫平野の西部を占める佐賀平野に存在する墳墓をともなう典型的環濠集落であり、原初的な行政組織をもつ地域的小国家が形成されていく邪馬台国時代の様相がうかがえる。

しかし、このような他地域よりも優位な文化的状況は後期前半まででその後は衰退した状況にある。おそらく当初述べたように金属器生産や半島、大陸との交易権の掌握のため近畿地域が同盟を迫り、実態はその政権下に入ったものと思われる。本来、九州地域は朝鮮半島との同盟なら意義があるが近畿地域との連合は意味のないことである。

以上、弥生終末期の西日本の各地域の状況と相互の関係の概略を述べた。「生産」関係を中心に、おそらく近畿政治勢力の西日本有力諸地域との同盟、連合によって古墳時代倭政権の成立がもたらされたのであろう。

二　弥生時代から古墳時代の政治・軍事―研究史の視点から―

1　考古資料と政治

(1)　考古学と政治史研究

近年、律令制時代の都城跡、宮殿跡、官衙跡、寺院跡、邸宅跡等々の発掘調査により、多数の木簡や漆紙文書などの文献史料の発見におよんで、当時の人びとの生活や暮らしの様子のみならず社会や政治の実態に迫ることが可能となり、現実的に歴史研究における考古学の果たす役割は一段と増大することとなった。

しかしながら、古代、とりわけ文献史料の少ない時期の政治史の研究は、考古遺物や調査遺構を中心的な資料とする日本考古学がもっとも扱いにくい分野であり、事実この方面の研究は稀薄であったといわざるをえない。もっぱら文献史料に依拠する古代史学の独舞台であったといっても過言ではない。石母田正氏は戦後間もなく一九四七年、「政治史の課題」(『歴史評論』六)を執筆し、政治史研究こそ新時代の歴史学が直面する課題であることを主張した。続いて、藤間生大氏も「政治的社会の成立」(『社会構成史大系』Ⅰ　日本評論社　一九四九年)、「東亜における政治的社会の成立」(『歴史学研究』一五〇　一九五〇年)においてマルクス主義の立場から追究し、研究を発展させていった。

日本考古学が戦後の新時代に入ってからも、この歴史研究の課題に取り組めなかったのは、むろん考古学研究者の問題意識の稀薄さや考古資料の制約にあったと思われるが、なによりも「科学的」な考古学研究、実証的な研究を構築することが先決的な課題として推進されたからであろう。すなわち考古学研究の土台を強固なものとするため、まず考古資料の科学的整備という基本的な作業に主力が注がれたのである。

一方、考古学自らが設けた「考古学は過去人類の物質的遺物（に拠り人類の過去）を研究する学なり」（浜田耕作『通論考古学』大鐙閣　一九二二年）、つまり「考古学は物質的資料により人類の過去を研究する学問」（横山浩一「総論—日本考古学の特質」『岩波講座　日本考古学』１　一九八五年）という考古学の定義に縛られた結果でもあろう。戦後の古墳時代研究の主導者であった小林行雄氏は、考古学は「歴史の樹立を究極の目的とする研究の一分野」であり、文献史学・民俗学と鼎立して歴史学の独自な方法を形成している（『日本考古学概説』創元社　一九五一年）としながらも、一方では「遺物遺蹟によって過去の文化の研究を行う」のが考古学であるとし、藤沢長治氏が指摘するごとく、自らは文化史の立場であると限定した（「古墳時代研究のあゆみ」『日本の考古学』Ⅳ　河出書房新社　一九六六年）。しかし、小林行雄氏自身はその後、後述するように三角縁神獣鏡における同笵鏡論等により古墳時代の政治関係について論究し、さらに歴史的叙述を試みている一方、大方の考古学研究者は文化史的研究の範囲にとどまってきたのである。むしろ、藤間生大氏や原島礼二氏らの文献史学の側から積極的に考古資料を駆使して古代史の復原および考察を行っている（藤間生大『日本民族の形成』岩波書店　一九五一年、同『埋もれた金印—日本国家の成立』岩波新書　一九七〇年、原島礼二『古代王者と国造』教育社　一九七九年ほか）。

考古学研究者としては、主に近藤義郎・甘粕健・都出比呂志氏らが、考古資料の限界を踏まえつつも日本考古学の成果と和島誠一氏らの史的唯物論に基づく研究方法によりさらに理論的展開を図り、歴史構成を試みている（近藤義郎『前方後円墳の時代』岩波書店　一九八三年ほか、甘粕健「古墳の形成と技術の発達」『岩波講座　日本歴史』Ⅰ

一九七五年、甘粕健・門脇禎二『体系日本歴史』1　日本評論社　一九六七年ほか、都出比呂志「農業共同体と首長権」『講座日本史』1　東京大学出版会　一九七〇年、同『日本農耕社会の成立過程』岩波書店　一九八九、同「日本古代の国家形成過程」『日本史研究』三三八　一九九〇年、同「日本古代の国家形成論序説」『日本史研究』三四三　一九九一年ほか)。

いずれも文化史学の範囲にとどまらず、共同体論、古代国家形成論、社会構成および生産様式論などを基軸に据え、歴史構成を目指した考古学研究へと押し進めた点で高く評価されるべき業績である。これらの点に関しては、岩永省三氏がとくに階級社会形成の学史的検討として問題点を整理するなかで詳しく述べているところである(「日本における階級社会形成に関する学説史的検討序説Ⅱ」『古文化論叢』二九　一九九三年)。

以上のように、明らかにしなければならない古代社会の構造、経済的・政治的諸制度等々、歴史研究の課題に対応してきたのはマルクス主義の立場に立つ考古学であり、とくに政治史的視点の研究は、東洋古代史学者である西嶋定生氏の研究に影響および示唆を受けるところが大きかった(「古墳と大和政権」『岡山史学』一〇　一九六一年、「古墳出現の国際的契機」前掲『日本の考古学』Ⅳ　月報)。

なお、近年、円筒埴輪の編年を基礎に畿内大形古墳の編年とその消長により首長権の移動を説くという方法に立って、古墳時代畿内政権を前期・中期・後期へと歴史的変遷をたどった川西宏幸氏の研究がある(『古墳時代政治史序説』塙書房　一九八八年)。

以下、学史を踏まえながら考古学からの政治史的研究についてみていくこととする。

(2)　政治的社会の出現・形成

先史社会における政治的社会の出現は、氏族共同体内部の矛盾と共同体間における集団関係の発達に起因すると考えられる。日本においては、稲作農耕を中心とする初期農耕社会である弥生時代に出現したとみられる。すなわち、耕地およびそれに付随する施設の占有のみならず共同墓地の造営などを通じて、土地を媒介とした新しい地域的観念が形成され、とくに水田経営を中心として世帯共同体間の政治的結合が進行し、新たに政治的社会の具現化した形である農業共同体が出現、形成されるにいたった。農業共同体の形成に関しては、都出比呂志氏が考古資料を分析・駆使して理論的展開を試みている（前掲「農業共同体と首長権」）。

初期農耕社会となった弥生時代においては、一定の土地を確保して農業経営を行うという新しい生産形態にともない、耕地および水田施設の造営、管理などによる共同労働（協業）の拡大の必要性から大規模な労働編成を核にした世帯共同体の結合が進み、これまでの血縁関係にとらわれない地縁的な農業共同体が形成されるのである。一方、金属器およびその製作技術の伝来によって、農業経営における生産用具としての金属製利器、とりわけ鉄製利器の果たす役割は大きく、その普及と同時に農業生産力の急速な発展を促進させた。そのことによって生じた余剰生産物の蓄積が世帯共同体ごとに可能となったが、やがてその不均等によって世帯共同体間に優劣の格差が顕著となる。そして農業共同体内部の優位に立つ世帯共同体の家長が首長となり、その固定化（＝世襲化）および専制化が進行していったと考えられる。

都出氏は、とくに農業共同体の形成について世帯共同体を越える協業の必要性が世帯共同体間の結合をもたらした点と、農業共同体の首長、世帯共同体の家長、一般成員の三者の存在とその関係について、考古資料を用いて実証的に分析している。

前者については、弥生時代中期の水田跡である滋賀県安土町大中《だいなか》ノ湖南《こみなみ》遺跡と後期の水田跡である静岡市登呂《とろ》遺跡とを比較し、主におのおのの住居と水田区画との関係を導き出した。大中ノ湖南遺跡では「単位集団」である世帯共同体規模の経営であるが、登呂遺跡では水路や畦畔などに膨大な労働力を要したにとどまらず、水田区画の数の多さから水田と水路の造成には世帯共同体を越える規模の協業が行われたことを想定した。この点については、早く和島誠一氏の登呂水田の分析があり（「東アジア農耕社会における二つの型」『古代史講座』２　学生社　一九六一年、「弥生時代の社会構造」『日本の考古学』Ⅲ　河出書房新社　一九六六年）、さらに門脇禎二・甘粕健氏らも同様の分析を行っている（「階級社会の成立」前掲『体系日本歴史』１）が、都出氏の分析もその延長線上にあると思われる。

後者の点については、世帯共同体内部における世帯構成、および農業共同体内部における世帯共同体間の格差の問題におよぶものであり、現在のところ発掘調査された墓地のあり方、副葬品の内容など墓制の分析によってうかがい知る方法しか考えられない。したがって都出氏は、弥生時代中期の滋賀県南滋賀遺跡、大阪府池田市・豊中市宮ノ前遺跡で発見・調査された方形周溝墓（当時都出氏は「方形囲溝墓」と称する）の分析によって考察している。とくに宮ノ前遺跡の周溝墓が二〇基と、その外部に九〇基の土壙墓をともなって群集している状態に着目する。すなわち、南滋賀遺跡の一～二個の方形周溝墓とその溝の外部の二〇基以上の土壙墓を一単位とすると、その数個が集合したものとみる。また、周溝墓内の方形台状部の被葬者は家長とその世帯、周溝外は家長以外の世帯員とし、世帯共同体内で家長世帯が他の世帯員から区別された存在となったことを想定する。一方、北部九州においては弥生中期に副葬品が多量化し、しかも大陸製の青銅器・銅鏡・ガラス製品などを副葬する遺跡と、同じ地域において副葬品の貧弱な遺跡とがあり、これは一農業共同体内部における世帯共同体間の優劣の差を物語っているものと考える。

その後、都出氏は発掘調査によって増大した考古資料、とくに水田跡、集落跡、方形周溝墓などの分析から、農業社会の形成について論究し、内容を深めている（「農業社会の形成」『講座日本歴史』１　東京大学出版会　一九八四年）。

ところで、都出氏は農業共同体においては各世帯共同体の家長からなる「家長会議」が開かれ、耕地の開墾や水利土木事業における世帯共同体間の協業の調整、共同体蓄稲の共同管理、ほかの農業共同体との交易（鉄器・青銅器・塩などの入手のため）、農業祭祀の主宰、共同体内部における「法」的処罰、ほかの共同体との戦闘等々について処理したことを説く。こうした内容については、現在考古資料でその可否を云々することは困難であるが、ほかの資料によって明らかになりつつある弥生社会の状況から一応推定できるものである。むしろこの点に政治的社会の出現の意義を見出せるものと考えたい。この「家長会議」の主宰者が有力世帯共同体の家長、すなわち農業共同体の首長と把握するのは当然の考え方といえよう。農業共同体の首長として、同時に対外的な政治的折衝にも力を発揮し、余剰生産物による物質の「交換」など、他農業共同体との政治的関係を強めていったものと推定される。

都出氏はさらに、農業共同体内部の矛盾と農業共同体間の抗争により、優位な共同体による従属化・系列化が進行し、農業共同体を超える新しい政治的結合体が形成されていったと説く。そしてこの政治的結合体は、優位に立ったいくつかの農業共同体の首長で構成され首長会議の形をとり、農業共同体家長会議と同じ政治形態をとるとする。この首長会議を主宰した「長」は、さらに優位に立つ特定の農業共同体の首長であり、それはとりもなおさず前期古墳の被葬者であったと考える。

また、政治的結合体の形成過程で優位に立つ共同体の首長は、「生口《せいこう》」の存在にみられるように共同体の所有物である奴隷の私有化をひとつの契機として、抑圧者として出身共同体成員の隷属化を進めたとし、三世紀には階級社会が成立し、五世紀段階までの支配・被支配の関係は、基本的に「結合体」首長と広範な共同体成員との間で形成されたと想定する。最終的には、政治的結合体の長であるこれらの支配者が、自らの共同体、あるいは近隣の隷属共同体成員との対抗上、ほかの結合体の支配者と結ぶ階級同盟こそこの段階の国家の本質であるとし、古代国家成立を示唆する。すなわち、都出氏は三世紀以降を階級社会とみなし、前方後円墳の時代を国家形成期としてとらえ、基本的には古代国家の前半期とし、その後半期を律令体制とする。考古資料としての集落と墓制の分析から階層関係の存在、かつ古墳の墳形や規模の差による身分制的秩序の存在、共同蓄稲とは区別される貢納のための倉庫の存在から租税、また巨大古墳や大規模な水利施設の存在から徭役などの収奪機構の成立、官人組織（官僚制）や軍事編成による権力機構の成立が確認できる点などからすでに「国家」としての支配組織が形成されていたという認識からである。さらに、三角縁神獣鏡配布に代表される威信財の配布行為は、必需物資である鉄原料の流通機構の掌握と裏腹の関係にあったとし、政治権力の形成維持のための経済関係の成立を考え、「広域の物資流通を掌握して社会を総括する機能」という公共機能の掌握は、共同体に基礎を置く政治支配の機関と明確に区別されるとする。

都出氏は、以上のような三世紀末以後の社会は国家段階に到達したものであり、「この社会関係を考古学的に象徴するものは前方後円墳を頂点とする政治秩序の形成」で、「三世紀末から六世紀後葉までの国家の政治秩序を、この時代の政治原理の象徴物にちなんで前方後円墳体制とよぶことを提唱」するのである（前掲「日本古代の国家形成論序説」）。

以上の都出氏の体系的な一連の論に対する賛否は別にして、考古資料の点からはまだ不明な点が多い。たとえば、石上英一氏のコメント（前掲『日本史研究』三四三）にあるように隷属労働力や経営における人間間の支配隷属関係を考古学的にどのように立証するのか、同様に調査された墳墓資料による墓制の分析から「特定個人墓」を析出し、首長墓と一般成員墓を区別し、階層関係の存在を認識しえても、その階級的支配・被支配の関係については考古資料として現在なにを提示できるのかという問題が残る。巨大な前方後円墳の被葬者がはたして階級的な支配者か否か、考古学的に判定しうる方法が必要であると思われる。

この前方後円墳の被葬者の性格づけについては後述するように従来から論争のあるところであり、古代国家形成論において避けて通ることのできない問題である。

(3)　邪馬台国と考古学研究

文献史学における古代史研究の出発点は、『漢書』地理志、および『後漢書』東夷伝、『三国志』魏書東夷伝倭人条（『魏志』倭人伝）であった。前二者に関しては、紀元前一世紀ごろに倭は百余国に分かれ、そのなかのひとつである奴国《な》が、西暦五七年、中国後漢に朝貢し、光武帝から印綬《いんじゅ》を受けたと記されている。さらに、『魏志』倭人伝においては倭国のうち国交のあるところが約三〇国ほどで、それらの倭人そのものについて、そして風俗・習慣・生産物・武器などについて、前二者の文献とはまったく異なり、かなり詳しく記述を行っている。こうした邪馬台《やまたい》国関係の記述を読むかぎり、政治的体制を整備した地域的な小国家がすでに出現しており、しかも二世紀後半の「倭国大乱」ののち、三世紀前半ごろ女王卑弥呼《ひみこ》の邪馬台国を盟主とする連合的国家の存在が描かれている。そこに登場する対馬《つしま》国・一支《いき》国・末盧《まつろ》国・伊都《いと》国・奴国などは現在その位置をほぼ確定しえている。しかし、他の国の所在地は不明で、とくに邪馬台国については畿内説と九州説に分かれて論争されてきたのは周知のことである。その位置するところによって、倭国の範囲、政治体制の規模、倭国家の形成の問題が異なってくるから、きわめて重要な問題である。なお、最近の北部九州における考古学的調査の成果は著しく、佐賀県吉野ヶ里遺跡の墳丘墓をはじめとして、弥生時代中期の王墓と目される墳墓の発見がある。たとえば福岡県早良区の吉武高木遺跡における甕棺墓群では、銅剣や多鈕細文鏡など青銅器を中心とする副葬品がともない、早良王墓と仮称されている。この地区は早良平野として完結性があり、近隣の伊都国・奴国とは考古学的に独自性をもつ場所である。先の倭の三〇国のひとつか、『魏志』倭人伝に登場しない一国かの可能性がある。北部九州においてはほかにもこのような「国」とみられる地域があり、遺跡が発見、調査されている。したがって今後、『魏志』倭人伝記載の「国々」について、それらの地理的な位置や範囲等を考古学的に検討していく作業が必要であろう。そのうえで邪馬台国の位置について改めて語られるべきであろう。

いずれにしても、こうした邪馬台国を起点として日本の古代国家形成論が展開されていくわけであるが、邪馬台国から倭政権・畿内ヤマト政権の成立時期について、考古学的には古墳、とくに前方後円墳の築造が開始された古墳時代前期とする考え方がつよい。卑弥呼は三世紀半ばごろに没したとされ、その後に「径百余歩」を測る塚に葬られたと記されている。この「塚」を前方後円墳と解し、三世紀後半にその開始を求めるのである。したがって「径百余歩」の塚を古墳と考えるか否かは重要な問題であるが、女王卑弥呼の邪馬台国時代は弥生時代後期に比定されるのが年代的に妥当であろう。その後、卑弥呼の宗女壱与が立ち、二六六年に倭の晋王朝への朝貢の記事（『晋書』）以後、中国の典籍資料では約一〇〇年間ほど空白となる。その間に邪馬台国連合から畿内ヤマト政権へと大きく変換したのであろう。

(4)　古墳・前方後円墳の出現と政治関係

小林行雄氏は前期古墳に副葬された鏡の伝世を肯定する立場から、被葬者の司祭的性格から政治権力者への転換を読みとり、「古墳の発生」を「貴族の権威の革新の象徴」としてとらえ、その外的要因を「部族連合体の結成とか、強大勢力への服属とかいった、対外関係の変化によって生じた、首長の地位の外的承認」とみ、また内的要因を「首長権の世襲制の発生」に関係づけた。と同時に同笵鏡の分有関係から、地方におけ古墳の出現が、「大和政権による承認を伴った、首長の県主的存在への転化」という政治的動向に求められるとした（「古墳発生の歴史的意

義」『古墳時代の研究』青木書店　一九六一年）。

この小林氏の論を受けて近藤義郎氏は、弥生墳丘墓の発見と研究から、前方後円墳への飛躍的な展開を実証的に論究し、(一)鏡の多量副葬指向、(二)長大な割竹形木棺《わりたけがた》、(三)墳丘の前方後円形という定型化とその巨大性という「三者を主とする諸要素の統一的な結合が示す埋葬祭祀の形式の出現が、前方後円墳の成立である」とし、その出現の意義を、築造を通じての前方後円墳祭祀の受容により各地部族連合の首長と大和連合の首長との擬制的同族的結合が成立し、ついで部族連合を構成する部族首長と大和との結合が成立し、畿内中枢としての大和連合を盟主とする一種の政治的かつ経済的交流を図っていった点にあるとする。そして、前方後円墳成立の基盤として畿内中枢の大和連合を盟主とする西日本諸部族、部族連合の政治的・祭祀的結集＝同族連合があることを強調する（「前方後円墳の成立」前掲『前方後円墳の時代』）。

古代専制国家の成立を追究する甘粕健氏は、「前方後円墳の形を整えた古墳（まれに前方後方墳）は、畿内を中心とする西日本の各地に、三世紀後半から四世紀初頭のころに突如として出現」し、「弥生時代の小国家の系譜を引く地域的政治集団の王の墓」であると考え、「一般民衆から隔絶した王の権威を視覚的に表現」したものとする。そして、「各地の王の間に形成された強固な政治的結合体制を前提としてのみ成立」し、「個々の共同体や小国家の枠をこえた統一的な身分秩序によって権威づけられ、定式化された王の葬送の形式として、その複雑にして厳密な祭祀体系」を形づくったものとし、その「政治的結合体制の頂点にあったのが、大和平野の強力な王を中核として発展をとげた畿内の政治勢力であった」とする（「古代専制国家の形成　古墳の発生」前掲『体系日本歴史』1）。

畿内における大形古墳の消長に関して研究した白石太一郎氏は、弥生時代の地域的特色をもつ墳丘墓に対し、西日本各地に出現する発生期の古墳は前方後円（方）墳という定形化した墳丘をもち、しかもその規模が墳丘墓とは格段の差があり、内部構造や副葬品において画一的な内容をもつ点に特徴をあげ、そのことが、弥生時代に地域的統合をある程度成し遂げていた西日本各地の政治集団の間に、さらに大規模な政治的連合関係が成立した結果とみる。つまり、前方後円墳は、「弥生時代後期に、吉備地方、山陰地方といった各地域内で、共同体の有力首長層の間に形成され、共通の葬送儀礼や墳墓の造営を通して確認・強化されていた同祖・同族関係を結合原理とする政治的同盟関係を、それら各地域首長の間に拡大し、彼らの共通の墓制として創出したもの」と考える（「日本古墳文化論」前掲『講座日本歴史』1）（第92図）。

これら各氏の前方後円墳の出現に関する見解は、いずれも畿内政治勢力と西日本のそれとの同盟ないし連合を中核とし、各地にその政治的連合関係を拡大した結果の象徴として、畿内と各地首長層間に共通の墳墓の造営・葬送儀礼が採用されたとする点で共通している。

たしかに、畿内をはじめとする各地の首長層の間になんらかの政治関係を生じたものとみるのは自然な考え方であるが、どの程度の内容のものであったか考古学的に把握することは困難である。前方後円墳という墳形が共通であるにしても前方後方墳が古く先行して出現する地域もあり、また同一地域内における同時期の前方後円（方）墳の複数鼎立と同時に、その墳丘規模の相違、他の墳形を有する古墳の存在などをどのように分析していくのか、あるいはまた墳丘内の内部主体の差異、副葬品の組み合わせにおける差異といった共通点以外の相違点の分析をどうするのか、こうした問題の厳密な分析・検討を抜きにして、ただ共通点だけを強調して単純に畿内と地方の一元的関係のみを説くことは歴史の実態に背くことになるであろう。とくに考古学研究における資料解釈において、その発達史上、考古資料の諸関係を単純化して歴史的事象の合理的解釈としてきた点は否定できない。しかし、先駆的研究の段階では一定の意義があり、一元論的解釈もやむをえなかったことと思われる。

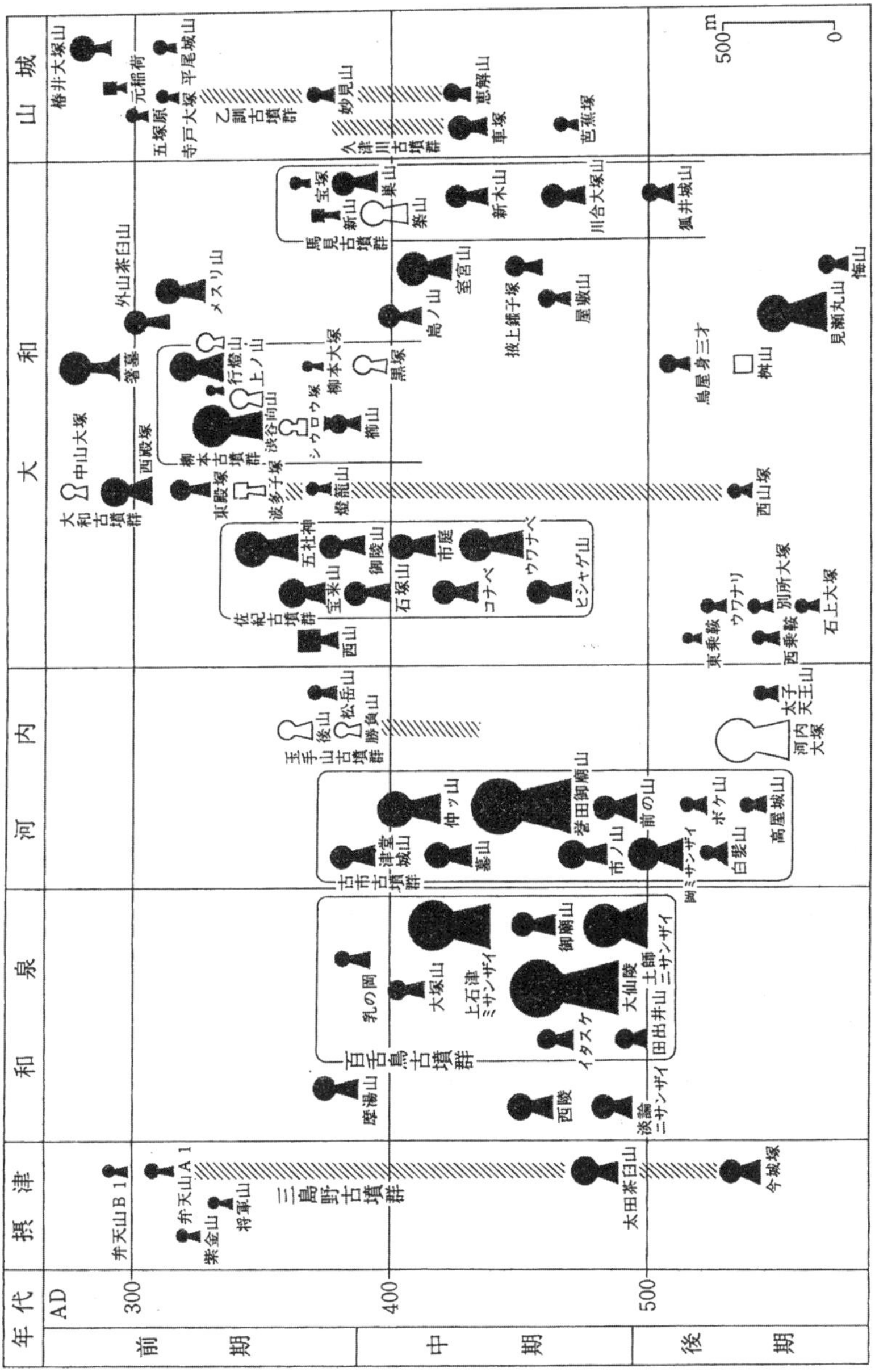

第92図　畿内における大形古墳の消長（白ヌキの古墳は編年の根拠の弱いもの。白石太一郎1984より）

具体的にいえば、畿内にまず巨大な前方後円墳が出現し、他地域に遅れて同じ前方後円墳が出現したという事象を、畿内ヤマト政権が各地を服属・統合していった過程ととらえ、それを国家の形成とみる畿内中心史観が色濃く存在したことは否めない。今後は各地域における弥生時代から古墳時代への政治的社会の伸長の実態解明の研究を経て、はじめて畿内と各地域の政治関係が語られることになろう。

(5)　三角縁神獣鏡論とヤマト政権

先述したように畿内中枢に成立したヤマト政権と地方政権との関係について、考古学的にいち早く研究したのは小林行雄氏であった。小林氏は京都府山城町椿井《つばい》大塚山古墳に副葬された多数の三角縁神獣鏡の同笵関係の追究により、古墳間におけるその分有関係を畿内ヤマト政権から各地方の首長に対して分与したものと解し、それは「恩賜」の意で「下賜」したものと考えた。しかも、畿内の古墳と地方の古墳との結びつきの実態が政治的結合関係であることを明らかにした。つまり、考古資料である副葬品としての三角縁神獣鏡における同笵鏡の研究を通じて、考古学的に証明しようとしたのである（「古墳発生の歴史的意義」前掲『古墳時代の研究』）（第93図）。前方後円墳の各地への波及・成立がヤマト政権の政治関係の拡張と考えられたように、三角縁神獣鏡の分有関係はヤマト政権の支配圏の広がりと考えた。具体的には、「京都府椿井大塚山古墳とのあいだに同笵鏡を分有する関係にある一九基の古墳のうち、内容または所在地の明確でない三基をのぞいて、残りの一六基を地域的に東西の二群にわけると、西群の諸古墳はすべて古式鏡群を有するものであり、東群の諸古墳は新式鏡群を有するものが多いという事実」がある。これに中国製三角縁神獣鏡における同笵鏡の分有関係にある古墳をも加えた同笵鏡の分布状態を検討し、北九州地区の分布を西方型、中部・関東地方の分布を東方型すると、「日本における三角縁神獣鏡の分布が、鏡式の相違を原因の一部として（東西の）地域的な偏差をもっている」ことが明らかとなる。そしてその相違は同笵鏡の分

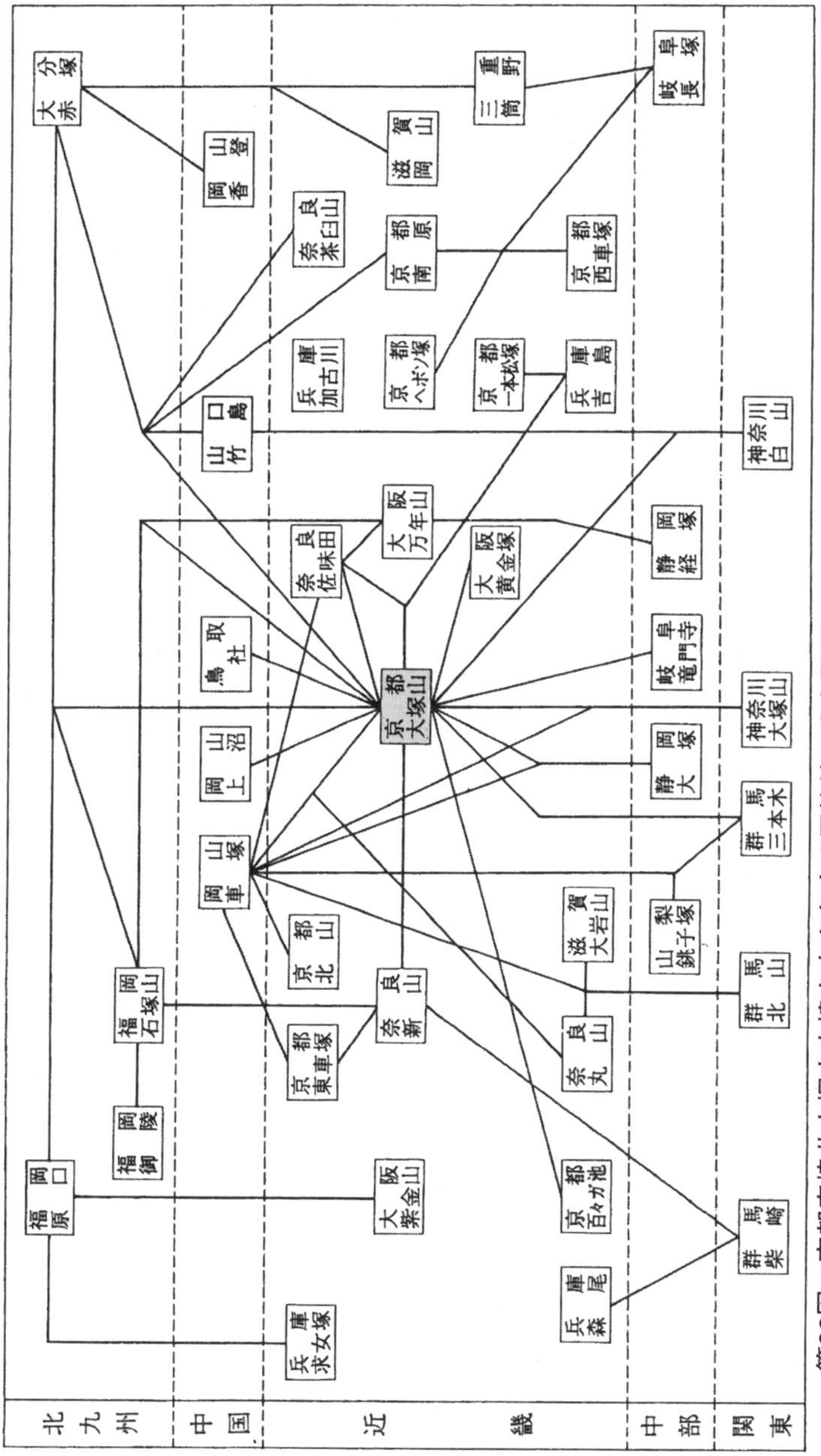

第93図　京都府椿井大塚山古墳を中心とする同笵鏡の分有関係（仿製鏡を除く中国鏡のみ、小林行雄1961より一部改変）

与時期の相違によるものと解釈され、まずその配布は畿内から北九州の範囲にわたって行われ、その時期を三世紀後半とすれば、三世紀後半において畿内の政治的勢力が西方の福岡県・大分県などの北部九州におよんでいたが、東方においてはまだ岐阜県・愛知県までの範囲であった。この現象は他の副葬品である碧玉製腕輪類の分布状態とも一致する（第94・95図）。すなわち古式の碧玉製腕輪類の分布圏は西方型の三角縁神獣鏡の分布圏とほとんど一致し、新しい型の石釧などの分布が茨城県・群馬県まで広がった時期は早くとも三〇〇年ごろと推定された。これらによって、初期ヤマト政権の勢力圏は、三世紀には西は北九州を含みながら、東は濃尾地方にとどまっていたが、四世紀に入ると、群馬県あたりまで広がったと結論づけた。副葬鏡や共伴する碧玉製腕輪類など宝器的遺物の考古学的分析による推論である。

この小林行雄氏の考古資料の分析を踏まえた推論のうえに立つ一連の体系的仮説に、早く反論を加えたのは内藤晃氏であった。それは小林氏の伝世鏡論に対する批判と同笵鏡論に対する批判の二つを核とするものであった（前者は「古墳文化の成立―いわゆる伝世鏡の理論を中心として」『歴史学研究』二三六　一九五九年、後者は「古墳文化の発展」『日本史研究』四八　一九六〇年、いずれも『日本原始古代文化の研究』塙書房　一九七三年に所収）。

前者については、内藤氏は小林氏の伝世鏡とする漢代中期の鏡を「弥生時代共同体社会の祭祀にかかわるものとして伝世されるのではなく、はじめから階級的な首長の権威に結びついて取得された」ものであり、「前期古墳に副葬された鏡をはじめ、その他の宝器的な遺物を共同体的なものとするか階級的なものと見るか」の視点から、「全国各地の古式古墳に副葬された鏡は、総じてその被葬者が生前に権威のシンボルとして入手し、その死とともに埋葬されたもの」で、「鏡の伝世は、古墳成立以前の共同体的段階においては否定されるべきである」が、「古式古墳に埋置されている鏡はすべて、一応ヤマト国家の首長から配布されたと考えられ」、つまり「中央権力の首長

第94図　三角縁神獣鏡の分布
（主要39古墳出土例のみを鏡群別により示す。小林行雄1961より）

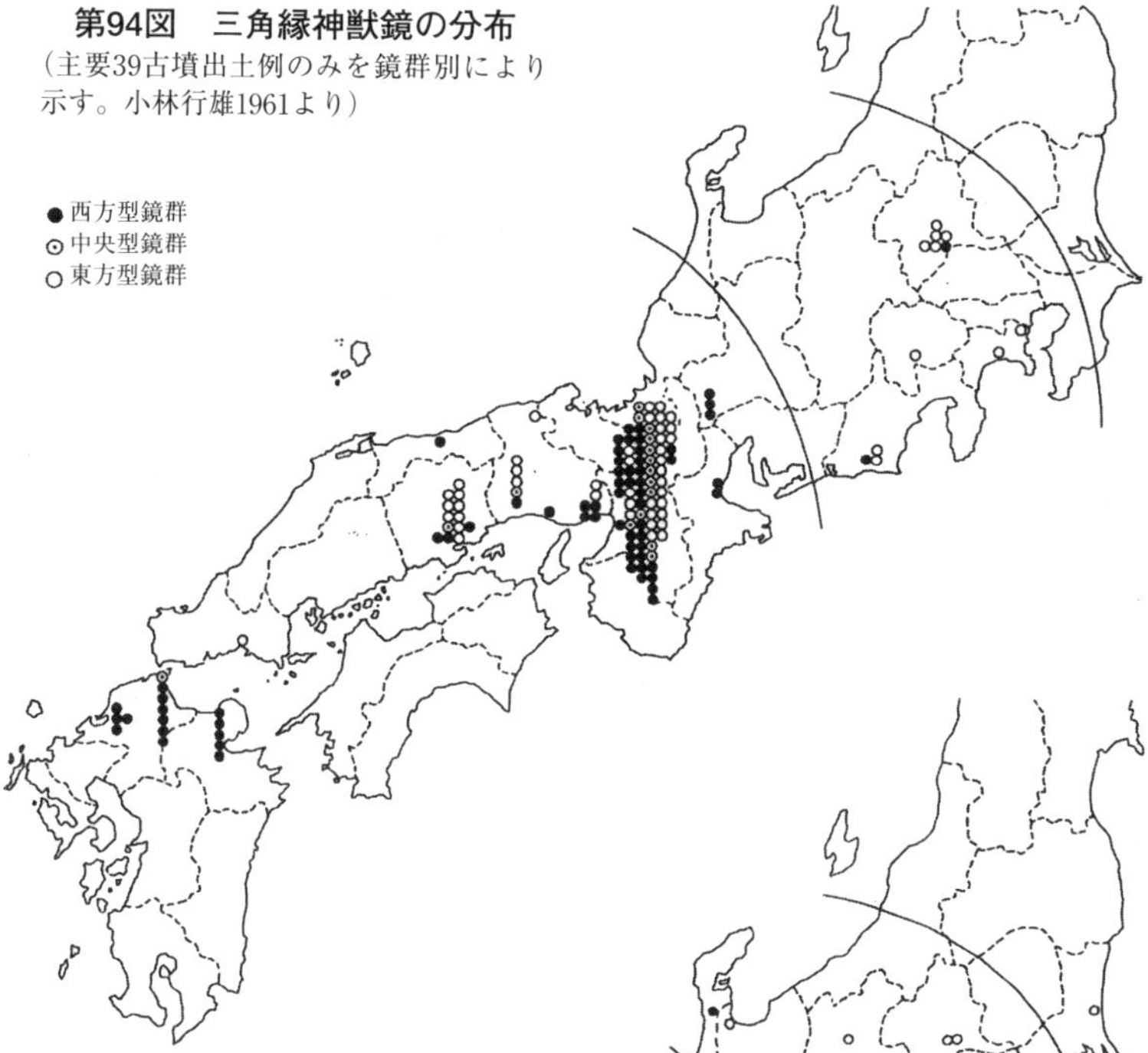

第95図　碧玉製腕飾類出土古墳の分布
（小林行雄1961より）

またはこれをめぐる有力な権力者のもとに絶えず蓄積され、必要に応じて各地の首長へ分配されたもの」と考えるのである。

同笵関係そのものの否定ではなく、「分与」という解釈を安易な推定として退け、さらに小林氏の同笵鏡論から派生する、椿井大塚山古墳を中心として同笵鏡を有する諸古墳との関係の解釈・推定に関して一々反論を加える。そして、後者の同笵鏡論に関しては、「ヤマト政権の勢力圏の拡大過程を、たんに三角縁神獣鏡の同笵関係から推定することは、現在の研究の段階にはほとんど不可能」であり、「全国の古式古墳の地域的編年や、全日本的な規模における編年体系が確立」することが先決で、そのうえで古墳文化の発展過程について解明せられるべきと述べている。

この内藤氏の批判は、歴史研究における考古学的研究法に対して行われたもので、考古資料による歴史解釈に対する批判である。内藤氏の指摘する点は妥当ではあったが、当時としては、現在のような発掘調査の進展にともなう考古資料の増大および資料分析の発展という状況にはなかった段階であり、むしろこの状況で小林氏が考古資料を駆使して一元的解釈を試み、ヤマト政権による政治関係の広がりを一応具体的に示した点が評価されるべきである。

今日なお小林氏の三角縁神獣鏡論は有力な説として継承されているが、その点については疑問がある。基本的な問題として三角縁神獣鏡を舶載鏡、しかも魏晋鏡とする説が根強く、王仲殊氏や徐平方氏らの中国の研究者がつよく呉の鏡作り工人による日本国内製作説を唱えている（王仲殊『三角縁神獣鏡』西嶋定生監修　尾形勇・杉本憲司編訳　学生社　一九九二年）のに比して、日本仿製鏡説の形勢が悪い点は不思議な現象である。三角縁神獣鏡は中国鏡に比して銅質などに異質感があり、面径が概して大きく、三角縁のほかに鏡の反りやつくりなどが異なる。元来、日本の研究者には青銅器を含めて日本における金属器製作技術を過小評価するきらいがある。銘文の銘（文字）に対しても同様である。紀年銘に魏の年号を示す三角縁神獣鏡の存在によって魏晋鏡説を唱えるわけであるが、王氏によって指摘されているとおり魏晋鏡とはあまり縁のない形式の鏡である。魏による日本向けの鏡としても、なぜ三角縁にしたのか、三角縁神獣鏡自体にも系譜関係、新旧関係がみとめられるが、いったいどのように形成されたのか明らかにされていない。

舶載三角縁神獣鏡とされているものを第一次仿製鏡、すなわち三角縁神獣鏡が日本の国産鏡であったとしても、小林氏のその分有関係による分与説は崩れることにはならないと思われるが、いずれにしても、三角縁神獣鏡製作にいたる考古学的研究が望まれる。

(6)　考古資料と政治

以上に弥生時代から古墳時代にかけての政治的社会の形成について、主として小林行雄・近藤義郎・都出比呂志氏らの体系化された論述を紹介しながら、考古学における政治史研究の実情を具体的にみてきた。政治関係を直接示す考古資料は数少なく、この方面の研究には制約がともなうが、近藤義郎・都出比呂志氏らは遺構・遺物の目的的分析を通じて、理論化・体系化を試みてきた。考古資料から政治をどう読みとるか、という点でも先駆的な業績である。とくに都出氏の最近の「前方後円墳体制」の提唱は、戦後の小林行雄氏以来の考古学のひとつの到達点を示すものである。

考古資料から政治関係を読みとる作業は、なお困難な点は多いが、さらに目的意識的な資料の分析、操作を経ながら、発掘調査による新発見資料に待つところが多い。

今後の課題として、考古学研究の陥りやすい方法のひとつに、分布関係、文化の共通あるいは類似する現象を一元的契機として把握する場合が多い。たとえば古代国家形成論とかかわる前方後円（方）墳の全国的分布についてはすでに述べたように、畿内政権による一元論に帰している。畿内政権との政治関係を示すものであるとしても、その内容が従属、服属、連合、同盟のどれなのかいろいろ考えられよう。その選択を畿内政権側からのみみることは問題があろう。各地域において共存する複数の前方後円墳の存在から推定できる各地域における政治的社会の伸長の度合い、畿内政権との結びつきの必然性などがまず検討されるべきであろう。東国の大きな政治勢力としての毛野《けの》政権の把握とか、あるいは朝鮮半島進出のための人的確保とか、収奪すべき生産物の存在とか、そうしたものがなければ畿内政権があえて東国との政治関係をもつ必然性は存在しないと思われる。

いずれにしても、考古学で扱う文化現象から政治を析出する研究方法の開拓は、さらに今後に残されていると考えられる。

2　考古資料と軍事

(1)　考古学における軍事研究

政治的社会が形成され、さらに国家形成に向かう日本の古代社会において、戦闘をともなう軍事的抗争が頻発したことが推定される。『後漢書』東夷伝に記された「桓・霊の間」（二世紀後半）に、「倭国大いに乱れ更々《こもごも》相攻伐し、歴年主無し」という状況は、弥生時代後期に地域的な諸政治勢力間の武力抗争と倭国の動乱があったことを物語るものである。

倭国における畿内政権が成立し、その政治的支配を各地におよぼし、政権を維持していくために軍事組織を整え、軍事力を基盤としたことは想像にかたくない。時には実際に武力行使が行われたであろう。各地域の諸政治勢力もおのおの軍事力を背景として成立したものであろう。したがって古代社会において政治体制を支えるものは軍事力であり、やがて国家的軍事体制、軍事組織の形成という過程をたどり、軍事力は国家権力の中枢となるのである。しかし、これまで弥生時代から古墳時代にかけての政治社会形成期の軍事組織については明らかでなく、現状の文献史料から軍事組織ないし軍事機構について直接うかがい知ることは不可能である。

考古資料の面においては軍事関係の資料として武器・武具などの遺物が存在するが、それのみから軍事組織や軍事機構を復原することにはやはり限界がある。文献史学、および他国の古代における軍事研究の成果を比較として援用することも必要であろう。

日本古代の軍事に関する研究は政治史と同様、まず律令制期における兵制史の研究として文献史学の側から行われてきた。岸俊男「防人考―東国と西国」（『万葉集大成』一一　平凡社　一九五五年、のち『日本古代政治史研究』塙書房　一九六六年所収）、直木孝次郎『日本古代兵制史の研究』（吉川弘文館　一九六八年）、佐伯有清「律令時代の禁書と禁兵器制」（『日本古代の政治と社会』吉川弘文館　一九七〇年）、笹山晴生『古代国家と軍隊』（中公新書　一九七五年）、野田嶺志『律令国家の軍事制』（吉川弘文館　一九八四年）、下向井龍彦「王朝国家国衙軍制の構造と展開」（『史学研究』一五一　一九八一年）、同「日本律令軍制の基本構造」（『史学研究』一七五　一九八七年）、同「日本律令軍制の形成過程」（『史学雑誌』一〇〇－六　一九九一年）、同「律令軍制と民衆」（『歴史評論』五一一　一九九二年）、吉田晶「古代における住民の武装と国家的軍制」（『歴史評論』五一四　一九九三年）などがある。

これに比して考古学の側からの研究は近年ようやくこの方面に目が向けられ、とくに古墳時代における古墳の副葬品の武器・武具の個別的研究の進展から、畿内政権や各地方の軍事組織の実態解明へと展開しようとしている。

戦後まもなく江上波夫氏は、古墳時代の後期古墳の副葬品として出土する馬具の登場、武器の実用性への変換に着目し、すなわち軍事的、戦闘的遺物の出現から、その豊富な大陸の民族学的知識とを併せて騎馬民族日本征服説を唱えた（江上波夫・石田英一郎ほか『日本民族の起源』平凡社　一九五八年、『騎馬民族国家―日本古代史へのアプローチ―』中公新書　一九六七年、「騎馬民族国家」『総合講座　日本社会文化史』１　講談社　一九七三年）。この説は西嶋定生氏の言を借りれば、「日本国家の起源と展開を、東アジアにおける歴史展開の一環としてとらえるという視角を、その極限において提出した」（「概説・日本国家の起源について」『解釈と鑑賞別冊・現代のエスプリ』六　至文堂　一九六四年）もので、その影響として「日本古代社会の発展に関する大陸的要因という問題が具体的に取り上げられるにいたった」（「解説・日本国家の起源と大陸的要因」前掲『解釈と鑑賞別冊・現代のエスプリ』六）のである。

その後、武器・武具の個別的研究が深められ、分類とそれに基づく型式編年・製作技術などに関する研究が著しく進展するなかで、西川宏氏は古墳時代における武器の急速な発達は、「地域的首長および国家の首長は、支配機構の重要な構成部分として軍事力を保持する」にいたったためとしている（「生活の変化―武器」『日本の考古学』Ｖ　河出書房新社　一九六六年）。

門脇禎二・甘粕健氏は、各地域の群集墳におびただしい量の鉄製武器が副葬されている現象を、「各地の王が多量の武器を直接掌握し必要に応じて共同体成員を武装させる体制から、常時武器を保有する人民によって軍事組織が編成される体制への変化が生じた」ものと考える。そして、それは「農民の武装化」であり、「人民の武装」へと進んだことを示すものとする（「古代専制国家の形成」前掲『体系日本歴史』１）。

新納泉氏は、「律令的兵制の形成過程は、何らかの形で考古学的資料にその痕跡を残しているにちがいない」と考え、装飾付大刀の分析を試み、装飾付大刀をもつ被葬者の階層を首長層と共同体の頂点に位置するもの、すなわち地方豪族と上層農民であり、各地域における軍事組織の頂点を占めたとし、さらに分布論から畿内政権による地域支配の拡大、とくに六世紀末から東国にその重心を移すとして、門脇・甘粕両氏の見解と同様に「畿内政権は群集墳に示される共同体を、直接軍事的に組織する方向に向かった」とする。このように武器の具体的、個別的研究から中央集権的国家体制形成への問題へと論究したのである（「装飾付大刀と古墳時代後期の兵制」『考古学研究』一一九　一九八三年）。

松木武彦氏は、古墳時代前期の鉄鏃の分類とそれらが古墳に副葬されている状態から、儀礼用の鏃鉄が威信財として畿内政権から地方の首長へ配布されたものと考え、その背景に「大和に本拠を置く前期の畿内政権を中心とした軍事機構の出現と発展の過程」を想定する（「前期古墳副葬鏃の成立と展開」『考古学研究』一四八　一九九一年）。さらに、松木氏は、「国家成立のプロセスを明らかにしようとするとき、軍事組織がいつどのように形成されるか」という意識から、「古墳時代前期末における武器・武具の革新を出発点として、これを境とする二段階の軍事的機構の存在」、すなわち「祭祀色の強い首長間の政治的結合から、軍事的機構はいまだ独立した組織として分化しきっていなかった」（「独立機関として制度化された軍事組織はまだ完全に成熟した段階には至っていなかった」）前期の軍事機構と、前期末に成立する新しい武器・武具体系の背後に想定される階層構造の存在する軍事機構で、専門の「武人」（首長）によって構成される独立した軍事組織の存在を推定した。そして、「古墳時代前期の軍事的機構の成立をもって、国家の一指標とされる公的強力の出現とみなす」のである（「古墳時代前半期における武器・武具の革新とその評価」『考古学研究』一五三　一九九二年）。すなわち、古墳時代前期末に革新された武器・武具の体系を背景に、それまでの司祭者首長が専門の軍人（武人）としての首長へと転身し、しかも畿内の中央政権による階層的な軍事組織を形成するにいたったと推定するのである。

このように、近年国家形成論の深化とあいまって、考古学の側から武器・武具の個別研究による軍事機構ないし軍事組織の復原作業が開始されたのである。

(2)　弥生時代の軍事

組織化された戦争の起源は先史時代（新石器時代）にさかのぼり、すでに戦略と戦術が応用され、計画に従って軍隊が編成されたと考えられている（アーサー・フェリル『戦争の起源』鈴木主税・石原正毅訳　河出書房新社　一九八八年）。集団的戦闘隊形として縦隊と横隊とが出現し、指揮と組織の存在、すなわち指揮官の統率のもとに訓練された軍隊組織の出現がみとめられるという。そして、古代国家形成期、および初期王朝の成立に際して軍事行動が活発化し、大規模な軍隊を動員しての戦争が行われた。成立した古代王国は軍隊と兵器とを中核とする軍事力によって支えられ、政治支配もまた軍事力を背景としたものであった。

日本においては、弥生時代に吉野ヶ里遺跡の甕棺内の埋葬人骨に長距離の飛翔兵器である弓によって矢を射込まれたものや首のないものがみられ、明らかに戦闘が行われたことがうかがえる。福岡県穂波町スダレ遺跡の甕棺内の人骨に磨製石剣が嵌入した例、同筑紫野市永岡遺跡の甕棺内人骨に銅剣切先が嵌入した例、さらに別の甕棺に銅剣切先と石剣切先とが嵌入した例などがみられるところから、銅剣・石剣の切先だけが副葬されている例は、それらが実戦に使われた武器であることを橋口達也氏が立証した（「聚落立地の変遷と土地開発」『東アジアの考古と歴史』中　同朋舎出版　一九八七年）。佐原真氏はこの橋口氏の論証を受け、北部九州における剣や戈《か》を用いた戦いは、戦争の初歩的な形態としての「一対一の対決、格闘、決闘」と考えるべきであるとし、これに比して弥生時代中期の近畿から瀬戸内沿岸地帯にかけて「高地性集落の発達と石鏃など石製武器の変質が、集団と集団との対決の結果を示す」ところから集団戦がくり広げられたとする（「鉄と青銅の世紀」『大系日本の歴史』1　小学館　一九八七年）。

なお、佐原氏は、「人を傷つけ殺すことを目的としてつくられた道具」と武器を定義する場合、採集経済社会段階での武器としての認定はむずかしいが、環濠集落、防壁集落、水城《みずき》集落、高地性集落などの防御的集落の出現をもって集団的な戦争が起こったと考える。すなわち、防御的集落の出現は農耕生産開始後の社会であり、確実な武器の出現とともに「死者と共に武器をも葬る戦士の墓、大量虐殺を物語る大量の人骨、武器の崇拝」の出現に関しても同様で、弥生時代こそ「日本において武器・戦争の始まった時代」とするのである。

ところで、防御的集落としての高地性集落は弥生時代後期に畿内から瀬戸内海沿岸地域に再び形成され、倭国大乱に対応する軍事施設、あるいは軍事的性格をもった一時的な集落とする考え方がつよい（都出比呂志「古墳出現前夜の集団関係」『考古学研究』八〇　一九七四年、佐原真「農業の開始と階級社会の形成」前掲『岩波講座　日本歴史』1など）。九州地域では高地性集落は少なく、弥生時代前期より環濠集落が形成され、佐賀県吉野ヶ里遺跡では環濠に加えて防柵をめぐらしたと推定されている。環濠の外側に土塁による防壁を設け、そこに柵列を設けたことも想定されているが、中国のように版築《はんちく》的な技術による土塁構築がなされたならば、少なくともその基礎部分の残存が認められなければならない。現在その痕跡の確認された環濠集落は発見されていない。日本各地で環濠集落は発見されており、アジアにおける防御的集落の日本的特質を示すものである。中国においては竜山文化期以降、土城による村落が形成、発達し、日本とは異なった防御方法がとられた。日本の環濠集落はいかなる攻撃に対応するものなのか、弥生時代の戦闘方法が復原されなければならない。

弥生時代の初頭には兵器としての発達はみられず、攻撃用の武器の種類は少なく、しかも石製武器を中心としていた。前期末ごろ朝鮮半島から青銅製武器、すなわち銅剣・銅矛・銅戈などの新来の武器が北部九州地方に伝来した。銅矛・銅戈は長柄の武器で、銅剣とともに歩兵用武器である。いずれも本来中国の殷周代に出現・発達した武器で、銅戈は車戦に用いられた。弥生時代に車戦、騎馬戦は行われなかったが、これらの青銅製武器が一部の特定者のみの所有物であったとしても、集団戦が行われたことが推定される。飛翔兵器である弓矢や投弾による戦闘開始ののち、銅矛や銅戈、銅剣や磨製石剣による白兵戦が行われたのであろう。しかし、弥生時代前・中期においては、あくまでも長距離兵器である弓矢を中心とする攻撃であった。やがて、銅矛・銅戈・銅剣は武器として使用できないものに大きく変化し、いわゆる「武器形祭器」とよばれ、替わって弥生時代後期に鉄器の普及にともない鉄鏃・鉄剣・鉄刀・鉄戈など鉄製武器が登場する。とくに弥生時代終末期から古墳時代にかけて、墳墓における鉄剣の副葬が増大する。このような状況は中部以西の各地にあらわれる。鉄製武器の発達は集団戦闘の質的展開をもたらすと同時に、各地の政治的諸勢力の武装化を定着、拡大化させ、組織された軍隊を保持していったものと思われる。二、三世紀ごろの「倭国大乱」の時期であり、その動乱によって軍事力や軍事組織の発達を加速させたものと推測される。

しかし、『魏志』倭人伝においては、兵器として矛・盾・木弓を用い、木弓は下を短く上を長目にし、竹の矢には鉄鏃、骨鏃を使うと記されているが、刀・剣・戈などの記述はみられない。軍事関係の記事としてはいたって簡単である。邪馬台国を盟主とする各地政治集団の連合体が形成されており、しかも狗奴《くな》国との交戦を示す記事の割には、強力な軍事力、軍事組織の存在をうかがうことはできない。

弥生時代の軍事力や軍事組織の解明は、今後の考古学的調査の進展に期待するところが大きい。

(3)　古墳時代の軍事

三世紀末から四世紀にかけての古墳時代は中国の典籍から記述がなくなるが、畿内政権を中心とする国家形成期に入ったと考えられる。弥生時代後期前半ごろまで甕棺墓を構成する北部九州の政治勢力は列島のなかでは大陸や半島にもっとも近接しているという地理的条件を活かして、大陸交易の窓口として交易物資を掌握し繁栄したが、後半になるとその位置を畿内および瀬戸内の政治勢力にとって替わられ、劣勢と化し、古墳時代にいたった。ここに国内において倭政権の交替があったと考えられるのである。

倭政権の政治的連合は強大な軍事力を背景として成立したものと想定されるが、どのような軍事組織が形成され、軍事編成が行われたかは今のところ不明である。各地の政治的支配者である首長層が自らの各軍事組織の頂点に立っていたものと解され、彼らを倭政権の中枢である畿内政権の軍事機構に組み込んでいったのであろう。五世紀の埼玉県行田市稲荷山古墳出土の鉄剣に刻まれた銘文に「杖刀人首」として大王に奉仕するという関係からうかがわれるところであり、すでに律令制時代における国家的兵制の萌芽があったと思われる。

なお、都出比呂志氏は五世紀代の中小古墳にも言及し、「刀剣と甲冑一具をセットとして武器と武具の画一的な組み合わせの副葬品をもつものが多い」とし、しかも「当時において中央権力との密接な関係を抜きにしては手に入らない品物」などをもっているので、「被葬者は畿内の中央政権と密接な関係にあり」、これらの「中小首長たちは、畿内の中央政権による日本列島内外の戦闘行為のために軍事的に編成された人々」と解釈する。そして、「倭政権の中枢に軍事に関わる大首長の存在が示唆」されるが、さらにその下に階層構造をもった軍事編成があり、地方の中小首長がこの軍事編成の末端に取り込まれていたとすれば、それがもはや「人民の武装」とは区別される存在であったことは明瞭であると位置づける（前掲「日本古代の国家形成論序説―前方後円墳体制の提唱―」）。

古墳に副葬された武器・武具には実戦用のものだけではなく、儀器や威儀具として副葬されたものがみとめられるので、それらの検討を要するが、古墳時代の武器は種類や量が飛躍的に増大し、戦闘形態の発達を促したものと考えられる。鉄剣・鉄刀（直刀）・鉄槍・鉄矛、および鉄鏃を用いる弓矢による攻撃兵器、盾、甲冑などの防御兵器が主要なものである。これらの武器をみるかぎり、弥生時代の戦闘と同様、長距離飛翔兵器を中心とし、刀剣による白兵戦を展開したものとみられる。長柄の武器である鉄矛と鉄槍は弥生時代にはみられなかった武器であるが、鉄槍は鉄製の石突をともなう例があり、中距離兵器としての投げ槍に用いたものではないと思われる。狩猟文鏡に描かれた戦闘の情景に、左手に盾をもち、剣または槍による集団的な白兵戦の様子がみられる。また、前・中期の古墳の副葬品のなかで攻撃用兵器としての武器が量的に多く、その発達がうかがわれるが、必然的に防御用兵器としての武具の強化を促し、甲冑が出現し、重装備化していくのである。被葬者である首長層の生前の装備とみられる武器の副葬がみとめられ、呪術的、祭祀的機能を有する首長の「武人」的性格への変化とみることができる。

奈良県メスリ山古墳に鉄剣二一五本、大阪府七観古墳に鉄剣三〇〇本以上、大阪府アリ山古墳に刀剣八五本、鉄鏃六〇〇本以上、鉄槍と鉄矛五〇本以上という大量に武器を副葬する古墳が認められるが、これらは首長が武力的統率者としての側面と大量の武器を奉献によって常備していたことを象徴する。このことはまた、「各地の首長が原則として独自に武器生産を掌握していたこと」を示すことから、「古墳時代前期の軍事組織は、個々の首長が独自に編成維持する私兵であった」とする見解（西川宏　前掲「生活の変化—武器」『日本の考古学』Ⅴ）もある。

六世紀以降の後期古墳の大形首長墓における武器・武具の副葬は量的には少なくなり、大刀一、二本に実戦用の矢（尖根の鉄鏃が主体）が三〇本ほどとなる。門脇禎二・甘粕健両氏がかつて指摘した群集墳における鉄製武器の副葬は、家父長制的な成長を遂げつつあった上層農民の武装、すなわち「人民の武装」を示すという考え方に対し、近藤義郎・今井堯両氏は武器の副葬に差異があり、それは被葬者間に階層的差異が形成されていたことを示すものとした（「群集墳の盛行」『古代の日本』4　角川書店　一九七〇年）。新納泉氏は、近畿の大王権力によって公的な軍事指揮権を認められたものに賜与された装飾付大刀を中心に、近藤・今井両氏の指摘する群集墳内の階層構成について具体的に言及した（前掲「装飾付大刀と古墳時代後期の兵制」）。この新納氏の論を受けて、吉田晶氏が日本古代における住民の武装と国家的軍制との関係について論述している（前掲「古代における住民の武装と国家的軍制」）。

常備的な軍事組織の編成、すなわち国家的軍団（軍隊）の成立に向けて古墳時代の軍事は進捗していったが、兵器の発展にともなう軍隊の構成はどのようなものであったのだろうか。弓矢の攻撃部隊が中心となってきたのであるが、歩兵から弓兵が分離したのか否か。西川宏氏は後期の群集墳の副葬品から弓隊の存在を考えているが（前掲「生活の変化—武器」）、新納氏は歩兵であろうとする（前掲「装飾付大刀と古墳時代後期の兵制」）。また、新納氏は馬具を副葬する群集墳の被葬者を騎兵と考える。このように群集墳から各種の攻撃部隊の存在が想定されている。鉄生産の発達を基礎に戦略・戦術に基づいた武器生産の発展拡大が図られた。

(4)　考古資料と軍事

日本における組織された戦争の遂行、武力の行使の出現は初期農耕社会である弥生時代にはじまった。形成された農業共同体間の政治的抗争を契機として、政治的社会の形成が進行し、それにともなって各地域政治勢力において軍事編成が行われ、軍事組織を成立させていった。そして、軍隊と兵器を核とする軍事力の拡大、増強を図っていく。さらに内外の政治的支配を維持するための抑圧装置として成長する。やがて畿内政権の成立によって各地域の軍事組織を吸収しながら国家的軍事組織の形成に向かい、律令制国家において兵制として確立するのである。

このような過程において、軍事組織・軍事機構の実態、およびその変遷・発達に関する考古学研究は、本節冒頭の「考古学における軍事研究」で述べたように、ようやくその端緒に着いたところである。近年、松木武彦氏が考古学の立場からはじめて「軍事組織の生成」に関して総括的に論じている（前掲「古墳時代前半期における武器・武具の革新とその評価」）。松木氏の論点についてはすでに紹介したが、考古資料としての武器・武具体系の変革・革新の画期を古墳時代前期末にとらえ、軍事機構の二段階の編成に言及したものである。武器・武具体系の変革・革新とは、防御兵器としての甲冑、攻撃兵器としての飛翔兵器である弓矢、同刺突兵器である刀剣・槍・矛などのセットの形式的変化、あるいはその組み合わせの変化を指す。このような武器・武具体系の変革・革新の分析から、前期末に成立した新しい軍事的機構が専門の「武人」によって構成される独立した軍事組織であると説くのである。しかし、この軍事機構が政治機構とどのような関係を有するのか、政治組織のなかにおける位置、軍事組織としての人的構成などについては今ひとつ明らかではない。軍事力を構成する軍隊（軍団）組織の問題は、戦略に基づく戦術、それを決定づける兵器としての武器・武具の発達とかかわる問題であろう。

まず、どのような部隊が存在し、変遷したのであろうか。すでに述べたように、弥生時代の戦闘方法では弓矢と剣・矛・戈が攻撃兵器として用いられ、弓矢と長柄の武器をもつ歩兵が白兵戦を行ったと考えられる。古墳時代になると、攻撃用武器の発達が著しいが、基本的な戦闘方法は弥生時代と同じである。しかし、甲冑をつけた重装備の指揮官ないし、重装備の歩兵が出現する点が大きく異なっている。五世紀後半以降、とくに後期に入ると大量の馬具が古墳の副葬品として登場し、江上波夫氏の「騎馬民族日本征服説」の根拠となった。この説の正否は別にしても、騎馬戦闘が行われたことが想定される。小林行雄氏も歩兵戦用の短甲《たんこう》・歩靫《かちゆき》から騎兵用の挂甲《けいこう》・胡簶《ころく》への変化があり、「騎兵装備」が採用されたとする（『古墳の話』岩波新書　一九五九年）。その場合、江上波夫氏のいう漢式の中型半彎弓《わんきゅう》を用いて射騎が行われたか否かという問題がある（「騎馬民族国家」前掲『総合講座　日本の社会文化史』1）。いずれにしても、騎兵・歩兵部隊が存在したと推定される。しかし、これらの部隊が戦闘にあたってどのような隊形をとったのかは考古資料からは不明である。

なお、騎馬戦は側面攻撃が可能となった点で、これまでとは違って機動力のある戦闘方法へと発達することとなった。騎馬攻撃に対処すべく防御武具の改良・発明と戦術の革新が必要となったのである。

次に部隊のなかにおける組織系統、指揮系統はどのようになっていたのであろうか。この点についても考古資料からの追究は困難であるが、歩兵戦を中心とする戦闘形態の段階においては、左軍・中軍・右軍の三軍、分隊・小隊・中隊・大隊などの組織が考えられる。この部隊組織については中国殷代において発見された墓址の発掘が参考となろう（第96図）。

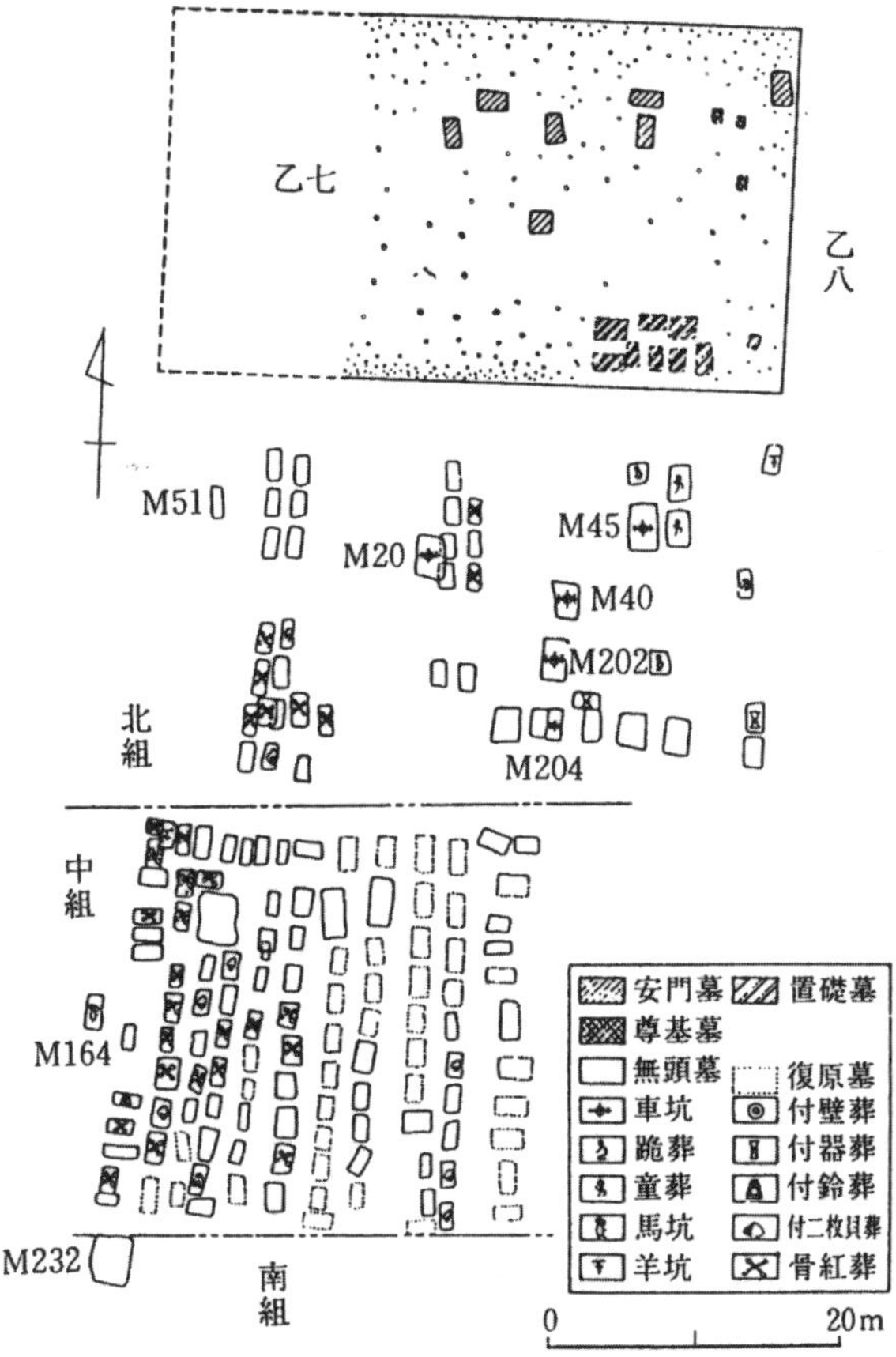

第96図　小屯C区の墓葬群（石璋如1952より）

殷墟地区である安陽小屯《しょうとん》C区の乙七という建物に対して行われた犠牲のための墓葬は北・中・南の三組に分かれて、計一〇四基五〇二人が埋葬されている（石璋如「小屯C区墓葬群」『国立中央研究院歴史語言研究所集』二三　一九五二年）。これらの墓葬は一定の秩序をもって造られ、古典に記された軍事組織と比較すると、北組は戦車隊、中組は歩兵部隊とみられる。さらに戦車隊はM四〇墓を中心に前衛・後衛の左右に配置されており、おのおの三人が車・馬とともに埋葬され、いずれも戈、弓形器、刀、矢で完全武装をしている。戦車隊の前衛には五基の墓があり、五人ずつ計二五人を埋葬、西側には一八基の墓があり計一二五人を埋葬しているが、これらは二五人ずつの五隊の歩兵隊にあたるとみられる。つまり戦車に従う歩兵の戦闘部隊である。戦車の東側には青銅の食器をもち、食用の羊などをともなった非戦闘員の七基の墓がある。戦闘員は車一乗ごとに三〇人と推定され、この戦車墓の配置は、五乗の戦車隊の行軍戦闘の隊形を忠実に表現していると考えられている（貝塚茂樹「殷王朝の成立と発展」『中国古代再発見』岩波新書　一九七九年）。

中組は東西二つのグループに分かれるが、その最西端にほかとは区別されるM一六四号墓とよぶ騎馬墓が一基あり、さらに南組にM二三二号墓とよぶ一基、青銅器や玉器などの宝器とともに青銅製の大戈や戈六個を副葬した中形墓が位置することより、発掘者である石璋如氏は南区のM二三二号墓の被葬者を総指揮者とし、中組は騎馬墓の人物が隊長、北組は、車隊と前衛との指揮はM四〇号墓（車坑）の被葬者、西側の歩兵隊は最西端のM五一号墓の被葬者が統率したものと考えている（伊藤道治「殷の社会構成」『古代殷王朝のなぞ』角川新書　一九六七年）。以上のように墓葬の構成の分析から軍隊組織の復原が試みられたのである。

考古資料から軍事をいかに読みとり、軍事史として構成していくのかは、当面武器・武具の研究に頼らざるをえない。現状では墳墓に副葬された武器・武具の性格、武器・武具の型式と編年、機能と用法などの基礎的分析・検討を経たうえでの実用武器・武具のセット関係の把握、その変遷などから戦闘方法、軍事機構、軍事組織を解明、復原していく手がかりとするほかはないと思われる。また、文献史学とのタイアップ、中国をはじめとするユーラシア各地の古代における軍事組織との比較研究も必要となろう。

V　埴輪の世界

一　日本の埴輪

埴輪は古墳時代（三〜七世紀）につくられた素焼きの土製品で、焼き物の一種である。埴輪は古墳に樹立するためにつくられた墓を飾るもので、古墳から発見される。したがって、埴輪は古墳の墳丘の上や周囲に樹て並べられた造形物の総称で、円筒埴輪や壺とそれを載せる円筒形の台とを一体につくった朝顔形埴輪にはじまって住居や倉庫等の家、盾・靫《ゆき》・甲冑・大刀・鞆《とも》等の武器・武具、蓋《きぬがさ》・翳《さしば》・椅子等の儀式の道具、あるいは船など各種の器財埴輪、武人・巫女・楽人・農夫等いろいろの職能をあらわしている男女の人物埴輪、馬・犬・猪・鹿・水鳥・鶏等の動物埴輪などいろいろの種類のものがある。これらの埴輪は基本的に酸化焰焼成されたもので、赤い系統の色調を呈している。初期の四世紀の埴輪は土器と同様野焼きによってつくったものであるが、五世紀になると窯をつくって大量に生産するようになる。

埴輪の名称の由来は、すでに奈良時代（紀元七一〇〜七九三年）に舎人親王によって編纂された『日本書紀』の中に登場している。垂仁天皇（第十一代天皇）三十二年の条に、天皇の陵墓の造営にたずさわったと推測される土師氏の祖先の野見宿禰なる人物が天皇の従臣を同じ古墳に生き埋めにするという殉死をやめるために、その代用の目的で埴土すなわち粘土を用いてつくったものであると記載されている。しかし、これは土師氏を賛える神話であって事実ではなく、埴輪を古墳に用いる目的に関しては現在考古学研究によって追究されている。

埴輪は四世紀の古墳時代に出現した。その最初につくられた埴輪は特殊な形をした壺とそれを載せるための円筒形をした台から発展したものである。古墳時代に先行する弥生時代の後半期に日本列島における国家形成への胎動がはじまった。この時期に政治的指導者として成長しはじめた原始共同体の首長たちは農業経営の発達という生産基盤の拡大を背景として農業共同体の首長へと変化した。この農業共同体の首長たちは、古墳に先行する方形の土盛りをした墳丘墓（方形周溝墓や方形台状墓という）をつくるようになり、そこに葬られた。これらの首長の墓では次代の首長が執り行った首長継承儀礼を兼ねた葬送儀礼の際共同体の成員とともに共同飲食を行い、共同体の紐帯を強めた。この時用いられた土器の飲食器は破壊して墓に捧げられた。また、墓の被葬者のために日常の生活用の土器ではない特殊な形と装飾をもった土器の壺（おそらく神聖な酒を入れたもの）とそれを載せた台などの土器が置かれた。この特殊な壺と台とは葬送の祭祀の際に墓の被葬者に飲食物を供献するという祭儀に用いられたものである。しかし、壺の底部に穴があけられたり、故意に打ち欠かれたり、やがて最初から底部をくり抜いたものがつくられ、実用品ではない仮器としてつくられるようになり、飲食物を供献する儀礼を形式化するようになった。このような葬送儀礼は首長の権威を高め、政治的な権力者として成長するにしたがってさらに葬送儀礼を壮大に行うとともに定式化させていった。次第に各地域にいくつかの農業共同体を統括する大首長すなわち王の出現をみるとともに政治的地域集団としてのクニが形成された。三世紀後半以降この王たちがその権威を象徴する古墳を造営し、そこに埋葬されたのである。それまでの墳墓の規模とは比較にならないほどの大規模な前方後円墳等が登場し、古墳時代に至ったのである。

古墳時代四世紀になると葬送儀礼のいっそうの発達と定式化が進み、近畿地方において墳丘に埴輪を樹て並べるようになった。当初の埴輪は前述したように弥生時代の壺と台の組み合わせからそれぞれ変遷・発展したものである。壺は壺形埴輪、円筒形の台は円筒埴輪、さらに円筒形の台に壺の載った状態をあらわしている、すなわち壺と台を組み合わせた朝顔形埴輪として出現した。円筒埴輪は基本的に単独で樹てられたものではなく、複数個めぐらして区画をなしたり、墳丘を囲繞するための埴輪で、その列の中にところどころ壺形埴輪や朝顔形埴輪が用いられている。すなわち、弥生時代の飲食物供献儀礼にともなう土器の形式化が進み仮器化したものからさらに異なったものとなり、もはや以上の埴輪は各々の器としての意味を失い埴輪列を形成するためにだけつくられるようになった。具体的には、前方後円墳の後円部の墳頂部が平坦につくられ、そこに円筒埴輪を方形、そして次の段階には円形にめぐらして方形区画、円形区画をつくり、聖域すなわち神聖な場所を設けた。四世紀の後半になるとこの方形区画の聖域の内部に家形埴輪を配置するようになり、被葬者の住む家としてだけではなく神霊の宿る聖域としての意味をつよくもつようになる。また各種の家形埴輪を配置し王や豪族の居館を再現するものもある。家にともなって蓋や盾などの形象埴輪がつくられようになり、五世紀になるとさらに鉄製武器・武具の急速な発達を背景に甲冑・靫・大刀・鞆などの武器を象った形象埴輪が加わる。近畿地方においては四〇〇《メートル》を超える巨大な古墳があらわれ、地方においても古墳が大形化していくにしたがって、王ないし首長の葬送および継承儀礼や墓前祭祀等古墳での祭祀儀礼が大規模化・複雑化していき、古墳の施設にも反映されていった。円筒埴輪も墳頂だけでなく墳丘の中段ないし裾廻りに、周壕をもつ古墳ではその外堤上にも多数すきまなく配列されるようになる。このような垣根状の配列は聖域を墳丘全体に拡大しその防御を意図したものと考えられる。

五世紀後半になると甲冑を付けた武人埴輪をはじめとして各種の人物埴輪が登場する。まず、男女それぞれの埴輪があり、男の埴輪では武人、王や貴人、警護のための盾持ちの人、あるいは力士や琴を弾くなどの楽人、馬の手綱を引く人、狩人や鷹匠、鍬をかつぐ農夫など、女の埴輪では巫女のほかは少ないがじつに様々な人物が登場している。五世紀にはとくに前方後円墳のくびれ部（後円部と前方部との連結部）に方形の造りだし（方形の壇）を設けられるものがあり、そこで祭祀や儀式が執り行われた。そこから巫女を中心とする各種の埴輪の群像が発見・出土する場合が多いが、そこで執り行われた祭祀や儀式の形象化と推定される。馬形埴輪の他に猿・犬・猪・鹿・水鳥・鶏などいたって身近な周囲の動物を題材とした動物埴輪も加わる。なお、五世紀の中頃以降大量に埴輪を古墳に樹て並べるようになると埴輪づくりの専業化が確立し、専業集団が形成されていく。と同時に穴窯を用いて焼成するようになる。しかし、六世紀になり古墳の埋葬施設に横穴式石室という追葬を前提とした新たな埋葬方式が採用されていくと近畿地方においては埴輪は衰退し、古墳から消滅してしまう。ところが関東地方においては逆に中小の古墳にまで形象埴輪を樹て並べられるほど普及していくようになる。とくに古墳の多くは円筒埴輪が墳丘を取り巻くように並んでいる。やがて関東地方においても前方後円墳が造営されなくなる七世紀のはじめ頃には埴輪も樹て並べられなくなって消滅してしまう。貴族や豪族たちは仏教の世界に近づき、寺院を築き、仏像を安置することに没頭するようになる。

このように埴輪の変遷をたどってくると、共同体の首長が政治的指導者、さらに支配者へと成長を遂げるにしたがい、すなわち弥生時代から古墳時代の社会へと発展するにつれ、首長や王の葬送儀礼や祭祀が肥大化し複雑化していくという動きに連動して埴輪の変遷・発達があり、埴輪を樹て並べる意味も変化していったのである。

二　埴輪と古墳―パリ日本文化会館講演録―

1　はじめに

こんにちは。ただいまご紹介いただきました東京国立博物館の松浦宥一郎でございます。私は現在当館学芸部の首席研究員でありますが、本来考古学部門を担当し、日本の考古遺物の展示や所蔵資料の調査研究に携わってまいりました。

東京国立博物館には日本の考古遺物の独自の展示室があります。ここでは先縄文時代すなわち旧石器時代から江戸時代まで時代順に展示されております。こちらのシラク大統領が訪日された折に当館におみえになり、とくに日本の考古遺物の展示をご覧になりたいということで、私がご案内・ご説明申し上げたことがございました。これも何かのご縁かと思いますが、まさか今日ここで私自身がフランスの皆様に「はにわ」についてお話しすることになるとは思ってもおりませんでした。

ところで、東京国立博物館の考古部門は組織上学芸部考古課となります。ここでは扱う時代によって先史室・原史室・有史室の三分野がありましたが、今年（二〇〇一年）の四月、独立行政法人化にともなう組織替えがあり、名称が変わりました。これまでの先史室は先縄文すなわち旧石器時代を含む縄文・弥生室、原史室は古墳室、有史室は歴史室となりました。なお、歴史室というのは考古部門の文献史料の存在する奈良・平安時代以降を扱うところです。

私は先史室、そして原史室、すなわち先縄文・縄文時代、弥生時代、古墳時代までを担当してまいりました。つまり、文献史料のないまさしく先史時代、そして中国の文献に少し記された資料のある原史時代、という考古学が本来的に扱う時代について担当してきたのであります。

本来、私の考古学における専攻分野は中国考古学で、とくに先史時代から中国の最初の文字資料である甲骨文（亀甲や獣骨に刻まれた漢字の元となる象形文字による文章）や初期王朝で特徴づけられる商（殷）・周までの時代です。しかし、日本考古学も専攻いたしました。東京国立博物館に勤務する以前には先縄文すなわち旧石器時代から江戸時代、そして近代にいたるまでの数多くの遺跡を発掘してまいりました。なお、イタリアのシチリア島や中東シリアでの海外発掘も経験しましたが、大学院では古墳時代について研究し、今日これからお話しいたします「埴輪の起源」に関する修士論文を提出いたしました。

2　日本の原始・古代―埴輪誕生までの時代

それではこれから「埴輪」についてお話ししていきたいと思いますが、その前に日本の原始・古代について簡単にお話ししておきたいと思います。まず、紀元前一万年以前の氷河時代とよばれる更新世の人類の文化の時代で、ヨーロッパでいう旧石器時代は、日本では縄文時代に先行する時代ということで先縄文時代、あるいは土器の出現に先行する石器の時代ということで先土器時代とよんでいます。日本では昨年この時代の五〇～六〇万年前、すなわち中国の北京原人の時代に匹敵する文化の存在が真実ではなかったという遺跡・石器捏造事件が発覚し、大きな社会問題となりました。すなわち、これまでの日本の東北地方を中心とする前期・中期旧石器時代までさかのぼるという日本最古の文化の存在が否定されることになったのです。

しかし、この時代の後期の文化は現在一万ヶ所を超える遺跡の発見・発掘によって間違いなく存在し、少なくとも日本の人類・文化の出現は三万年前まではさかのぼります。ただし、おそらくヨーロッパの考古学では考えられない問題があります。それは日本で旧石器時代とよばないこととも関連しますが、後期のしかも三万年前頃に磨製石器すなわち新石器が出現するということです。この磨製石器は刃部付近だけを磨いた石斧、あるいは全体を磨いた磨製石斧で、本州の東日本の遺跡で多く出土、発見されています。つまり、日本では旧石器時代に磨製石斧が普遍的に存在し、旧石器＝打製石器、新石器＝磨製石器という概念に矛盾する事態が出現しております。

次に氷河時代が終わり、完新世に入ると土器や磨製石器、そして農耕や牧畜が出現し、新石器時代となります。しかし、日本では新石器時代という概念は使用せず、縄文時代と称しています。これにはいくつかの理由があります。日本では最初に出現した素焼きの土器をそのつけられた縄目状の文様にちなみ縄文土器とし、次の時期に登場した素焼きの土器は縄文土器とは文様や形が大きく異なるところから東京の本郷弥生町から出土した土器にちなんで弥生土器とし、それぞれ縄文土器の時代を縄文時代、弥生土器の時代を弥生時代としてよび習わしてきたのが主なひとつです。

今日、縄文土器は、放射性炭素^{14}Cの年代測定法によると、氷河期が終わり、完新世に入った約一万二〇〇〇年前に出現し、最近では更新世末期にすでに出現したことが主張されています。とにかく放射性炭素年代測定法によるかぎり現在縄文土器の古さは世界最古であり、日本列島において土器が最初に出現したことになります。

土器の登場は新石器時代のもっとも重要な特徴のひとつですが、また農耕の存在も重要な特色です。しかし、現状では縄文時代ではまだ農耕の存在は可能性があるにしてもわかっておりません。むしろ狩猟・漁撈・植物採集という自然物を食料として採集したという生活の実態は明確であります。従って農耕の存在がはっきりとしない自然物採集を中心とした生活様式にのっとった文化、すなわちあえて「新石器」という用語を使うなら変則的な新石器文化といえるでしょう。この時代にある程度定着的な村落が営まれ、原始共同体が形成されています。

そして農耕の存在が明らかとなるのが、縄文土器とは異なる弥生土器がつくられた弥生時代となります。というより稲作農耕のはじまりをもって弥生時代としております。年代的には紀元前四世紀頃から古墳の出現する紀元三世紀の半ばまでです。つまり紀元前四世紀頃、中国大陸より水田稲作農耕すなわち米づくりの技術が伝来したのです。とくに北部九州地方において水田や農具、そして米そのものが発見されております。

この米づくりには協同労働が必要となります。水田の造営、耕作と播種、稲の生育、そのための潅漑、排水施設をつくることと管理を集団で行います。そのことによって耕地を中心とした土地に定着した集団が形成され、生産物である稲は集団内に平等に分配されることになりますが、このような生産と消費を単位とする生活集団がひとつの河川等にいくつも形成されていくことになります。つまり、自然物採集経済での移動的生活であったのが、農耕生産経済によって定着的な村落が形成されはじめていくのです。

やがて水田経営の単位による集団間の関係がその生産をめぐって複雑化し、同時に生産経営に関する集団間の抗争やまた調整等による政治的な関係が形成され、政治的社会が出現してきます。農耕経営の単位集団が政治的な関係で結合した大集団を農業共同体とよびますが、それぞれの単位集団を統治するこの農業共同体の首長は地域的な政治指導者として成長していきます。

農耕生産と政治的社会の発達にともない、三世紀頃地方にいくつもの政治的集団、すなわち農業共同体の結合体が登場し、地域的小国家であるクニが形成され、さらにはクニどうしが政治的連合体を形成し、これがやがて統一的な日本国家形成へと動いていくことになります。クニの長はすでに政治的な支配者へと変貌し、とくに近畿地方はその先進的な地域であり、「王」とよばれるようになります。三世紀後半になると、近畿地方を中心に彼等個人のための特定墳墓で独特なキーホール（鍵穴）形をした長さ一〇〇メートル前後におよぶマウンドをもつ「古墳」が出現します。これを「前方後円墳」とよんでいますが、この古墳がつくられた時代を「古墳時代」とし、三世紀後半から七世紀前半頃の飛鳥時代にわたるまで「古墳文化」が形成されていきます。

古墳時代にはまだ文献記録が登場せず、中国の典籍に少し日本の五、六世紀について記述があるだけで、のちにつくられた『日本書紀』などの書物に神話として描かれている時代です。そこで、考古学では古墳時代の文化的様相の特色によって前期・中期・後期の三時期に分け、前期は三世紀後半より四世紀、中期は五世紀、後期は六世紀より七世紀前半としております。

中期の五世紀には古墳が全国的に大規模化していきますが、とくに近畿地方においては巨大な古墳が形成されます。すなわち、強大な畿内ヤマト政権が出現し、その「大王」たちの墳墓として巨大なキーホール（鍵穴）形の前方後円墳が築造されたのです。たとえば大阪府堺市にある仁徳天皇陵といわれる古墳は墳丘の長さが四七五メートル、まわりの周溝まで含めるとじつに八三〇メートルにもなり、これはエジプトのギゼーのピラミッドの三倍以上の規模となり、世界最大の墳墓ということになります。

なお、この仁徳陵古墳からは、今回の「はにわ展」で展示している女子埴輪の頭部が出土しています。

3　埴輪の種類

さて、大変前置きが長くなりましたが、そろそろ本題に入り、「埴輪」そのものについてお話しして行きたいと思います。

しかし、あまりむずかしいお話をするつもりはありません。すでに「はにわ展」の図録にいろいろと詳しく書かれておりますので、むしろそれをわかり易く、といいますか、「はにわ展」の鑑賞の参考になればということで、埴輪に関するごく基本的なことについてお話ししたいと思います。

それでは、まず埴輪とはどんなものか、そしてその種類と発達・変遷についてお話ししたいと思います。

(1)　埴輪とは

「埴輪」というのは、一口にいえば、古墳時代につくられた素焼きの土製品で、焼き物の一種であり、古墳に樹立ないし配列するためにつくられたものであります。

また、「埴輪」の名称の由来は、おそらく近畿地方で埴輪を製作することになった最初の製作集団である土師氏《はじ》の名前からその製作品を「はに物」といい、しかも最初は円筒形の輪の形をしているところから「はにの輪」すなわち「はにわ」とよばれたものと思われます。あるいはまた、「埴（はに）」は粘土という意味でありますから、粘土でつくった輪形、すなわち円筒形のものという意味もあります。それを製作した集団を土師氏とよんだともとれます。

いずれにしても、この埴輪にはいろいろな種類があります。普通大きく円筒埴輪と形象埴輪とに分けられます。「埴輪の変遷図」をご覧になっていただきますと、そのいちばん左側の列が円筒埴輪で、それ以外のすべてが形象埴輪ということになります。

円筒埴輪は、埴輪の出現から消滅までの間一貫してつくられたもっとも普遍的な埴輪で、一般的に複数本、たくさん用いて古墳に樹て並べられているものです。今回の展覧会では円筒埴輪は展示されていませんが、いろいろな埴輪の台になっている筒形のものと同じような形でそれを高くしたものです。

次に円筒埴輪に混じって朝顔形埴輪が配列されます。この朝顔形埴輪は、円筒形の台の上に外側に向かって口の大きく開いた壺を載せた状態を一体化した形のものです。壺の口の様子がちょうど朝顔の花が開いた形に似ていることからこうよばれるのです。

また、朝顔形埴輪の登場以前に、壺だけを単独に埴輪にしたものもあり、これを壺形埴輪とよんでいます。最初は液体を容れ、貯蔵するための普通の壺と同じものですが、やがて厚手づくりの壺形埴輪となります。前者では製作の際、焼成が終わった後に底に孔を開けますが、後者では焼成前にすでに底をくり抜いた状態にしておきます。前者・後者いずれとも底に孔を穿つということは、壺が実用品でないという「仮器」であることを示す表現なのであります。

以上の円筒埴輪・朝顔形埴輪・壺形埴輪はいずれも壺やそれを載せるための台をあらわしたものでありますから、じつはやはり形象埴輪とすべきかもしれません。しかし、後でも述べますが、これらは他の形象埴輪とは異なった用い方がなされているのです。

(2)　埴輪の種類

それでは次に形象埴輪の種類の主なものについてお話ししたいと思います。

形象埴輪は、「埴輪の変遷図」の大部分を占めますが、大きくは「家形埴輪」、「器財埴輪」、「人物埴輪」、「動物埴輪」の四種に分けることができます。

家形埴輪　まず、「家形埴輪」から説明したいと思います。家形埴輪には、住居と倉庫の区別があります。戸口のほかに窓を開けているのが住宅であり、戸口だけのもので高床となっているのが倉庫です。高床にしているのは

(Maison de la culture du Japon à Paris “HANIWA”2001より)

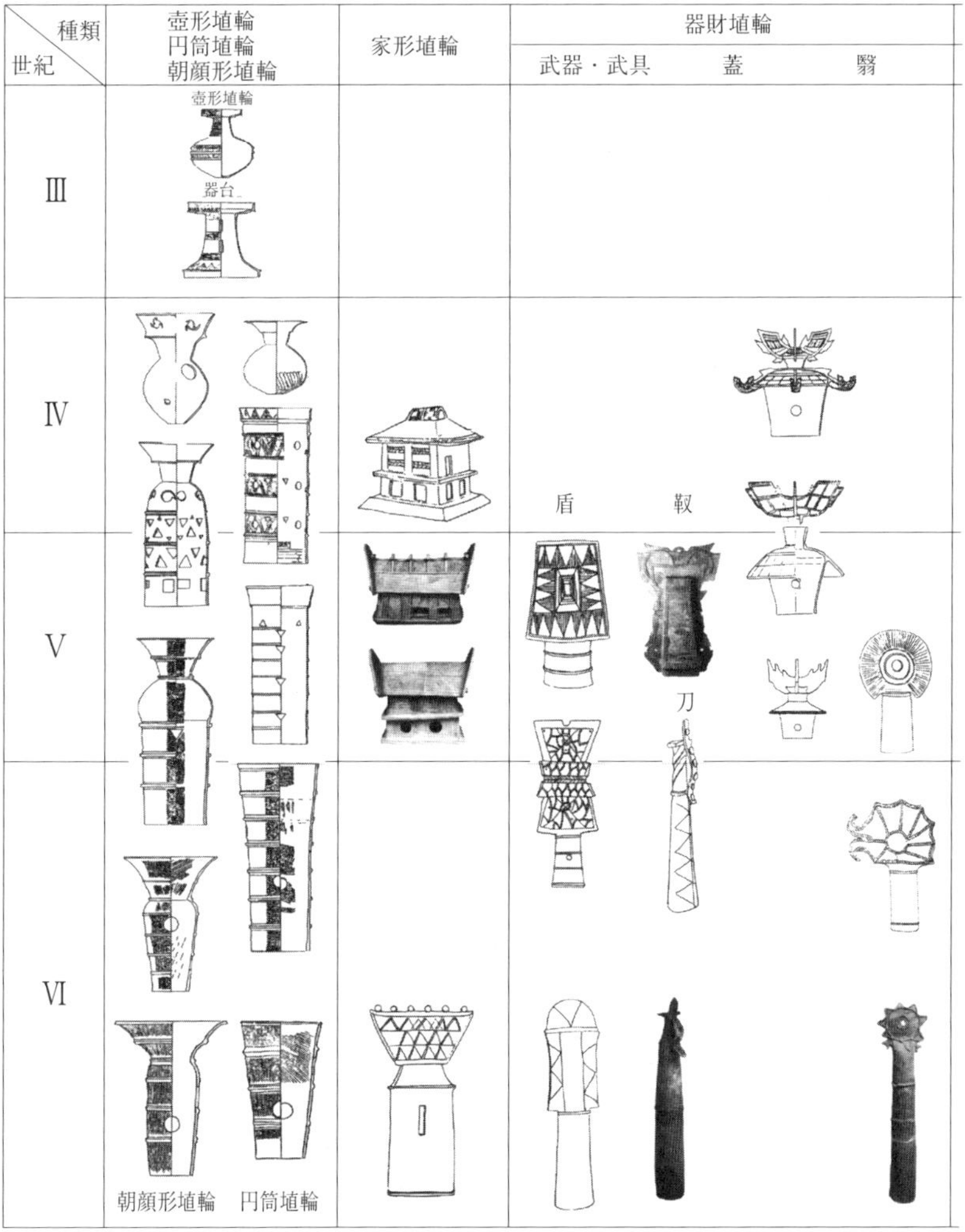
種類
世紀
壺形埴輪
円筒埴輪
朝顔形埴輪
家形埴輪
器財埴輪
武器・武具
蓋
翳
壺形埴輪
器台
Ⅲ
Ⅳ
Ⅴ
Ⅵ
盾
靫
刀
朝顔形埴輪
円筒埴輪

第97図　埴輪の変遷図

第98図　家形埴輪
群馬県赤堀町今井赤堀茶臼山古墳　高54-23.1cm（東京国立博物館）

湿気やねずみの害を防ぐためです。また、屋根の形も主に三種類あります。

ここに展示されている群馬県赤堀茶臼山古墳の家は、すべて「切妻造」とよばれる屋根で、屋根が家の前後だけにあって、両側にはない、すなわち、両端（端のことを妻という）が切れているという意味で、「切妻」とよばれるものです。

それから、四方に屋根のある普通の家は「寄棟造」あるいは「四柱造」とよんでおり、こちらの家の方が早く出現します。「変遷図」の家の四世紀のところに出ている高床の表現のある家がその実例です。

これらの埴輪家は当時の家屋の様式や構造を表現しているものとして重要な資料です。

また、円筒埴輪以外の形象埴輪の中で、家形埴輪がもっとも早く出現しているところに意味があります。古墳の墳頂部は平坦につくられていますが、そこに円筒埴輪を方形ないし円形に配列した区画（おそらく聖域をあらわしたものと思われる）を設け、その中心に家形埴輪が一個ないし数個置かれます。一般に墓の上に家形の埴輪を置くという風習は、死者の来世の家屋、つまり生前の住居の延長であると考えられます。しかし、一個だけ置かれている場合が多いので、墳丘中に死者をおさめる施設として個人用の竪穴式の石室があり、そこに埋葬された死者の肉体から遊離した霊魂の拠りつく場所としての意味があるのではないかと思われます。

まだ四世紀においては、人の死ということはたまたま霊魂が肉体から遊離した状態で、この霊魂が再び肉体に戻れば再生復活するという信仰があったと推定されています。そのために、じつは「殯《もがり》」ということが行われ、死者をすぐには埋葬せず、「殯家」に一定期間置き、どうしても死者の霊魂が肉体に戻らず再生しないことを確認してはじめて埋葬を行ったと考えられます。

しかし、六世紀に入ると、赤堀茶臼山古墳の家形埴輪群にみられるように、埋葬された豪族が生前に住んでいた邸宅をそのままモデルとしたものを墳頂部に配置し、まさしく来世に住む家屋という意味に変化したと思われます。赤堀茶臼山古墳の家形埴輪群は八棟の家がありますが、屋根の頂上に「堅魚木《かつおぎ》」を配列した主屋が一棟、従者の家が二棟、稲などの穀物を収めている倉庫が二棟、小さな納屋が一棟と考えられます。

ちなみに、この時期の一般民衆の家は竪穴式住居とよばれる半地下式住居で、地下一《メートル》ほどの方形の竪穴を掘り、土を踏み固めて床とし、地表に屋根を架けたもので、縄文時代以来の伝統的な住居でありました。

いずれにしても、四世紀と五世紀の家形埴輪とでは、その置かれた意味に大きな相違ができたのであります。しかし、さらに六世紀になるとこの家形埴輪は形骸化したものとなり、衰退してしまいます。

器財埴輪　次に、各種の器財埴輪についてでありますが、この器財埴輪は大きく三種類に分けることができます。調度すなわち家具のようなもの、それから武器・武具のたぐい、そしてその他のものです。まず、調度品としては蓋《きぬがさ》・翳《さしば》・腰掛・椅子・帷《かたびら》・高坏・合子《ごうす》などがあります。

蓋は、貴人が外出の時、背後から従者がさしかける長い柄をつけた衣張りの傘ですが、今回は展示されていません。この蓋の源流はエジプトやメソポタミア、そしてインド地方にあり、これが中国・朝鮮に伝えられると王侯貴族用となり、さらに日本に伝えられたものと考えられます。

翳はやや長い柄のついた扇あるいは団扇のことですが、貴人にかざしかけて強い日差しを避けるのに用いられました。古代中国の葆《ほう》とよばれるものが源流と考えられます。

蓋や翳は貴人の行列のためのものでありますが、古墳に埴輪として樹てられたのは、おそらく現世から来世への道中の威儀の具、すなわち葬列に関する具としての意味をもつものであるからで、とくに四、五世紀には重要視されたものと思われます。

高坏や合子などの容器や椅子、腰掛などは葬送の儀式の際に用いられたものを象ったものです。とくに椅子や腰掛は権力者が坐るものであり、埴輪の人物像では腰掛けた人は貴人や巫女に限られています。この腰掛に坐るという風習は、エジプトやギリシア・ローマから中国を経て日本に伝わったもので、五、六世紀頃に王や権力者たちの専用となったものと思われます。

次に武器・武具の埴輪ですが、武器としては刀、とくに展示されている神奈川県横浜市保土ヶ谷区瀬戸ヶ谷古墳出土の大刀のように、柄のところにサーベルのように弓なりに曲がった勾金を渡し、そこに玉や鈴をつけたいわゆ

第99図　器財埴輪

右：大刀　神奈川県横浜市瀬戸ヶ谷古墳　長127.8cm（東京国立博物館）、
左：船　宮崎県西都市西都原169号墳　長100.8cm（重要文化財　東京国立博物館）

る「玉纏《たままき》の大刀」とよばれるような儀式用の大刀の埴輪が多くあります。剣・鉾・槍・弓などを表現した埴輪がありますが、出土例はきわめて少ないようです。

武具の埴輪としては、盾、矢をたくさん入れた矢筒である靫《ゆき》、弓を射る時に弦から手を護るために手に結びつけた革製の防具である鞆《とも》、短甲、あるいは冑と甲を一体で表現した甲冑などがあります。

このうち、盾や靫、甲冑の埴輪は早く、四世紀ないしは五世紀には登場します。しかも、基本的に武具の埴輪の方が早く、やや遅れて武器の埴輪の方が六世紀ごろに盛行するという現象があります。

四、五世紀の武器の埴輪は、墳頂に樹て並べられて、円筒埴輪や朝顔形埴輪とともに聖域を画し、悪霊を退散させて聖域を守るという呪術的な意図で配置されたものですが、もちろん同時に埋葬された貴人そのものを守るという意味があると思われます。

これら武器・武具の埴輪においては四、五世紀と六世紀とではそれを樹てる意味に大きな相違がみられます。

その他の器財埴輪として、船あるいは帽子などがあります。島国である日本では古くから交通機関として船が発達していたようです。来世への旅路として乗っていったのでしょうか。しかし船の埴輪はあまり発見されていません。展示されている宮崎県西都市出土の船の埴輪は大変稀少な例で、当時の船の構造を知ることのできる貴重な資料でもあります。

帽子のことは、後の人物埴輪のところでお話ししたいと思います。

埴輪の文様　ところで、四、五紀の器財埴輪、家や盾・蓋・靫などには線刻で特殊な幾何学文様が施されています。直線と円弧とを組み合わせた特異な文様で、「直弧文」とよばれるものです。神秘的な文様で日本独特のものです。

あるいは盾などには、やはり線刻で幾何学的な鋸歯文（鋸の歯のような形の文様ですが）が描かれています。それぞれ単なる文様ではなくなにかを意味する文様と思われますが、よくわかりません。

なお、ついでに申し上げておきますが、古代の日本においては、彩色による絵画は発達せず、線刻による文様や古拙な絵画が広く行われていました。六世紀の終わり頃になって、奈良県高松塚古墳の埋葬用の部屋である石室の壁に鮮やかな色で彩色された具体的・写実的な人物画が描かれた壁画が今のところ日本最初の本格的絵画であります。

動物埴輪　次に動物を象った埴輪についてお話しします。動物埴輪は「変遷図」の右側にありますが、まず馬や犬・猪・鹿・猿・兎などの四足動物、鶏・水鳥・鷹などの鳥類、鮭を表現したと思われる魚類などがあります。

これらの動物埴輪のうちもっとも早く四世紀に水鳥があらわれ、五世紀になると水鳥のほかに馬が出現し、六世紀になると他のいろいろな動物の埴輪が出揃います。

これらの動物はいずれも当時日本に棲息していたものですが、このうち馬や犬、鶏などは馴育した動物で、他は

第100図　動物埴輪
右：猿　茨城県玉造町大日塚古墳　高20.0cm（重要文化財　東京国立博物館）、
左：犬　群馬県境町上武士　高50.2cm（東京国立博物館）

野生の動物です。猿の埴輪は今回展示している茨城県玉造町大日塚古墳出土品が唯一の例です。

鶏は本来日本にいなかったものですが、原産であるインド地方から中国を経て、四世紀末頃日本に渡来し、家鶏として生育されたものです。なお、日本では時を告げる習慣を持つ鳥として珍重されたものと思われます。

犬はもっとも古く人間に親しんだ家畜ですが、日本では縄文時代から飼いならされて狩猟に使われましたが、展示されている群馬県境町出土の犬はおそらく愛犬と思われます。

猪と鹿は縄文時代よりもっとも好まれた食用動物で、狩猟の対象となったものです。両方とも古代においては同じシシ（イのシシ、カのシシ）とよびますが、大変おいしい肉のことを日本ではシシ（肉）といっています。

馬は動物埴輪の中でもっとも多いものですが、大多数は今回展示された群馬県藤岡市出土例のように、馬の装具をつけて飾りつけられた馬形埴輪で、馬具の実態をよく知ることのできる資料です。実際に古墳の副葬品として、埴輪・馬に描かれている同じ形の金属製馬具が発見されています。

第101図　人物埴輪１
右：短甲の武人　埼玉県熊谷市上中条　高64.0cm（重要文化財　東京国立博物館）、
中：挂甲の武人　群馬県太田市飯塚町　高130.5cm（国宝　東京国立博物館）、
左：踊る人　埼玉県江南町野原　高64.1；57.0cm（東京国立博物館）

人物埴輪　人物埴輪は五世紀に畿内地方を中心に登場しますが、六世紀の関東地方の古墳から非常に多くいろいろな人物像が出土します。まず男性と女性とがあります。男性の埴輪には武装・盛装・平装の三種があります。武装は展示されている埼玉県熊谷市出土の短甲の武人、群馬県太田市出土の挂甲の武人などが代表的なものです。後者の埴輪は日本の国宝に指定されているものです。短甲は朝鮮半島から四世紀頃伝来したもので、挂甲は短冊形の小さな鉄板をつづり合わせてつくったもので、短甲と違って動作が自由で馬に乗るのに適した武装であります。なお、挂甲の武人は腰の大刀に右手をかけ、鞆を着けた左手に弓矢をもち、矢を入れた靫を背に負った完全武装の武人です。

　この挂甲の武人は、かつては日本の郵便切手の図柄として一〇〇年近く親しまれてきたものです。

　また、展示されている群馬県太田市四塚古墳出土例のような帽子を被った盛装の男子（武人）もあります。盛装の男子は冠を被ったものがあり、貴人あるいは首長をあらわしているとみられます。あぐらをかいたり、展示されている茨城県岩瀬町出

第102図　人物埴輪 2

右：鍬をかつぐ農夫　群馬県赤堀町　高91.9cm（東京国立博物館）、
中：腰掛ける女子　群馬県大泉町古海　高68.5cm（重要文化財　東京国立博物館）、
左：袋物をささげもつ女子　群馬県高崎市観音山古墳　高109.2cm（文化庁　資料保管　群馬県立歴史博物館）

土の跪く男子などの盛装の男子はいずれも同時に武人であることを示しています。

こうした武装・盛装の男子の他に、展示されている茨城県岩瀬町出土例のように琴を弾いたり、太鼓をうつ楽人、あるいは埼玉県江南町出土の踊る人、群馬県赤堀町出土の鍬をかつぐ農夫、さらに鷹匠、馬丁、そして裸像の力士などの男子埴輪があります。

女子の埴輪は男子の埴輪よりは少ないのですが、盛装や儀装の特殊な性格を示すものがあります。展示されている群馬県大泉町出土の腰掛ける女子は袈裟に似た衣を着て、手や足に玉飾りをつけ、腰には鏡を提げて腰掛けているという珍しい女子の埴輪で、おそらく巫女の姿をあらわしていると思われます（ちなみに、この埴輪はシラク大統領のお気に入りの埴輪のひとつのようです）。

また、襷をかけた女子、壺を両手でささげたり、杯を片手で差し出したりする女子、展示されている群馬県高崎市観音山古墳のように袋物をささげもつ女子など、神あるいは首長や貴人に仕える後の采女などの性格をもつ女子像が多いと思われます。巫女やこれらの女子は未婚の女性であると考えられます。
その他、琴を弾く楽人や歌い踊るダンサー、乳幼児を抱いたり、背負う農民の女性をあらわしたものもあります。

4　埴輪からみた当時の風俗

さて、このような様々な男女の人物像より服装などの風俗を知ることができるだけでなく、種々の職能をもつ人びとによる集団の構成、階層、さらに社会構成まで知ることができるようになります。

まず、男女の埴輪から知られる当時の服装や風俗について簡単に述べておきたいと思います。

男性は太くて長いズボンをはき、ひざのあたりで紐で結んでしめ、女性はスカート風のものをはき、男女ともその上に袖のある上着を着て上下二ヶ所を胸紐で結びますが、男性はさらにウエストがしまるように帯を結んでいます。いわゆる柔道着を連想していただきたいと思います。結局、男女ともツーピース仕立ての衣服が当時の基本的スタイルでありました。

なお、巫女が袈裟衣をまとって襷がけしている例がありますが、これは長い布を一方の肩から脇へかけてまとったもので、古代ギリシア・ローマ人が着ていましたし、現在でもベトナム・ミャンマー・インド地方で僧衣としてまとっているものです。巫女の一般的なスタイルかと思います。

盛装の男子像では頭にいろいろな冠や帽子を被っていますが、これらは庶民とはかけ離れた人びとで、王冠風のものはその社会的な地位を示すものであり、また儀礼の際に用いたものと思われます。

帽子は鍔つきの山高帽のようなもの、厚味のある防寒帽のようなもの、キューピーの頭のように先の尖ったもの、獣の角をとりつけたようなものなどいろいろあり、元々の材料は革や布製で、これは中国の西域地域などの大陸の影響を受けたものと考えられます。

また人物埴輪においては、男女とも耳飾や頸飾など身を飾る装身具を着けている表現がみられます。これらは実際に石や金銅などの金属でつくったものが古墳の副葬品としてたくさん出土します。

ところで、男女は長く伸ばした頭髪を左右に振り分けて、耳のあたりで束ねて結んでいますが、これを古代では「美豆良《みずら》」と称しています。これには二種類あって、結んだ下端を肩まで長くたらしたものと、耳のあたりで小さくまとめたものとです。前者は盛装の貴人や武人像にみられ、後者は農夫などの一般民衆の埴輪にみられます。

女性の髪形は一種だけで、長い髪を顔の前後に分けて髻を結い、中央を紐やリボンで結んだ形のものです。これは近世の江戸時代、東海道（江戸から京都への道路）の島田（現静岡県）の宿街の遊女たちの髪形でしたが、その後「島田髷」として日本で盛行していきます。女子の埴輪では、板状の長方形あるいは分銅形に表現されています。

しかし、この髪形をよくみますと、展示されている大阪府仁徳陵古墳出土の女子と群馬県出土の女子とではやや違っています。とくに後者は板状の固い感じになっています。これは、前者が関西風、後者が関東風といいましょうか、つまりローカルカラーがあったということでしょう。

なお、髪を結った額の中央に櫛をさした状態を表現した例がありますが、たとえば展示されている高崎市観音山古墳出土の女子の埴輪がよい例です。当時の櫛には、竪櫛と横櫛との二種類がありました。いずれにしても古代の櫛にはどうも魔よけとなる呪力があると信じられていたようです。

それから展示されている茨城県岩瀬町出土の琴を弾く男子の顔に注目していただきたいと思います。といいますのは、顔に部分的に赤色顔料を用いて彩色が施されています。男女を問わず、目から頬にかけて赤く塗られています。この赤色の彩色は従来から、入墨（文身）か化粧かということが問題になります。

今日の解釈では、入墨ではなく化粧によるとみる説が定着してきているようです。奈良時代の史書『古事記』や歌集の『万葉集』にその名残りを示す言葉が出てまいります。しかし、この化粧は日常的なものではなく、儀礼の際に赤土（丹）を塗る風習があったのではないかと推定されています。

もともと日本の原始・古代においては、素焼きの土器や土製品で祭祀や埋葬に関するものに朱彩を施して神聖さを示すということが広く行われていました。なお、茨城県大日塚古墳出土の猿の埴輪の顔も全体に赤く塗られていますが、これはもともと猿の顔が赤いからであります。

5　古墳と埴輪の変遷

ここまで、埴輪を種類別に説明してまいりましたが、次に「埴輪の変遷」について大まかにみて行きたいと思います。

(1)　古墳の変遷と埴輪

まず、埴輪の誕生すなわちその出現についてでありますが、弥生時代後期に、岡山県地方を中心に方形台状墓という特定の人物（農業共同体の首長と思われます）のための墳丘をもつ方形の墳墓がつくられます。この墳墓に供えものとして飲食物を盛った高坏や壺が供えられ、しだいに飲食物の供献を象徴する祭器としての土器自体が供献されるようになりました。それらは日常用のものとは異なったものでありますから、特殊な壺、それを載せるための特殊な器台です。そして、それらがいっそう儀器化して葬祭用の供献器となり、三世紀後半頃、古墳の出現と同時に古墳に配置されるようになったのが埴輪であるというのが、岡山大学考古学研究室におられた近藤義郎・春成秀爾両先生の説であります。

「変遷図」のいちばん左の三世紀と四世紀のところをみていただければよくわかると思います。

そして、四世紀には、これらを単体としてではなく、複数古墳の頂上平坦部に方形ないし円形に配列して聖域や墓域を画したことは最初に円筒埴輪の説明のところで述べたとおりであります。

なお、三、四世紀の古墳は前方後方墳・前方後円墳・帆立貝式古墳・方墳・円墳などがあり、全長一〇〇《メートル》、高さ八《メートル》前後におよぶ規模の古墳がつくられています。

四世紀の後半になりますと、形象埴輪としてまず家形埴輪が登場し、さらに盾や蓋、靫などの器材埴輪があらわれ、また動物埴輪の水鳥や鶏などが登場いたします。

五世紀に入ると、前方後円墳の規模が全国的に大きくなり、とくに奈良県・京都府・大阪府をはじめとする近畿地方では、全長一〇〇《メートル》ないし二〇〇《メートル》、高さ一〇《メートル》を超える古墳がたくさん築造され、仁徳陵古墳や応神陵古墳のように墳丘の規模だけで四〇〇《メートル》を超える最大クラスのものがつくられています。

五世紀では家形埴輪や各種の器財埴輪が盛んにつくられますが、人物埴輪や馬形埴輪も新たに登場いたします。

なお、四、五世紀の古墳は、とくに前方後円墳ですが、死者の埋葬施設として、個人用の竪穴式の石室がつくられ、そこにいったん埋葬されたら石室を再び開けることをしません。

その点が次の六世紀の古墳とは異なります。

六世紀の古墳は、前方後円墳や円墳が中心ですが、じつは埋葬施設や送葬方法が大きく変わります。すなわち、竪穴式石室から横穴式石室への変化です。横穴式石室は死者を埋葬する石室に入るための墓道がつくられ、そこを通じて石室に何度も死者を葬ることができる施設です。したがって、横穴式石室からは一人の遺骸ではなく、必ず数体の遺骸が発見されます。それはおそらく、族長とその家族であると思われ、いわゆる家族墓と考えられるのです。竪穴式石室では、ほとんど空間の少ない長方形の石室に、遺骸を入れた木棺を一個だけ埋納するためだけでしたので、大変大きな変化ということができるでしょう。

さらに、六世紀の後半期になると、家族墓としての古墳が一般庶民にまで普及していき、直径一〇～二〇《メートル》くらいの小規模の円墳が一定の地域に数十基、あるいは数百基の単位で密集してつくられるようになります。つまり、小古墳による共同墓地が形成されるようになりますが、これを「群集墳」とよんでいます。群集墳には埴輪は設置されず、やはり豪族クラスの古墳にしか埴輪はありません。

このように五世紀までの古墳と六世紀以降の古墳とでは大きな変化、格差が生じたのであります。これは、同時に古墳に埋葬される人の性格が大きく変わったことを示しています。

私は古墳に葬られた人に対して次のように考えています。つまり、三、四世紀では呪術的な祭祀をつかさどり、複数の農業共同体を統括する政治的指導者（もちろん政治的支配者でありますが）、五世紀の段階になると、整えられた儀礼的祭祀をつかさどり政治的支配者としての側面をつよくもった人びと、六世紀の段階になると一定の地域の政治的支配者、そして畿内政権を中心に階層的ヒエラルキーが形成されますが、その上位の人びと、地方では「豪族」とよばれる人びと、であると思います。

途中から埴輪を確立した古墳の話におよびましたが、じつは埴輪の変遷はこの古墳の変遷と埋葬される人の変化によってもたらされたものと考えられるからであります。

私の三〇年前の修士論文は、埴輪の出現からこの五世紀頃の埴輪の種類とその配列方法の研究から、古墳の変化、すなわち被葬者の変化、祭祀（政治）社会の変化を考えたものであります。

(2)　埴輪群像配置の意味

それでは、もとの埴輪の変遷の話に戻ります。

六世紀になると、族長を中心とする家族墓としての横穴式石室の古墳に大きく変化したことをお話ししましたが、埴輪自体も大きく変化し、変遷図の六世紀のところに示されているような多種多様のものが、脈絡のあるというか一定のテーマをもつ群像として、古墳のいろいろなところに配列されるようになります。

六世紀の埴輪の群像配置の代表的な例としては、パリ日本文化会館の一階入口に模型で展示されている群馬県保渡田八幡塚古墳の例や、会場のいちばん奥のステージに展示された群馬県高崎市観音山古墳の人物像などがあります。

このように埴輪の群像配列は六世紀の関東地方（現在の東京都を中心とする周辺地域）の古墳に多く見られます。当時の関東地方はヤマト政権のあった近畿地方（関西）からみると辺境の地で、その後「東国」とよばれる地域でありました。六世紀の埴輪は東国で特別に隆盛をきわめたといってよいでしょう。

ところで、高崎市観音山古墳に配置された埴輪の群像は円のようになっていますが、ここに展示された人物像はなにを意味しているのでしょうか。なにか儀式の一場面をあらわしている様子がうかがえると思います。

まず、左に被葬者の後継者とみられる、手を合わせて腰に鈴つきの大帯を締めて、あぐらをかいた男性がおり、この男性の前には巫女とみられる正座の女性が向かいあっています。この二人を中心にひとつの台座に坐る三人の童女、巫女の後に袋物をささげもつ召使いの女性がいます。この人物像は、おそらく葬送の儀式を執り行っており、その中心となるあぐらの男性は首長権を継承する次代の後継者をあらわしたものとみられます。

元来、弥生時代の墳丘墓や古墳など、日本の古代の墳墓は単なる死者の遺骸を葬った施設としての墓ではなく、

ます。現在の日本でも祭や神聖な儀式には必ず飲食をしますが、これを清めの酒、すなわち「御神酒《おみき》」といいます。

さて、近畿地方では六世紀後半頃から古墳や埴輪は衰退し、関東地方でも七世紀後半には埴輪はまったく消滅してしまいます。これは埋葬儀礼に変化が起き、古墳の築造に精力を注ぐことをやめてしまう、というより古墳づくりをやめてしまうことになるからです。

六世紀以降、中国・朝鮮から伝来してきた仏教、および仏教文化が関与しているからであろうと思います。政治的権威の象徴となった古墳はもはや意味をなくし、別のものに政治的権威を示す方向に向かったと考えられます。

(3)　埴輪の造形美

最後に埴輪の造形的魅力、造形美について触れておきたいと思います。

今まで述べてきました埴輪樹立の意味やその背景とは別に、埴輪個々をみる時に、その造形の世界に引き込まれるような不思議な魅力をお感じになられると思います。像としては素朴な造形で、縄文時代の土偶（人形をした女神像ないしは地母神像のような彫像）よりは写実性を増してきていますが、彫刻としては部分的な誇張や大胆な省略がみられ、古拙な彫像となっています。

顔などをみますと、耳や鼻はきちんと表現されていますが、耳や口は何気なく切り抜かれただけの単純なものです。しかし、そこにさまざまな表情を汲み取ることができるのは不思議です。なにかを訴えているような表情のようであります。

埴輪は、日本の地理的風土とそこに住む農民によってつくられた素朴な造形であるからこそ、今日の私たちに迫ってくるものがあるのではないでしょうか。

どうぞ、皆様方には自由にご鑑賞いただき、日本のはるか悠久なる古代世界に想いをはせていただければと思います。

時間が限られていますので、話が言葉足らずになって、やさしくということでしたがちょっとむずかしいところがあったかと思いますが、お許し下さい。

ではこれをもちまして、私の拙い埴輪の話を終わりにしたいと思います。

フランスの多く皆様に是非展覧会にお越しいただきますようにお願い申し上げます。そして、この展覧会の成功を期待いたします。

終わりに、このような日本の埴輪に関する講演会の催しを設けていただいたパリ日本文化会館関係者に感謝申し上げるとともに、私の描く、かつむずかしい話を通訳してくださった、ドメニク・パルメさんに御礼申し上げます。

どうもありがとうございました。

あとがき

私は一九八三（昭和五十八）年四月、東京国立博物館学芸部考古課に勤務し、先史室に所属して先縄文（旧石器）・縄文・弥生時代の考古を担当した。それ以前の十年余は、ほとんど野外で遺跡の発掘に明け暮れていた。そのかたわら自由学園や横浜国立大学で非常勤の講師をしていた。すでに通常の就職を断念せねばならないほどの年齢に達していた時であったが、たまたま博物館から東京の多摩における著名な縄文土器などのコレクションをもっていた塩野半十郎氏の大量の寄贈予定品の整理を依頼されたのがきっかけであった。東京国立博物館に入ってからはこれまでの生活とは一変した毎日であった。もちろん発掘で得た知識は豊富であったが、研究という点では古墳時代の鏡に関する論文を書いたぐらいの貧弱なものであったので、しかもそれまで中国考古学と古墳時代の考古学を中心としていたために、果たして先史室で勤まるのか懸念があった。

博物館での業務は、第一に考古遺物の展示であった。系統的に展示することによって観覧者にその意図を表明し、理解してもらうことに努めた。特別展もいくつか担当した。特に自ら企画した『土器の造形―縄文の動・弥生の静―』（図録の原稿を本書Ⅱ―二・三に所収）は二〇〇一（平成十三）年に開催したが一応好評を博したし、博物館での先史関係の仕事としての決着をつけることができたことで満足している。また、同年この『土器の造形―縄文の動・弥生の静―』展の終了後に引き続いてまた責任担当者として『はにわ』展をフランス・パリ市のパリ日本文化会館で開催した。かつて、三十年ほど前に「埴輪の起源」について研究したことがあったので、再び「埴輪」に対する意欲を掻き立てられ、勉学を試みたのである。開催中、パリ日本文化会館において「古墳と埴輪」という題目で通訳付きの講演を行った。この講演録については、シラク大統領の観覧時に講演の原稿を所望されたのでその録音テープを贈呈した（本書Ⅴ―一・二に所収）。

こうした展示や特別展のほかに、私はなぜか縄文関係遺物の一括大量の寄贈となった塩野コレクションのほかに新潟県荒屋遺跡の細石器を中心とする星野コレクション、大阪府船橋遺跡採集品の田村コレクション、東北地方北部の縄文遺物を中心とする松舘コレクションなどの整理、寄贈引き受け作業に長期間携わった。それら寄贈品の図録や、『東京国立博物館図版目録』として「縄文遺物篇（土偶・土製品）」・「弥生遺物篇（金属器）増補改訂」、客員研究員金子浩昌氏による「縄文遺物篇（骨角器）」、客員研究員大谷女子大学教授中村浩氏による『須恵器集成Ⅱ（東日本篇）』・同『Ⅲ（西日本篇）』、そして『日本の考古　ガイドブック』（執筆担当部分を本書Ⅰ―一に所収）などの刊行も担当した。

しかし、博物館での大半は考古の常設展示場となった平成館の建設と、それに先立って行われた建設地の遺跡発掘調査、および整理、報告書作成、さらに平成館における考古展示場の開設とそこに設置された考古収蔵庫への資料の移動、整理、収納の作業に携わった。さらに、二〇〇一（平成十三）年、東京国立博物館も独立行政法人化という一大転機をむかえ、それに伴う組織・機構改革があり、考古課他専門分野別の部署が廃止となり戸惑いの中に時間を費やすことになった。

このような仕事の中で肝心な研究に関しては残念ながら数点の論文を書いたのみである。『東京国立博物館紀要』に二回執筆した「日本出土の方格T字鏡」と「銅鏡考―商周代の青銅製打楽器の特性について―」ぐらいが代表的なもので、本来的な自分の研究論文は今後に期している。

まえがきで述べたように、当初論文集の刊行のお勧めがあったが、恥ずかしながら先のような状況であるので無理であると辞退させていただいたが、雄山閣の宮島了誠氏等の熱心なお勧めがあり、そのご厚意に甘えさせていただいた。

思えば、東京国立博物館に勤務してから瞬く間に二十年有余が過ぎて定年退職となった。途中心臓手術などの事態を生じたが何とか無事勤めることができた。この間、恩師八幡一郎、江上波夫、江坂輝彌、国分直一、増田精一、岩崎卓也の諸先生をはじめ、先輩、知己知友などの多くの方々のご指導と励ましがあったのでここまでやってこられたのであると思う。只々深甚なる感謝を申し上げる次第である。また、不遇の時代、東京教育大学の東洋史学の先輩で明清社会経済史ご専門の横浜国立大学名誉教授鶴見尚弘先生にはひとかたならぬお励ましをいただいた。中国考古学を柱に研究を維持してこられたのは鶴見先生のおかげであり、遅まきながら、今後中国考古学で御恩にむくいたいと思う。

おわりになりましたが、本書のためにご尽力された雄山閣の宮田哲男社長・宮島了誠編集長をはじめ関係の方々に厚くお礼申し上げます。

初出文献一覧

Ⅰ　日本の先史文化

一　日本文化のあけぼの
原題「日本文化のあけぼの［旧石器時代］」『日本の考古　ガイドブック』東京国立博物館　二〇〇四年

二　日本の先史時代研究—その歩みと成果—
原題「先縄文時代」・「縄文時代」『日本の考古学—その歩みと成果—』東京国立博物館　一九八八年

三　先史文化をみる二つの視点—日本列島の北と南—
原題「先史文化をみる二つの視点—日本列島の北と南—」『歴史探究講座　日本人のルーツを探る』第五分冊　人間と営みと祭儀　日本通信教育連盟　一九九四年

四　南島の先史文化
原題「南島の先史文化」『海上の道—沖縄の歴史と文化—』東京国立博物館　一九九二年

五　三内丸山時代の日本列島の文化
原題「新石器時代における日本と周辺地域との文化交流」『韓・日先史文化の交流と襄陽鰲山里遺蹟新石器文化』襄陽文化院・韓國新石器研究會　一九九五年

六　日本先史文化の特質
原題「鑑賞と研究　日本の考古学②縄文文化とその起源」・「同上③稲作農耕文化の開始」『国立博物館ニュース』第四八九・八九〇号　東京国立博物館　一九八八年

Ⅱ　縄文文化と縄文土器

一　縄文土器の起源
原題「歴史の焦点　縄文土器の起源」『高校通信 東書 日本史世界史』東京書籍　一九八五年

二　縄文土器の造形―縄文の動―
原題「縄文の動・弥生の静」「縄文土器の造形」「縄文の偶像―土偶・土製品―」（現慶應義塾大学文学部助教授安藤広道氏と共同執筆）「縄文土器の精華」『土器の造形―縄文の動・弥生の静―』東京国立博物館　二〇〇一年

三　弥生土器の造形―弥生の静―
原題「弥生土器の造形」『土器の造形―縄文の動・弥生の静―』東京国立博物館　二〇〇一年

四　土器の色―縄文土器・弥生土器―
原題「土器の色―縄文土器・弥生土器」『ふぇらむ』Vol.6 No.3（社）日本鉄鋼協会　二〇〇一年

五　縄文土器・弥生土器を観る―特徴と鑑賞の視点―
原題「原始のやきもの　縄文・弥生土器を観る―特徴と鑑賞の視点―」『目の眼』No.293　二〇〇一年二月号　里文出版

六　〝縄文のヴィーナス〟―長野県茅野市棚畑遺跡出土の大形土偶―
原題「長野県茅野市棚畑遺跡出土の大形土偶」『國華』第一二八二號　國華社　二〇〇二年

Ⅲ　先史時代の中国と日本

一　山形県羽黒町発見の石鉞
原題「山形県羽黒町発見の石鉞について」『縄文時代の渡来文化』雄山閣　二〇〇二年

二　栃木県湯津上村出土の玉斧
原題「東京国立博物館所蔵栃木県湯津上村出土の「玉斧」」『玉文化』創刊号 日本玉文化研究会 二〇〇四年
三　中国東北部の新石器時代玉文化
原題「中国東北部の新石器時代玉文化」『季刊考古学』第八九号〔特集　縄文時代の玉文化〕雄山閣　二〇〇四年
四　中国の先史土偶
原題「中国の先史土偶」『季刊考古学』第三八号〔特集　アジアの中の縄文文化〕雄山閣　一九九二年

Ⅳ　弥生時代から古墳時代へ
一　弥生時代終末期の西日本―古墳時代への胎動―
原題「弥生終末期の西日本―古墳時代への胎動―」『季刊考古学』第八四号〔特集　古墳出現前夜の西日本〕雄山閣　二〇〇四年
二　弥生時代から古墳時代の政治・軍事―研究史の視点から―
原題「考古資料と政治・軍事―研究史の視点から」『新版古代の日本⑩　古代資料の研究方法』角川書店　一九九三年

Ⅴ　埴輪の世界
一　日本の埴輪
原題　'Les haniwa, présentation générale' "HANIWA Gardiens d'éternité des Ve et VIe siècles" Maison de la culture du Japon à Paris 2001
二　埴輪と古墳―パリ日本文化会館講演録―

【著者略歴】

松浦　宥一郎（まつうら　ゆういちろう）

1944年宮崎市生まれ。東京教育大学大学院博士課程修了。東京国立博物館考古課長、首席研究員を経て、2005年3月同館を定年退職。
主な論著に、「日本出土の方格Ｔ字鏡」（『東京国立博物館紀要』29）、「熊本県江田船山古墳と出土鏡」（『週刊朝日百科　日本の国宝 46』）、「方格Ｔ字鏡の国外出土資料—韓国金海市良洞里遺跡出土鏡について」（『新世紀の考古学—大塚初重先生喜寿記念論文集』）、「銅鐃考—商周代の青銅製打楽器の特性について—」（『東京国立博物館紀要』39）ほかがある。

2005年9月10日　初版発行　　《検印省略》

日本《にほん》の先史文化《せんしぶんか》—その特質《とくしつ》と源流《げんりゅう》—

著　者　松浦宥一郎
発行者　宮田哲男
発行所　株式会社 雄山閣
〒102-0071　東京都千代田区富士見２－６－９
ＴＥＬ　03-3262-3231㈹／FAX 03-3262-6938
ＵＲＬ　http://www.yuzankaku.co.jp
E-mail　info@yuzankaku.co.jp
振替：00130-5-1685
組　版　創生社
印　刷　壮光舎印刷株式会社
製　本　協栄製本株式会社

ISBN4-639-01896-7 C0021